我国清洁能源产业发展的政府规制研究

尹倩 著

东南大学出版社
·南京·

图书在版编目(CIP)数据

我国清洁能源产业发展的政府规制研究 / 尹倩著. — 南京：东南大学出版社，2021.12
ISBN 978-7-5641-9955-5

Ⅰ.①我… Ⅱ.①尹… Ⅲ.①无污染能源—能源发展—政府管制—研究—中国 Ⅳ.①F426.2

中国版本图书馆 CIP 数据核字(2021)第 259403 号

责任编辑：杨 光　　责任校对：咸玉芳　　封面设计：余武莉　　责任印制：周荣虎

我国清洁能源产业发展的政府规制研究

著　　者	尹　倩
出版发行	东南大学出版社
社　　址	南京市四牌楼 2 号(邮编:210096　电话:025-83793330)
经　　销	全国各地新华书店
印　　刷	苏州市古得堡数码印刷有限公司
开　　本	787mm×1092mm　1/16
印　　张	12.25
字　　数	298 千字
版　　次	2021 年 12 月第 1 版
印　　次	2021 年 12 月第 1 次印刷
书　　号	ISBN 978-7-5641-9955-5
定　　价	59.00 元

本社图书若有印装质量问题，请直接与营销部联系，电话:025-83791830。

前　言

　　伴随着人类社会步入 21 世纪,现有的能源结构正在进行巨大的调整和改善,清洁能源成为撬动能源结构调整乃至整个经济结构调整的重要支点,发展清洁能源以应对气候变化已是大势所趋。国家能源局明确提出必须确立清洁能源优先发展战略,加快改善能源结构的宏观目标。在这样的历史背景下,清洁能源产业在我国迅速发展。但由于清洁能源技术的基本特点是环境效益好而经济性差,因此在这些清洁能源技术尚处于发展的初期阶段展现出成本高、缺乏市场竞争力时,在我国仍处于转轨期的市场经济体制经常与其产业发展背道而驰之时,这个产业需要政府的扶持和规制。

　　清洁能源产业具有显著的公共性,同时具备正外部性溢出效应,其产业发展切中人类可持续性发展的永恒主题,因而各国政府都高度重视清洁能源产业的规制,我国也不例外。我国目前正处于市场经济的转轨时期,各项制度在不断健全和完善中,政府也在摸索中不断改进清洁能源产业的各项政策。清洁能源要符合我国发展绿色、低碳经济的需求,势必会造成自身技术性壁垒高、市场竞争性较弱的结果,因而需要政府的大力扶持,从新规制经济学的视角观察,政府对清洁能源产业的扶持与激励属于激励性规制。本书的研究思路遵循新规制经济学中激励性规制的核心思想,对我国清洁能源产业的规制进行激励性机制设计,在规制者和被规制者的信息结构、约束条件和可行工具已知的前提下,分析双方的行为和最优权衡,在此基础上制定我国清洁能源产业最有激励性的规制契约。

　　本书的研究思路从机制设计的理念延展开,激励性机制设计的核心在于使得企业在降低成本、改善服务质量方面拥有足够的激励,同时还能防止企业获得超额利润以及社会福祉的降低。受此启发,我国清洁能源产业的规制机制设计可从三个方向展开:一是对于我国清洁能源产业规制的主体间互动性的研究;二是对于我国清洁能源产业的规制工具选择的研究;三是将规制政策进行成本收益分析从而判定规制政策是否带来了社会福祉的提升。这三个方向共同构成了我国清洁能源产业的规制的 STC 分析框架,该理论框架需要实证数据的支撑,因而随后文章从实证数据展示目前我国清洁能源产业的政府规制的发展现状,选取了地区经济较为发达、清洁能源政策执行较为靠前的江苏省为例,将清洁能源产业细分为风电产业、太阳能光伏发电产业、核电产业和生物质发电产业这四部分,借助一个古典模型描述并比较规制政策的成本和收益,并由点及面,推论全国清洁能源产业的规制现状,并总结状况形成的缘由。紧接着从发达国家的新能源和可再生能源的规制的成功案例中归纳总结我国可借鉴的规制工具及政策,绘制出我国清洁能源产业发展的激励性规制的政策框架,最终对我国清洁能源产业的规制从机制创新和工具创新的角度提出对策和发展建议。

全书分为九章,主要内容如下:

第一章为绪论部分,从清洁能源产业发展的重要性及其特殊性引入需要政府的规制,并总结国内外学者对于该产业的规制的研究。前人研究多集中在案例分析、行业分析和政策建议上,缺乏理论与实证的结合。本书的研究则通过对新规制经济学中激励性规制理论应用的创新,将激励性规制理论与该产业结合,意义重大。

第二、三章为全文的基础理论部分,阐述了我国清洁能源产业的政府规制的现状及激励性规制理论的发展变迁,说明该理论对于清洁能源产业的重要性意义。通过激励性规制理论的核心思想构建了我国清洁能源产业的规制的STC分析框架,简单阐述该分析框架的三个组成部分。

第四章,对清洁能源产业的政府规制主体的互动博弈进行分析。清洁能源产业中的规制主体主要包含清洁能源规制机构和被规制的企业,规制机构间互动主要表现为争夺规制过程中的自由裁量权。被规制企业间的互动体现为两种:一是企业合作博弈;二是企业对抗博弈。规制机构和被规制企业则存在从信息收集阶段到规制立法阶段再到规制的执行阶段的各类动态和静态博弈。本章将描述各主体间不同规制阶段的互动博弈的构成,并对我国清洁能源产业的规制主体的互动进行定性描述。

第五章,将清洁能源产业的规制工具进行分类,并选择适合清洁能源产业的规制工具。对清洁能源产业的规制主要是经济性规制,传统的规制工具主要包含市场壁垒、价格规制及制度设计工具,激励性规制则借鉴了传统的价格规制中的定价方法并提出通过机制设计的方式对产业进行规制。通过本章对规制工具的梳理为下文中应用这些工具对清洁电力能源进行价格诱导性设计和清洁能源产业的机制设计打下基础。

第六章,对清洁能源产业的规制政策进行成本收益分析。以科斯的交易成本理论为基础,以直接成本和间接成本的方式划分清洁能源产业的政府规制的成本;将该产业的规制收益分为消费者收益、生产者收益和规制制度收益。当规制成本大于收益时,便出现了规制失灵,其原因大体可概括为规制机构的有限理性、强制性和同质性,对规制机构的监督漏洞,以及规制机构设置的错位和缺位等。

第七章,本章运用前文的STC分析框架,对我国清洁能源产业的规制进行实证分析。对我国清洁能源产业的规制主体进行博弈模型分析,分别从中央和地方政府关于清洁能源产业规制目标制定的博弈、规制机构和被规制企业关于市场进入的博弈、规制机构和被规制企业关于产品质量安全的博弈模型的建立来阐述规制主体在清洁能源产业的规制中的互动方式;运用合适的规制工具对清洁电力能源产品进行价格诱导性设计和对清洁能源产业进行激励性机制设计;在社会福祉的提升度上,选取了江苏省为例,从风电产业、太阳能光伏发电产业、核电产业以及生物质发电产业对清洁能源产业的规制现状进行成本和收益的定量分析和比较。根据上述比较分析的结果,归纳总结出我国清洁能源产业的政府规制失灵的原因。

第八章，以发达国家发展新能源和可再生能源的成功经验为案例，从规制工具的比较入手，总结出适合清洁能源产业发展的规制工具，并对我国发展该产业的规制提供可借鉴经验。

第九章，从机制创新和规制工具创新的视角对我国的清洁能源产业的政府规制提出对策建议，绘制出我国发展清洁能源的激励性规制的政策框架，最终解决被规制清洁能源企业在降低成本、改善服务质量和获取超额利润、降低社会福祉这两个方面所面临的两难问题，做到既有利于清洁能源企业自身的营利，又可以促进该产业的健康有序发展。

通过本书的研究思路和内容的展示概括总结出本书做的主要工作并得出如下研究结论：

通过中央和地方政府关于清洁能源产业规制目标制定的博弈、规制机构和被规制企业关于市场进入的博弈、规制机构和被规制企业关于产品质量安全的博弈这三组博弈模型的展示，细化我国清洁能源产业的规制中各主体的互动关系，这种互动关系的描述是制定清洁能源产业发展的激励性规制政策的前提条件，同时也能够预防规制中经常出现的设租、寻租、抽租和护租行为，是解决企业和产业同时寻求利益的两难问题的重要前提保证。

从传统价格规制的方式逐渐演进到制度设计，进而得出激励性规制中适用的产品定价方式。从价格上限定价到 V-F 动态定价，再到按比例调整的线性定价方式，尝试对清洁电力能源产品进行价格诱导性设计和清洁能源产业规制的激励性机制设计。这种定价方式打破了通过对清洁电力能源产品同时征收价格变化税和成本变化税的方式达到一种资源配置的次优状态，传统定价方法中为了实现帕累托最优而采取的边际成本定价固态，但却能解决清洁能源企业边际成本低、固定成本巨大造成的单纯使用边际成本定价致使的企业亏损和完全以平均成本定价致使价格过高的两难困境，是一种价格规制工具的全新尝试。

根据斯蒂格勒和弗兰德的古典模型将规制的成本和收益分为四个简易变量，采用学者于良春的估值法，考量政府规制费用、社会福利损失、被规制企业增加成本和规制收益。书中选取江苏省清洁能源产业的规制作为全国该产业规制的先进代表，进行规制政策的成本收益分析，根据定量分析所得的数据揭示我国清洁能源产业规制的现状。目前，风电产业、核电产业和生物质发电产业都处于规制失灵的状态。这种失灵需要政府进一步改善激励和扶持，说明了激励性规制对于我国清洁能源产业发展的重要性，也为后文构建我国清洁能源产业的激励性规制政策框架奠定了基础。

通过前文的研究基础构建出我国清洁能源产业的激励性规制政策框架。要达到这一目标需要分三步进行：第一步是根据清洁能源产业发展的四个不同阶段选择合适的规制工具；第二步是根据清洁能源开发利用产业链条的四个不同环节选择合适的规制工具；第三步是综合考量各类清洁能源技术的特点、发展阶段和产业链构成组建清洁能源的差异化激励性规制政策组合。书中通过图表的形式展示了上述研究成果。

目 录

| 1 | 绪论 | 001 |

1.1 选题背景与研究意义 …… 001
1.2 国内外研究综述 …… 007
1.3 研究目标与研究内容 …… 016
1.4 研究方法与技术路线 …… 018
1.5 创新之处和不足 …… 019

| 2 | 清洁能源产业发展政府规制的理论基础及分析框架 | 021 |

2.1 相关概念界定及其关系 …… 021
2.2 清洁能源发展中的政府规制的代表理论 …… 027
2.3 我国清洁能源产业发展的政府规制 STC 分析框架的构建 …… 035

| 3 | 我国清洁能源产业政府规制的现状及问题 | 040 |

3.1 我国风电产业的政府规制现状 …… 040
3.2 我国核电产业的政府规制现状 …… 045
3.3 我国生物质能产业的政府规制现状 …… 047
3.4 我国太阳能光伏产业的政府规制现状 …… 050
3.5 我国清洁能源产业发展的政府规制的特点 …… 053
3.6 我国清洁能源产业的政府规制的既存问题及原因分析 …… 055

| 4 | 我国清洁能源产业发展政府规制的主体分析 | 057 |

4.1 规制主体的互动分析的逻辑起点 …… 057
4.2 规制机构的互动分析 …… 059
4.3 被规制者的互动分析 …… 064
4.4 规制者和被规制者的互动分析 …… 065

	4.5	我国清洁能源产业政府规制主体的互动分析	068
	4.6	本章小结	071
5	**我国清洁能源产业发展政府规制的工具选择**		072
	5.1	传统政府规制工具——价格规制	072
	5.2	传统政府规制工具——制度设计	079
	5.3	现代政府规制工具——激励性规制	081
	5.4	我国清洁能源产业的政府规制工具的合理使用	086
	5.5	本章小结	087
6	**我国清洁能源产业发展政府规制的成本收益分析**		088
	6.1	政府规制的成本收益分析的基础	089
	6.2	政府规制的成本的分类及构成	092
	6.3	政府规制的收益构成及估算方法	097
	6.4	政府规制的成本收益分析的结果	099
	6.5	我国清洁能源产业政府规制的成本收益分析	101
	6.6	本章小结	108
7	**我国清洁能源产业发展政府规制的实证分析**		109
	7.1	我国清洁能源产业规制主体的互动博弈分析	109
	7.2	我国清洁电力能源产品价格规制的诱导性设计	119
	7.3	我国清洁能源产业政府规制的成本收益分析——以江苏省为例	122
	7.4	我国清洁能源产业政府规制实证分析的结论	138
	7.5	本章小结	140
8	**发达国家清洁能源产业政府规制的案例及经验借鉴**		142
	8.1	发达国家清洁能源产业的政府规制政策的推进案例	142
	8.2	各国清洁能源产业的政府规制工具的选择	152
	8.3	各国清洁能源产业的政府规制对我国的经验借鉴	160
	8.4	本章小结	164
9	**完善我国清洁能源产业发展的政府规制的对策与建议**		165
	9.1	机制创新:构建清洁能源产业的规制制度	165
	9.2	规制工具创新:推进清洁能源激励性规制改革	170
	9.3	清洁能源激励性规制政策建议	176
参考文献			180

1 绪论

1.1 选题背景与研究意义

1.1.1 选题背景

(1) 全球能源消费结构危机:呼唤清洁能源

能源是支撑国民经济和社会发展的首要基石。人类的能源使用经历了从"火与柴草"时期到"煤炭与蒸汽机"时期,以及随后的"石油与内燃机"时期的发展演化。在人类的能源利用总量持续增长时,其能源消费结构也在不停地发生改变(见图1-1和图1-2)。而每一次

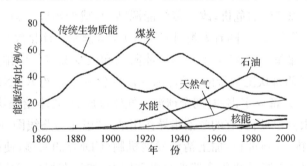

图1-1 过去100多年世界能源结构变化

资料来源:詹金斯.石油经济手册(第五版),1989;世界能源理事会.2050年及以后世界能源展望,1995.

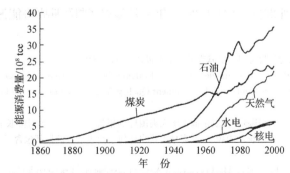

图1-2 过去100多年世界能源消费变化

能源时代的变迁,都伴随着生产力变革的突飞猛进,这样的变革与发展极大地促进着人类经济社会的飞跃。①

根据《BP世界能源统计2020》的数据显示,人类对化石能源的需求以每年1‰~2‰的速度增加。人类对化石能源的需求越大,与之相关的问题就越严重。

能源问题与未来全球气候、经济增长和可持续发展等问题息息相关。② 一方面,化石能源属于不可再生能源,即使考虑到随着可利用资源减少而涨价等经济因素,也会不足以应付需求,尽管地质学家们有关于在未来能找到大的、新的、富矿矿床的信心,从长远来看,对这样的发展持有信心是不明智的。③ 丹尼斯·米都斯在分析了能源消费对世界人口和经济发展的制约后认为,煤、石油、天然气等化石能源的开采量是线性增长的,但是人口的数量和能源的消耗却是指数型增长,而这些化石能源又是非可再生能源,如果不改变这种能源消费状况,有限的化石能源将呈指数型消耗殆尽。④ 这迫切要求世界各国必须寻找替代能源以满足日益增加的能源需求。另一方面,化石能源的燃烧向自然界排放 CO_2、SO_2 等,造成地球变暖、生态环境恶化,威胁整个人类的生存环境,且这些以时间函数来度量的污染都是呈指数增加的,面临环境污染的指数型增长趋势,全球环境恶化问题刻不容缓。再者,如果按现在的消费率继续下去,到2050年石油资源将会耗尽,这将引发由能源价格飙升导致的金融危机和国家危机,甚至可能导致抢夺剩余石油的战争一触即发,如日本偷袭珍珠港的直接诱因是美国对日本实施石油禁运,历次中东战争、两伊战争、伊拉克入侵科威特、两次海湾战争等,均与石油息息相关。

为了避免传统能源产生的危机,改变传统能源结构,减少环境污染,开辟能源发展的新道路,发展清洁能源刻不容缓。随着人类对 CO_2、CH_4 等温室气体排放与地球气候热效应的内生关系认识的不断加深,国际社会上对尽可能限制和减少温室气体排放的呼声也越来越高。2010年年底在墨西哥坎昆举行的《联合国气候变化框架公约》(UNFCCC)缔约方第十六次会议制定了以后《京都议定书》时期全球温室气体排放的《哥本哈根协定》为基础的最终协议。⑤ 将《哥本哈根协定》所具有的政治指导作用纳入"巴厘岛路线图"所确定的 UNFCCC 和《京都议定书》"双轨"谈判进程,加上清洁发展机制(CDM)的实施,使得如何减少化石能源使用与污染以消解巨大能耗和环境带来的双重压力,如何在积极优化现有能源结构与提高利用效率的基础上,提供经济可行的清洁替代能源成为全球性议题。部分发达国家以实际行动给了我们问题的答案,欧盟早在2008年12月就明确了2030年清洁能源在其整个能源供应中的比例要达到20%,并且于2009年7月签署了"欧洲战略能源技术计划",提出在

---

① 江泽民.中国能源问题的思考[J].上海交通大学学报,2008(3):346.
② UNEP, EPO, ICTSD. Patents and clean energy: Bridging the gap between evidence and policy[R]. 2010.
③ First Annual Report of the Council on Environment Quality[M]. Washington D. C: Government Drinting Office, 1970.
④ 丹尼斯·米都斯.增长的极限:罗马俱乐部关于人类困境的报告[M].李宝恒,译.长春:吉林人民出版社,1997:6-7.本书描写的世界模型为一个系统动力模型,动态模型指出任何指数级增长的量都包含了一种正反馈回路,有时也称为"恶性循环"。
⑤ UNFCCC. Dedision-\CP.15[R]. The Copenhagen Accord Copenhagen: Framework Convention on Climate Change, 18 December 2009.

2030 年之前分别提供 510 亿欧元和 235 亿欧元支持低碳能源和能源相关配套技术的研发。而美国在风电装备技术、太阳能热发电和光伏发电技术等方面处于世界领先地位。日本于 2019 年制订的清洁能源发展计划显示:预计到 2030 年,太阳能光伏发电装机容量将达到 8 800 万 kW,为 2015 年的 20 倍,其中户用系统约占 50%。随着世界主要国家都将发展清洁能源视为重要的国家战略并给予了显著的政策和资金支持的背景下,清洁能源产业在 21 世纪将会有突飞猛进的发展。

(2) 我国经济社会健康发展现实诉求:能源清洁化迫在眉睫

第一个层面,从我国能源的供需比例来说,我国是能源生产和消费大国。随着我国经济的腾飞,对能源的需求量与日俱增,常规油气等能源已不能满足国民经济发展的需要(如表 1-1)。据中国工程院完成的《中国可持续发展油气资源战略》中对中国油气供需的估计:2030 年前要实现国内生产总值和城乡居民人均收入比 2010 年翻两番的目标,我国将会持续面临着重化工业的新一轮增长,对能源的依存度也将不断增大,2030 年中国将消费石油 6 亿~7 亿 t,而 2030 年中国年产石油约 2.8 亿 t;2030 年中国将消费天然气 3 000 亿 m^3,而 2030 年中国年产天然气约 2 000 亿 m^3,需进口 1 000 亿 m^3。从长期角度来看,能源将会成为制约我国经济社会可持续发展的一个"瓶颈",中国需要新的能源来满足国内日益增长的能源需求。

表 1-1 2012—2019 年我国石油年消耗量与净进口量

年度	消耗量/10^4 t	净进口量/10^4 t	依存度
2012	47 200	27 100	57.4%
2013	48 800	28 200	57.8%
2014	51 800	30 800	59.5%
2015	54 700	33 600	61.4%
2016	57 800	38 100	65.9%
2017	60 600	42 000	69.3%
2018	64 800	46 200	71.3%
2019	69 600	50 600	72.7%

数据来源:根据中国统计年鉴计算得出。

第二个层面,从我国的能源消费结构来说,煤和石油等化石燃料的消费比重约为 92%。虽然我国的煤炭资源相对丰富,但随着国民环保意识的不断增强,其开发过程中受到生态环境、水资源和运输等条件的制约越来越明显,未来可开发利用的煤炭资源量明显不足,而目前我国清洁能源占比低,未来的发展潜力巨大(图 1-3 和图 1-4)。

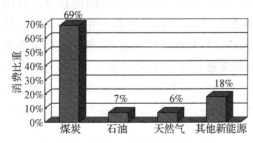

图 1-3 2019 年我国能源消费结构

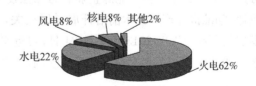

图 1-4 2020 年我国能源消费结构

第三个层面,从我国的能源供应安全来说,作为我国重要能源之一的石油,其地缘政治动荡起伏,石油市场反应强烈。如 2012 年,伊朗局势动荡导致国际油价波荡起伏,而我国进口伊朗的石油约占石油进口总量的 11%,导致我国原油进口面临的不确定性增加。因此,相关地区动荡将严重威胁我国的石油供应安全和国家经济安全,这就要求我们从全局和战略高度,充分认识加快发展清洁能源的重要性与紧迫性。

第四个层面,从我国的现有能源结构的既存问题来说,我国这种以煤和石油为主的低质能源结构所带来的一系列生态环境问题已很突出:由于温室气体的影响,我国已经有超过 2 000 km² 的领土陷入了海平面以下;全国七大水系中一半以上河段水质受到污染,1/3 的水体不适于灌溉,50%以上城镇的水源不符合饮用水标准;各大城市空气中 PM2.5 含量严重超标,持续多日的雾霾天气令市民深受其害,呼吸道疾病患者大量增加。

根据 2020 年出版的《中国环境污染损失》报告数据可知,仅室外空气、水污染两类污染造成的经济损失已经达到了中国 GDP 的 5.8%,约为 2.6 万亿元人民币(合 4100 亿美元),相当于中国庞大外汇储备的八分之一。可以说,以煤和石油为主的能源消费结构使得我国社会、经济和环境的可持续发展能力大大降低。因此,改变以煤和石油为主的能源消费结构,大力发展以清洁能源为主的新能源和可再生能源,提高能源效率和环境生态效益,迫在眉睫。

(3) 我国清洁能源产业发展的指引:现有政府政策的解读

2017 年 10 月,习近平总书记在十九大的会议上指出,要建设的现代化是人与自然和谐共生的现代化,既要创造更多物质财富和精神财富以满足人民日益增长的美好生活需要,也要提供更多优质生态产品以满足人民日益增长的优美生态环境需要。必须坚持节约优先、保护优先、自然恢复为主的方针,形成节约资源和保护环境的空间格局、产业结构、生产方式、生活方式,还自然以宁静、和谐、美丽。着重强调了要解决突出环境问题。坚持全民共治、源头防治,持续实施大气污染防治行动,打赢蓝天保卫战。加大生态系统保护力度,实施重要生态系统保护和修复重大工程,优化生态安全屏障体系,构建生态廊道和生物多样性保护网络,提升生态系统质量和稳定性。十九届五中全会的"十四五规划"中更是将生态文明建设自觉地置于"绿水青山就是金山银山"和绿色发展理念的引领之下,进而明确致力于更大力度的自然生态环境修复、更高标准(质量)的生态环境保护治理和更加绿色的经济社会现代化发展。相应地,生态文明建设将会开启一个政策举措落实程度更高、制度体制创新活力更大、人民群众获得感更强烈的新时期。

发展清洁能源与生态治理的理念完美契合。早在 2009 年 10 月,胡锦涛总书记在山东考察期间已指出"大力发展包括风电在内的可再生能源,是抢抓世界新一轮能源革命先机的必然要求。希望可再生能源企业着力加强技术创新,着力降低运营成本,牢牢把握宝贵发展机遇,瞄准世界产业技术前沿开展科研攻关,不断突破更多核心和关键技术,努力抢占未来发展的制高点"。[①] 2013 年 5 月 24 日,习近平总书记在主持中共中央政治局就大力推进生态文明建设进行第六次集体学习时强调,推动绿色发展、循环发展和低碳发展要充分发挥主

---

① 新华网,2009 年 10 月 19 日。

观能动性,决不能以牺牲环境为代价换取短暂的经济增长。这进一步明确了我国社会经济的发展走绿色低碳发展之路的方向。① 但是清洁能源产业是典型的弱势产业,在其发展之初,由于自身商化能力不足、产业链配套尚不完善、市场需求与消费处于新生期,政府的介入和大力扶持促进很有必要,所以政府制定的能源法律法规及政策将是清洁能源产业生存和发展的重要基石。政府通过强有力的激励性规制可以为清洁能源的发展创造良好的条件,如减少清洁能源相关产业的税收,加大相关产业的补贴,增加清洁能源项目的配额,通过价格及行政干预等手段鼓励需求,增加供给规模等。尽管政府大力扶持,目前仍然存在着制约我国清洁能源发展的诸多问题,主要可概括为:

一是中央政府和地方政府并未形成统一的行政管理理念。中央政府层级制定了基本管理理念,但地方政府部门并未将我国以煤为主的能源结构现状和当前低碳经济社会发展的需求相结合,形成与之匹配的高度重视清洁能源发展的现代管理理念以及明确的清洁能源主要发展方向,中央与地方管理理念的脱节使得清洁能源产业的发展在施行上受到了很大的阻碍。二是管理机构设置重复,管理职能相互交叉,严重拖后了清洁能源的发展速度。当前负责清洁能源项目和产业发展的审批、政策制定及监督管理的相关中央行政管理职能部门包括国家发改委、商务部、农业部、水利部、国土资源部、国家电力监管委员会等,这些职能部门都有一部分能源发展的管理职责却分属不同机构。在制定政策和执行政策的过程中问题凸显,极易造成政出多门、职能交叉、多头管理、资金分散、重复建设、程序繁琐、协调配合难度大等实际问题。三是清洁能源法律法规颁布没有与政府规制机构的政策相统一,两者之间缺乏协调。目前我国的清洁能源相关法律法规仍在不断完善中,该产业中最重要的现行纲领性法律是自2006年开始施行的《中国可再生能源法》,除此之外只有为数不多的法规法令与之相匹配,如《可再生能源发展专项资金管理暂行办法》《可再生能源发电价格和费用分摊管理试行办法》《可再生能源发电有关管理规定》等,法律法规的缺失容易导致政府规制机构在清洁能源产业的规制中出现清洁能源技术标准制定真空、清洁能源市场壁垒强等问题。四是全国层面尚在进行观测,全面、统一的清洁能源发展的政府总体规制政策和方案并未形成。目前我国清洁能源产业只制定了分种类的产业规划,如风电产业、核电产业发展规划等,在宏观层面上对清洁能源产业的规划并没有,加上各项规划政出多门,不利于清洁能源整体内部结构优化。

从源头上讲,促进清洁能源的发展还是离不开政府的管理和大力扶持。面对政府以法律、规章、政策对清洁能源市场的微观经济行为进行的制约、干预、管理和扶持行为,让我们逐渐将研究的视野集中到了政府规制上。

(4) 我国清洁能源产业发展的政策手段:政府规制工具的选择

清洁能源的开发和利用是我国能源结构调整的战略性选择,也是减少二氧化碳排放的重要途径,其重要性和紧迫性越来越明显。我国政府制定的相关促进政策为清洁能源的整体发展提供了重要的驱动力。但是,在政策的实际运用过程中出现的问题不得不引起重视,尤其是在政策工具的选择上,亟待破题。

---

① 中国共产党新闻网,2013年6月25日。

其一,主张政府干预经济论者和公共利益论者认为,为了防范和纠正市场失灵,政府干预经济是十分必要的,政府规制的最终目的就在于维护公共利益,实现社会福利的最大化,而政府的过度扶持会让企业在市场中的竞争缺失公平性,也无法消释人们对政府规制合理性与正当性的质疑;其二,政府替代企业进行战略决策,企业运营容易偏离市场规律,难以形成自身应对金融危机的反应机制,一旦经济环境立变,政府无力扶持则无法应对;其三,政府组成的个体本身就是"理性经济人",在规制的过程中容易被利益集团所俘获,最终使得制定的规制政策有利于利益集团愿望的实现,但却偏离了最初的本意——政府是公众利益的代表。所以从这个层面来说,政府规制实际上是特殊利益集团寻租的利益均衡结果,绝不是简单的公众利益的表达者。但也不能否认政府规制在某些时候会给一般公众带来一些有益的因素,只是这些有益的因素却并非政府规制实施的初衷,只能将其理解为规制意料外的结果。① 其四,政府由于有限理性、信息不完全及契约不完备,加上政府许诺能力有限,政府规制的效果往往会偏离最优配置前沿而产生非效率。

这引发了笔者对于清洁能源产业政府规制的思考。如果结合分析清洁能源产业的扶持与激励问题和规制问题,那么就可以解释政府为何对清洁能源产业进行规制。但需要一种理论进行指引,通过探索和学习,发现新规制经济学正是解释激励与规制结合的最好方法,新规制经济学的解释可将清洁能源产业的规制问题当做一个最优机制设计的问题,在规制者和受规制企业的信息结构、约束条件和可行工具的已知前提下,通过分析清洁能源产业的规制机构和清洁能源企业的行为以及最优权衡,并对清洁能源产业的规制中出现的问题尽可能地从本源上内生地加以分析,从而制定出最佳激励契约。②

将清洁能源产业的政府规制界定为激励性规制之后要解决的核心问题是:如何制定符合清洁能源产业发展的激励性规制契约。围绕这一主线便构成了全文的脉络:运用激励性规制理论构建出清洁能源产业规制契约的完整分析框架,将分析框架与清洁能源发展的实际相结合,分析契约的制定和执行中的困境,并使用合理的规制工具解决困境,最终制定出符合我国清洁能源产业发展的规制政策。通过规制政策更好地引领我国清洁能源产业的发展,与党的十八大的生态治理理念相契合。

1.1.2 研究意义

(1) 理论意义

本书从分析清洁能源的特点开始,认为清洁能源存在公共产品的部分性质,具有正外部性效应。③ 同时,因为清洁能源产业作为一个新型产业,整个行业的发展上没有形成规模,短期内的盈利以及企业发展的认知不足,清洁能源发展不能仅仅依靠市场来配置资源,还需要

---

① 波斯纳. 法律的经济分析[M]. 蒋兆康,译. 北京:中国大百科全书出版社,1997:475-476.
② 拉丰·梯若尔. 政府采购与规制中的激励理论[M]. 石磊,王永钦,译. 上海:上海三联书店,上海人民出版社,2004:5.
③ 萨缪尔森与诺德豪斯认为,外部性是指那些生产或消费对其他团体强征了不可补偿的成本或给予了无需补偿的收益。外部性就是在经济活动中,某个经济主体对另一个经济主体在缺乏经济交易的情况下产生的影响。正外部性是指某种产品收益的外部化将导致这种产品私人收益小于社会收益,私人企业的供给不足,从而导致社会经济资源配置效率的损失。

政府的参与和大力引导。与此同时,清洁能源产业发展与市场需求的矛盾以及市场的外部性不经济也是其发展中政府行为的重要经济学依据和存在前提条件。结合上述原因,本书引入了激励性规制理论来解读清洁能源产业发展的政府规制存在的因由。由于清洁能源具有的这些特殊属性使得清洁能源产业具有自身发展缓慢的缺陷,这个缺陷市场机制无法调节,只能通过政府的规制才能克服,所以清洁能源产业的发展才需要政府的规制与激励。

以经济理论作为支撑,研究清洁能源市场的政府规制,最终为清洁能源市场的政府规制政策的制定与执行提供依据和参考。结合经济学、政治学与管理学的相关理论,从跨学科的新视角阐述清洁能源发展政府规制的必要性。在这个研究思路的指引下,本书通过对清洁能源发展中政府规制的主体进行博弈分析,寻找合适的规制工具以保证规制契约设计的合理性,最终以对规制政策进行成本收益的经济学分析为研究路径,试图构建一个适合我国清洁能源产业发展的政府规制的分析框架。本书跳出新古典主义经济学家们仅把市场失灵假设作为政府公共政策的前提和必要性的简单推论,将规制看作经济系统的内生变量,从本源上明晰清洁能源市场发展的理论纷争。

(2) 实践意义

最显著的实践意义就是本书的研究切中人类的可持续发展战略目标,有助于促进清洁能源产业发展的规范化、市场化进程,有利于该产业高效、合理地发展。虽然我国清洁能源产业呈现快速发展的态势,但由于其属于弱势产业并处于发展初期,目前总体状况是产业化程度低、经营水平不高、市场竞争力不足、发展融资难,难以适应产业发展的总体要求。因此,迫切需要政府的规制,以实现清洁能源产业的可持续发展。但也要避免政府规制过程中干预过于强势和出现规制政府失灵等状况,在清洁能源产业管理的整个过程中必须合理界定政府规制的作用边界和职能定位,需要在市场和政府之间寻求平衡点,为清洁能源产业发展提供良好的环境保障。

这就激发了笔者从剖析规制制度入手,在借鉴国外清洁能源产业发展政策的基础上,运用现代激励性规制理论,构建清洁能源企业走市场化道路与政府规制引导的"双轨"道路,制定相应的规制政策及执行建议。这对推进我国清洁能源产业健康快速发展,改善我国现有的能源结构,切实提升整体环境质量,加快促进我国绿色经济的发展具有十分重要的现实意义和深远的影响。

1.2 国内外研究综述

清洁能源(clean energy)通常是指在发电过程中对空气、土壤和海洋等不会造成污染且零排放的能源,主要包括太阳能、风能、水能、生物质能等可再生能源以及不可再生能源中的核能。伴随着全球范围内的能源开发技术的不断进步,一般将利用洁净能源技术处理过的化石燃料也列入清洁能源范畴,理由就是这些处理过的化石燃料污染程度显著降低,逐步达到了清洁能源的标准[①]。因其概念较为宽泛,为避免研究对象混淆,本书在研究中认定清洁

---

① 马建英.浅析中美清洁能源合作[J].现代国际关系,2009(12):48.

能源主要包含新能源和可再生能源,并在此基础上具体细分,本书研究的主要是四大清洁能源产业:风电产业、核电产业、太阳能光伏产业和生物质能产业,理由就是这四个产业是目前人类共知的、新闻和网络中出现和使用频率最高的清洁能源产业。

1974—1975 年人类社会发生能源危机、阿拉伯石油出口国禁运事件,以及 1979—1981 年再度发生的能源危机事件,都直接影响了欧美等发达国家的经济发展和社会稳定,导致这些发达国家能源政策发生重大转变,使其从能源安全供应的角度意识到发展清洁能源的重要性。现在随着环境保护的压力增大,《京都议定书》的签订以及日益临近的化石能源枯竭的潜在威胁,世界各国都意识到发展清洁能源是确保能源安全、应对气候变化的重要举措。在此基础上,国内外学者做了关于清洁能源产业发展的一系列研究,本书进行综述时主要从国外学者和国内学者对清洁能源产业发展的政府规制的研究两大部分展开,重点围绕学者们对该产业发展中政府的规制政策研究展开。

1.2.1 国外研究动态

(1) 学者们关于清洁能源产业发展的经济性研究

西方学者对于清洁能源发展的经济学研究主要是围绕其市场属性展开的。清洁能源的市场属性不同于一般的商品市场属性,它具有公共物品的部分特征,属于准公共物品,这也决定了该产业发展的特点,以及具有政府干预的特征。

Blanca Moreno 在研究欧盟国家中的电价问题时,提到了可再生能源的管控以及市场改革问题。他在文章中探讨了可再生能源的市场属性,20 世纪大多数欧盟国家的可再生能源市场的市场集中度很高,进入壁垒和成本也很高,因而具有较强的市场垄断势力。随着竞争的不断加剧,市场的集中度有所下降,可再生能源技术的发展对垄断价格的打破起到了关键作用,并且逐渐开始替代不可再生能源,成为能源市场中效率最高的替代品。但是由于新能源技术对垄断价格的影响较小,不容易被觉察,因而该行业技术的发展较为缓慢而不受重视,而只能依靠公共政策或资金的扶持发展。他验证了可再生能源技术供给的公共性,由于当前较高垄断程度市场的存在,其依靠市场提供仍旧存在一定的难度。[1] Traber 和 Kemfert 同样提到了可再生能源市场的寡头垄断特征,加上排放物交易以及受限制的跨境运输能力的存在,导致可再生能源发展的公共政策没能够注意到该产品的市场失灵特征,因而公共政策往往出现了效应抵消的方面,政策效率较低。他们认为可再生能源市场的市场失灵主要存在于市场垄断以及环境规制、市场区域性分割等原因,而不是可再生能源的准公共物品特性。Chinghai Liao 对可再生资源市场的发展进行了系统分析。通过实证分析,对可再生能源市场的市场结构进行了验证,认为可再生能源市场是一个市场导向型和产品导向性的市场时,市场将会是最有效率的。[2] Owen 对可替代能源技术的生命周期进行了研究。Owen 考察其私人和社会成本(即包括外部成本、净税收和补贴),并提出如果政府能够取消对可再生能源的补贴,并且对其定价进行合理的干预,以减少该行业的利润率,并且将公共资源和

---

[1] Blanca Moreno. Content Analysis in Communication Research[M]. New York: Free Press, 2012.
[2] Traber, Claudia Kemfert. Impacts of the German Support for Renewable Energy on Electricity Prices, Emissions, and Eirms[J]. The Energy Journal, 2009, 30(3).

公共政策优惠用于发展可再生能源的科技创新，则可以将外部化成本内部化，从而促进可再生能源的较快发展。①

从清洁能源的市场属性的论述中可以看出，国外学者就清洁能源产品的市场属性定位具有普遍一致性，即认为由于清洁能源产业是新生的，依靠科技创新才能够使产品的供给数量和种类多样化，加之清洁能源的私人部门需求较少，因而其市场的供给没有动力，其市场结构也呈现出较大的垄断性特征。因此，清洁能源可以被看作具有一定的公共物品属性，是现有能源的替代品，因而清洁能源的发展需要政府的介入，以增加该类产品的供给为目标，制定相应的政策来促进其发展。

(2) 学者们关于清洁能源产业发展的政府政策研究

从清洁能源发展的经济学分析中不难看出，国外学者们都认同清洁能源的发展离不开政府的大力扶持和政策的倾斜。各国政府都在大力扶持清洁能源的发展，制定了一系列符合本国本地区发展的清洁能源法律与政策。通过对清洁能源相关的法律、政策的研究可以看出学者们的研究多集中于两个领域：一是相关法律政策的制定研究；二是对于清洁能源相关政策的分解和研读，且学者们多研究某个地区或某个国家的清洁能源相关法律、政策。

美国推出了"绿"与"新"的能源政策，并在众议院通过了《2009年美国清洁能源与安全法》；英国接连出台了《低碳转型计划》《2009年英国可再生能源战略》和《2010年英国能源法》；澳大利亚发布了《2010年可再生能源(电力)法》；欧洲议会也在2009年通过了《欧盟第三次能源改革方案》。新能源与可再生能源相关法律法规的相继出台，引起了世界的广泛重视。

学者们围绕新能源与法律政策的制定展开研究。有研究欧洲各国的新能源政策的制定的，如 J. Robinson 等编著的 *Climate Change Law: Emissions Trading in the EU and the UK*; Dieter Helm 著的 *Enery, The State, and the Market: British Energy Policy Since 1979 (Revdition Edition)*; Peter Cameron 著的 *Legal Aspect of EU Energy Regulation: Implementing the New Directives on Electricty and Gas across Europe*。其中将欧盟能源法作为整体加以研究的有 M. Roggenkamp, C. Redgwell, I. Del Guayo，他们对各国每个能源部门的发展都进行了分析，并提出政府管理的相应措施。② Kornelis Blok 考察了欧盟可再生能源政策的发展历程，他认为可再生能源政策已经取得了实质性的成功。③ Janne Haaland Matlary 应用政府间主义的双层博弈模型作为分析框架，论证了国家能源利益如何推动或阻碍共同能源政策的制定，并分析所涉各利益集团的对策性互动。④ Frank Umbach 强调政治因素对于国际能源关系的影响，同时认为发展清洁能源技术的需求越来越迫切，需采取政策方式促进新能源的发展。⑤

---

① Anthony D. Owen. Environmental Externalities, Market Distortions and the Economics of Renewable Energy Technologies[J]. The Energy Journal, 2004, 25(3).
② M. Roggenkamp, C. Redgwell, I. Del Guayo. Energy law in Europe: National, EU and International Regulation [M]. Oxford: Oxford University Press, 2001.
③ Kornelis Blok. Renewable Energy Polices in the European Union[J]. Energy Policy, 2006, 34(3).
④ Janne Haaland Matlary. Energy Police in the EU[M]. London: Macmillan Press Ltd., 1997.
⑤ Frank Umbach. Towards a European Energy Foreign Policy? [J]. Washington: Foreign Policy in Dialogue, 2007, 20(8).

Chicago Climate Exchange 基于目前的能源政策,提出要从管理和制度创新的角度出发来发展低碳经济。① Catherine Redgwell 则介绍了美国、欧洲对新能源发展的政策管制手段和补贴等经济手段。② Gilbert E. Metcalf 通过对美国的补贴政策和碳税政策进行比较,提出低碳技术的补贴会减少能源成本,这将使消费需求与减少排放量的目标相矛盾,而且补贴政策不易实现技术中性。他认为与碳税政策相比,补贴政策更不容易达到主要目标。③

(3) 学者们关于清洁能源产业发展政府规制工具使用的研究

学者们对产业发展中政府规制工具使用的研究以总结规制工具、建立能源相关模型定量分析清洁能源产业现状和产业发展趋势为主。Stefan 等学者使用一般均衡模型对欧盟设立的"2020 年新能源消费占能源消费总量 20%"的气候政策进行计算,并计算了目前的新能源开发成本和潜力状况,对新能源产业现状进行模拟预测后得出结论:欧盟制定的环境政策能够扩大 6% 的新能源产业规模。④ 学者 Danyel 通过研究欧盟促进新能源发电的政策指令,表明这些政策通过对欧盟成员国新能源发电占电力供给总量的比例进行详细规定会迫使每个成员国都采用不同的政策工具来刺激自己国家新能源产业的发展。这种被动的改变使得欧盟国家的新能源产业发展方面取得了很大成就,但是仅限于新能源电力行业,其他行业因缺乏环境政策指令的约束,前景堪忧。⑤

Gerard Joseph White 从美国新能源战略的有效性和成本分析,梳理和评估美国政府的新能源方案。通过对各方案内容的阐述和成本-效益的分析,评估这些方案是否是有价值的和值得继续的,得出清洁能源实施项目非常低效的结论,并且提出一系列的证据表明这些项目在没有政府巨额经费支持的情况下是不能继续的。同时表明在没有严格的项目完成日期、持续发生超过预算的额外支出的情况下,政府的支持计划极有可能和初衷背道而驰。⑥

1.2.2　国内研究动态

我国学者对于清洁能源的研究基本上与国外学者同步。2014 年 3 月 5 日,李克强总理在政府工作报告中强调推动能源生产和消费方式变革,加大节能减排力度,控制能源消费总量,力争当年能源消耗强度降低 3.9% 以上,同时要提高非化石能源发电比重。⑦ 这意味着调整能源消费结构、发展清洁能源,成为我国加快经济增长方式转变的当务之急和重要战略目标。在此基础上,国内学者分别从国外清洁能源产业的规制的成功经验研究和国内清洁能源产业规制的现状研究两大方向进行了具体、深入的探索。

---

① Chicago Climate Exchange. CCX—CCFE Market Report[R]. March 2010.
② Catherine Redgwell, Don Zillman, Yinka Omorogbe, et al. Barrera-Hernandez. Beyond the Carbon Economy [M]. Oxford: Oxford University Press, 2008.
③ Gilbert E Metcalf. Tax policies for low-carbon technologies[EB/OL]. June 2009.
④ Stefan B, Joris K. Supply of renewable, energy sources and the cost of EU climate policy[J]. energy economics, 2011, 33(5): 1024-1034.
⑤ Danyel R, Mischa B. Policy difference in the promotion of renewable energies in the EU member states[J]. Energy Policy, 2004, 32(7): 843-849.
⑥ Gerad Joseph. U. S. Clean Energy Benefits and Costs[J]. Resources and Environment in the Yangtze Basin, 2012 (7): 892.
⑦ 中国共产党新闻网.2014 年 3 月 5 日。

(1) 国内学者对国外清洁能源规制政策发展的相关研究

学者陆燕等通过对澳大利亚《2011 清洁能源法案》进行研究,认为澳大利亚政府希望通过改革,确保其在全球应对气候变化以及减少自身碳排放污染的问题上发挥应有的作用,这有利于在目前全球经济模式向清洁能源转型的过程中,帮助澳大利亚经济成功转型,减少污染的同时为本国的清洁能源投资创造动力,为澳大利亚的就业及其他经济发展提供更多的机会。① 陈小沁认为通过颁布节能法,实现所承担的节能减排义务,把发展新能源提升到战略高度。俄罗斯政府规制机构对核能发展制订了详尽的计划,并且与世界上铀储量丰富的国家展开合作,使得俄罗斯成为全球核燃料的供应大国,占有核供应主权,进而在全球核能市场占据主导地位。② 郑艳婷、徐利刚系统梳理了美国、日本、德国等发达国家推动清洁能源的发展历程和发展状况,研究发达国家推动清洁能源发展过程中的典型特征和最新趋势,为我国推动清洁能源发展提供借鉴。③ 徐冬青认为清洁能源产业与低碳经济的发展,将涉及多个产业部门,一旦技术上取得重大突破,清洁能源产业就有可能成为全球经济新一轮的增长点。因此,发展清洁能源产业成为美国、日本、欧盟等发达国家和经济体的首选,我国需要在这场能源变局中趋利避害,抓住机会,加快发展。④ 杨莉等通过介绍印度、德国、丹麦、西班牙等国家风电产业发展的概况和法规政策,为我国风电产业的发展提供了借鉴措施。⑤ 曹玲、张慧智通过韩国能源政策实施所取得的巨大成功,得出建立和完善能源发展规划和法律制度,完善能源价格机制,大力发展新能源,宣传节能意识等启示。⑥ 曹晓蕾同样通过研究韩国,认为该国十分重视新能源领域的技术开发和产业发展。新能源领域的知识产权发展已经成为韩国应对能源问题的重要国策。在韩国政府的系统规划和具体产业政策引导下,韩国大型集团和高科技企业主导了新能源领域的五大产业,即太阳能、风能、生物质能、核能和新能源汽车的知识产权发展,并通过技术转化促进了新能源各个产业产能水平和科技竞争力的提高。⑦

门丹在研究美国近些年新能源的政策演进的基础上,探讨美国新能源的财政支出状况和趋势,为我国新能源的发展提供启示与借鉴。一是认清国际形势,加快新能源发展;二是完善政策体系,加强研发投入;三是积极探索与加强中美能源气候合作。⑧ 林晶等分析了美国新能源法(国家能源政策法)的亮点与争议、优点与不足。在比较中国与美国能源问题的相似及差异的背景情况下,研究了中国下一步能源立法中应当汲取或注意的经验。⑨ 谢世清通过分析美国新能源安全规划的特点,得出对我国的启示:一是发展清洁能源,推动产业结构低碳化;二是大力发展核能,优化能源结构;三是提高近海油气产量,发展深海油气勘探技术;四是建立能耗

---

① 陆燕,付丽,张久琴. 澳大利亚《2011 清洁能源法案》及其影响[J]. 国际经济与贸易,2011(12):28.
② 陈小沁. 俄罗斯节能立法及参与国际新能源合作的趋势[J]. 经济,2012(4):50.
③ 郑艳婷,徐利刚. 发达国家推动绿色能源发展的历程及启示[J]. 资源科学,2012(10):1855.
④ 徐冬青. 发达国家新能源发展的新态势与中国的政策取向[J]. 世界经济与政治论坛,2011(11):161.
⑤ 杨莉,余艳,高琴. 国外发展风电产业的经验与启示[J]. 未来与发展,2011(6):40.
⑥ 曹玲,张慧智. 韩国能源产业政策分析及启示[J]. 社会科学战线,2013(2):257.
⑦ 曹晓蕾. 韩国新能源领域知识产权与产业发展研究[J]. 东北亚论坛,2011(3):92.
⑧ 门丹. 美国推进新能源发展的财政支出政策研究[J]. 生态经济,2013(4):80.
⑨ 林晶. 美国新能源"航母法"启示下的中国能源政策之路[J]. 山西财经大学学报,2007(4):7.

消费减排机制,帮助企业实现低碳转型;五是加强智能电网建设,提高电能使用效率;六是推进能源外交,实现能源结构多元化。[1] 高静认为美国推行新能源政策,既有其全球战略考虑,也有发展经济,引导美国走出经济衰退的目的。我国应从自身利益出发,制定必要的应对策略。[2] 邱立成等阐释了欧盟重点国家的环境政策,并对欧盟各成员国的环境政策进行量化评价,使用面板数据模型证明欧盟各成员国的环境政策对新能源产业集聚效应影响显著。[3] 张玉臣、彭建平按照欧盟支持新能源产业政策发展的4个阶段,对其演变过程进行了分析,并提出了若干建议和启示。一是超越短期经济目的,制定统一的可持续能源发展战略;二是充分发挥竞争性市场及创新型企业的作用;三是构建新能源产业持续发展的社会机制。[4]

学者吴志忠通过分析日本新能源开发现状,认定日本制定正确有效的能源政策,调整了原先过于依赖石油的政策。这些新的能源政策确实能够解决环境问题、能源安全问题,并维持经济的稳定增长,并且使得日本摆脱了石油依赖型传统能源政策的束缚,成功地发展成能源多样化的国家。[5] 学者单宝同样研究了日本的新能源政策,他将日本推进新能源开发利用的举措进行归类,主要是新能源开发利用的政府扶持政策,推进新能源开发利用的政策偏向于核能、太阳能、生物能及废弃物发电、氢能和燃料电池、地热发电等产业。他将日本的新能源规制政策给中国带来的启示阐述为:实施新能源开发利用的后发优势策略;加强新能源开发利用的政策扶持;优先开发利用具有资源优势的新能源;加快发展核能技术这几个方面。[6] 陈伟通过比较日本和中国新能源产业的发展历程,指出中国的新能源产业具备后发优势,中国的新能源产业发展政策的设计更完善,但在政策执行力方面中国还落后于日本。他还指出中国应在保持政策连续性的基础上,推进市场化改革、增强政策协调性、促进行业优化重组。[7]

(2) 国内学者对国内清洁能源规制政策发展的相关研究

这个部分的研究可细分为三大类。

第一类是政府从政策层面上促进清洁能源的技术转移与国际合作的研究。学者刘卿、刘蓉蓉认为美方存在市场壁垒和政策性障碍,以及对中国某些政策的误读,严重制约两国在这一领域合作潜力的发挥,双方应从相互利益的大局出发,加强协商、弥合分歧,努力开创中美清洁能源合作互利双赢的新局面。[8] 学者李扬认为中美两国在清洁能源领域的政策域已经建立起较为成熟且灵活的双边合作机制,包含中美能源政策对话(EPD)、中美战略与经济对话(S&ED)等,同时签署了一系列具体的合作协议。他总结了两国在风能、太阳能、清洁煤、智能电网、电动汽车等领域开展的一系列合作措施和项目,但是他也表示两国在清洁能源的领域也存在竞争、摩擦与冲突,如清洁能源核心技术转让壁垒、绿色贸易壁垒等领域。最后归纳总结得出中美在清洁能源领域的共同利益大于矛盾与分歧,两国合作前景广泛。[9] 学者

---

[1] 谢世清. 美国新能源安全规划及对我国的启示[J]. 宏观经济管理,2011(10):73.
[2] 高静. 美国新能源政策分析及我国的应对策略[J]. 世界经济与政治论坛,2009(6):58.
[3] 邱立成,曹知修,王自峰. 欧盟环境政策与新能源产业集聚:理论分析与实证检验[J]. 经济经纬,2013(5):65.
[4] 张玉臣,彭建平. 欧盟新能源产业政策的基本特征及启示[J]. 科技进步与对策,2011(6):101.
[5] 吴志忠. 日本能源安全的政策、法律及其对中国的启示[J]. 法学评论,2008(3):117.
[6] 单宝. 日本推进新能源开发利用的举措及启示[J]. 科学·经济·社会,2008(2):79.
[7] 陈伟. 日本新能源产业发展及其与中国的比较[J]. 中国人口·资源与环境,2010(6):103.
[8] 刘卿,刘蓉蓉. 论中美清洁能源合作[J]. 国际问题研究,2011(2):29.
[9] 李扬. 中美清洁能源合作:基础、机制与问题[J]. 现代国际关系,2011(1):14.

郑方能、封颖通过探讨中国与发达国家对清洁能源产业认识的主要差异,提出制定清洁能源国际科技合作国家战略的大胆构想:一是优化国内能源结构,推行节能减排;二是逐步构建新的全球清洁能源的战略合作框架,扩大我国在清洁能源领域的国际主导权;三是做好应对碳关税的相应准备工作;四是加强能源科技界与外交政策界的联系,提高国际谈判能力;多种形式加强清洁能源国际科技合作。[1] 王浩、郭晓立从系统科学的视角进行研究,通过探讨国际能源合作的过程和演化轨迹,对中日韩三国能源合作阶段进行判断,找出合作的影响因素及切入点,为合作机制的设计奠定基础。目前三国应以新能源与可再生能源技术合作为切入点,以企业间的民间合作为主,进行新能源与可再生能源产业链的全方位合作,并设计出合作的运行机制、组织机构和工作流程。[2]

第二类是国内清洁能源规制政策发展的法律制度框架研究。刘丽娜通过分析清洁能源机制复杂费解的法律框架及其风险性,阐释了德班会议上发达国家对第二承诺期减排的顾虑以及加拿大退出该议定书的原因,分析我国已建立的清洁能源机制法律框架存在的缺陷和不足,提出促进和逐步完善清洁能源项目的法律对策。[3] 付丽苹认为我国清洁能源发展仍存在生产成本高、融资难、市场拉动力不足等障碍因素。为此,基于清洁能源发展相关利益主体的视角,构建了由政府扶持、利益诱导和需求拉动等我国清洁能源发展的内在驱动机制。[4] 刘雪凤认为随着专利强制许可制度在国际法中地位的确定和完善以及国外强制许可实践的不断演进,在我国实施清洁能源技术专利强制许可制度具有理论的合法性以及现实的紧迫性,并提出对策:一是把环境保护明确纳入公共利益的范畴;二是增加政府使用条款;三是放宽申请人资格。[5] 学者刘纪显、郑尚认为CDM是《京都议定书》中引入的三个灵活履约机制之一,是发展中国家和发达国家合作共赢的一种机制。他们认为我国CDM项目起步较晚,但发展较快。我国的碳排放权交易关系我国新能源产业的发展,也关系我国经济和社会的可持续发展。一是抓紧完善我国碳排放权交易市场和交易制度;二是要完善现代化金融工具在碳排放权交易市场的运用;三是国家财政要加大对新能源产业的支出。[6] 学者苏竣、张汉威认为在新能源技术创新的示范阶段,由于市场失灵的存在,产生了基础设施的悖论;在推广阶段,由于不确定性的存在,产生了"死亡之谷"和"达尔文之海"的鸿沟。政府应当制定具有针对性的公共政策来促进新能源技术创新和产业发展。[7] 学者周清通过分析现行新能源产业的财税制度,就促进新能源产业发展的财税制度安排提出建议:一是完善直接激励新能源产业发展的财税制度;二是完善间接激励新能源产业发展的财税制度。[8]

第三类是对国内清洁能源所含的各具体产业的现存政策和制度研究。学者张国有通过

---

[1] 郑方能,封颖. 确立清洁能源国际科技合作国家战略的思考[J]. 科技与管理,2010(12):125.
[2] 王浩,郭晓立. 中日韩新能源开发与技术合作机制设计[J]. 现代日本经济,2013(4):43.
[3] 刘丽娜. 完善我国清洁能源发展机制的法律对策[J]. 甘肃社会科学,2012(2):118.
[4] 付丽苹. 我国发展清洁能源的驱动机制研究[J]. 生态经济,2012(2):76.
[5] 刘雪凤. 我国清洁能源技术专利强制许可制度研究:既有制度的不足及其完善[J]. 学海,2013(5):120.
[6] 刘纪显,郑尚. CDM对我国新能源产业的影响[J]. 华南师范大学学报(社会科学版),2010(5):135.
[7] 苏竣,张汉威. 从R&D到R&3D:基于全生命周期视角的新能源技术创新分析框架及政策启示[J]. 中国软科学,2012(3):93.
[8] 周清. 促进新能源产业发展的财税制度安排[J]. 税务研究,2011(5):25.

研究现有的具体产业政策表明中国在新能源成本领域进入世界领先水平的潜力巨大。同时成本也是我国新能源发展的关键因素,所以他认为降低成本能使新能源得到大规模使用,逐步替代煤炭、石油等传统能源。只有实现能源结构的根本转化,才能建立起整个国家的能源结构战略优势。[①] 学者徐枫、陈昭豪则对新能源的金融政策进行了量化分析。他们从宏观视角运用面板 VAR 模型对金融支持新能源产业发展进行实证分析,认为金融行业通过间接融资的贡献要大于直接融资。此外,新能源产业的需求富有弹性而供给缺乏弹性,普遍存在融资困难等问题,提出我国政府应该从战略高度重视新能源产业的发展,加大银行对新能源产业的扶持,积极推动新能源产业的直接融资,引导金融支持新能源产业发展,促进我国新能源产业的可持续发展。[②] 学者冀梦认为中国太阳能产业,特别是光伏产业异军突起,形成了一个高水平、国际化的光伏产业群体,实现了快速发展,已在国际上处于领先地位,但这个年轻的新兴产业从 2011 年下半年以来,受欧债危机的影响,以及主要光伏应用国家政策的调整,正面临着众多挑战和困难。[③] 学者苏江分析生物质新能源产业在我国的发展现状与特点,实证检验了生物质新能源产业发展与金融支持之间的相互关系,发现金融支持可以从金融整体规模、金融市场结构和金融运行效率上对生物质新能源产业的发展起到积极的推动作用,并依此提出了相应的对策与建议。[④] 学者宋晓晶则认为我国的能源中长期发展规划已经制定,只不过尚未形成健全的配套能源财政政策体系,所以存在新能源财税政策时间和内容的滞后和不规范现象。[⑤] 学者赵欣、夏洪胜阐述了我国新能源产业发展的现状,并对制约发展的瓶颈及根源进行了剖析,提出了推动我国新能源产业发展的思路是建立激励机制,成立专门的新能源产业发展研究中心。[⑥] 学者俞萍萍、杨冬宁认为由于缺乏对可再生能源外部性的合理评估,现实和潜在的风险阻碍了可再生能源技术的大规模应用,有效的激励政策是通过价格补贴和强制消费等手段刺激企业投资可再生能源,促进经济向低碳方向发展。[⑦] 陈艳等学者则从制度变迁的视角,分析了制度变迁在能源产业发展中的作用机理,得出的结论是可再生能源产业发展存在路径依赖。[⑧]

1.2.3 国内外研究述评

总结国内外研究现状,从国内外学者们对于清洁能源市场的政府规制的研究中可以分析出,他们一致认同:

(1) 政府行政体系和市场体系是控制社会、影响社会最强的两股力量。因此,把握清洁能源发展的关键就是透彻研究清洁能源的市场现状和政府相关政策。国内外学者分别从国内外清洁能源产业发展的现状、清洁能源产业的市场属性和产业发展的政府政策这几个方

---

① 张国有. 对中国新能源产业发展的战略思考[J]. 经济与管理研究, 2009(11):5.
② 徐枫, 陈昭豪. 金融支持新能源产业发展的实证研究[J]. 宏观经济研究, 2013(8):78.
③ 冀梦, 康平. 青海省光伏产业发展研究[J]. 青海社会科学, 2013(2):97.
④ 苏江. 生物质新能源产业发展的金融支持研究[J]. 统计与决策, 2013(11):167.
⑤ 宋晓晶. 完善财税政策推动我国新能源产业发展[J]. 生态经济, 2013(6):126.
⑥ 赵欣, 夏洪胜. 我国新能源产业发展的困境及对策分析[J]. 未来与发展, 2010(8):48.
⑦ 俞萍萍, 杨冬宁. 低碳视角下的可再生能源政策:激励机制与模式选择[J]. 学术月刊, 2012(3):83.
⑧ 陈艳, 朱雅丽. 可再生能源产业发展路径:基于制度变迁的视角[J]. 资源科学, 2012(1):50.

面对其作了总结和描述,使我们清晰地了解清洁能源市场的特殊性及政府政策对该市场的重要性作用,也充分说明了国内外学者一致认同清洁能源产业的发展需要政府的扶持。

(2) 清洁能源市场存在着市场失灵的现象,因而需要政府的政策扶持与规制。国内外学者通过对清洁能源市场的经济性分析得出目前清洁能源市场存在着壁垒。这些壁垒可以分为两类:一类是清洁能源的市场失灵;另一类是政府对于清洁能源市场的无效干预。其中市场失灵是由清洁能源自身市场属性导致的,而政府的干预并没有加强对市场失灵的弥补,反而因不当干预加剧了市场失灵带来的市场无效率,从而不利于清洁能源市场的发展,所以需要政府的有效规制。

(3) 案例分析、行业分析和政策分析是国内外学者们研究清洁能源市场的主要分析方法。国内外学者们选择研究清洁能源产业的方式大多数是上述三种。国外学者们在此基础上选择建立经济学模型,从清洁能源的市场属性与经济属性入手,进而分析政府应当承担的责任和义务。而我国学者多数选择从中国清洁能源发展的现状出发,分析清洁能源产业的政府的行政和财政制度,缺少对于该产业研究的理论基础和实证基础,但国内学者对该产业的政策制定实施的研究对于本文则具有现实的借鉴意义。

国内外学者们对于清洁能源产业的研究都指明了该产业的发展需要政府规制,但是对于规制政策的制定方法以及规制的执行效果等问题学者们并没有加以深入的研究,所以国内外学者对于清洁能源市场的规制的研究未达到下述效果:

(1) 国内外学者们虽然将清洁能源产业的发展目光集中到了政府规制政策的制定与实施上,但是并未从规制理论的源头探寻解决清洁能源市场存在的市场失灵和政府失灵问题的方法。学者们仅对清洁能源产业现状存在的问题从政策上提建议,并没有与理论结合分析产生问题的原因,以及寻求解决问题的方法。

(2) 国内外学者们对于清洁能源产业政府规制政策的研究多数是从宏观层面上提建议,如对清洁能源产业财税政策的改革、对清洁能源产业促进政策的改革等;或者通过案例分析的方式研究某一种清洁能源的发展并提出对策建议。这种研究的方式并没有做到理论与实证结合,对清洁能源产业所提的建议也只能是片面或表面的。

通过对国内外清洁能源发展的政府规制的文献综述进行梳理,我们明确了研究的方向,即通过政府规制理论做支撑来探寻我国清洁能源产业发展的未来。政府规制理论及其思想源于西方,20世纪90年代初被引入中国。近年来,我国学者对规制理论研究的应用已经遍及基础设施的各行各业,包括对铁路部门、电信部门、银行业、电力等公用事业部门的规制以及与环境保护相关的森林、能源等部门的规制,并且随着激励性规制理论的进一步发展,学者们越来越注重依托经济学的实证分析。

在清洁能源产业中,其所生产的产品和其生产所需资源都具有一定的特殊性,其产品都具有正的外部性,要符合环境保护的需求和人类生存发展的可持续性,因而需要加以发展,使其正外部性效应不断内部化发展。然而,由于清洁能源产业属于新生产业,仍处于起步阶段,根本不具备产业竞争能力,不论是服务还是产品或技术都无法与现有的产品和服务及技术相比,这样就不能够完全依靠市场机制发挥作用,迫切需要政府的扶持与规范化,所以应该引入政府规制。不论是传统的规制理论还是现代激励性规制理论,对清洁能源产业的规制都可进行不同角度的理解。

从政府规制视角去理解现有的研究,通过分析清洁能源产业可以发现,大多都是关于法规及政策的研究,而政府制定的法规和政策基本都是扶持清洁能源发展的,属于政府的激励性规制政策。但是政府现有的激励性规制应用就一定能促进清洁能源的发展吗?未必,太阳能光伏产业的代表——无锡尚德的破产就是一个反面教材。尚德一夜破产的原因从表面上看是受到欧美国家的"双反"政策的影响,导致出口受阻,产能过剩,但是造成产能过剩的深层原因还是政府的激励性规制契约设置不当,导致行业竞争力缺失。所以这不得不引发深思,政府规制契约的设置究竟应该如何设置以及激励到何种程度才能最终有利于产业的发展而不是阻碍其发展。

要更好地制定激励性规制契约,必须清楚地了解激励性规制的内容,从源头上探索规制理论的发展与变迁。结合清洁能源市场的特殊属性(介于公共产品和商品之间),以及在发展初期投入大、见效慢、存在高耗低效等实际应用问题,因而需要政府的介入与规制,这样才能针对性地制定出符合清洁能源发展的政府规制的一般框架,有效地促进清洁能源的发展。

本书选取规制理论中的激励性规制理论,根据激励规制的精髓,研究激励性规制的信息分散和约束性要素互动。依靠规制工具的合理选择,制定出适合清洁能源产业发展的政府规制契约,从而使政府规制政策更好地促进清洁能源产业的发展。政府规制产业的目的是为了更好地发展清洁能源产业,因此,充分分析影响清洁能源市场规制的约束性要素间的互动并选择恰当的规制工具,并判定这些工具的组合是否使得最终的规制成本小于收益,做好这三步分析才能制定出适合清洁能源产业发展的规制政策。因而,运用规制理论分析我国的清洁能源产业是本书研究的重点和难点。

1.3 研究目标与研究内容

1.3.1 研究目标

本书以政府规制理论为支撑,研究我国清洁能源产业的政府规制的特点及现状,制定了我国清洁能源产业的规制的 STC 分析框架。此分析框架由新规制经济学中的激励性规制理论演进而来,由三个部分组成,分别为规制主体分析(subject)、规制工具选择(tools)以及规制的成本收益分析(cost),因此下文简称为规制分析的 STC 分析框架。此分析框架的构建及组成原因下文将详细介绍,此处不再赘述。本书运用政府规制的 STC 运用分析框架,从规制主体、规制工具和规制的成本收益三个方向入手,对我国的清洁能源产业的政府规政策进行探索和解读,同时借鉴西方政府新能源和可再生能源规制政策的经验,探讨适合我国社会主义市场经济发展要求的清洁能源产业的政府规制政策。研究目标可详细分解为下述几点:

(1)通过对国内外清洁能源产业发展中政府规制政策的现状分析,结合规制经济学理论的核心——激励性规制理论,研究并提出我国清洁能源产业的政府规制的 STC 分析框架。该框架包含政府规制的主体研究、政府规制的工具选择及政府规制的成本收益分析三个部分。

(2) 以博弈理论为支撑,解读清洁能源产业的规制主体间的互动,研究规制机构、被规制企业和消费者在清洁能源产业的规制中各自的作用和地位,以及在相应的信息条件下各自的行动模式,通过模型演示展示我国清洁能源产业的政府规制的主体间的互动行为。

(3) 通过梳理传统规制工具和现代规制工具,探寻适合我国清洁能源产业发展的激励性规制工具,并运用这些工具对我国清洁电力能源产品进行价格规制设计和激励性机制设计,进一步促进我国清洁能源产业规制工具的合理有效使用。

(4) 通过比较成本和收益的实证分析方式展示江苏省清洁能源产业规制的现状,并以江苏省规制的现状推论至全国清洁能源产业的规制现状,从而总结出全国清洁能源产业的规制的问题及出现问题的原因。

(5) 通过现状分析制定出适合我国清洁能源产业的激励性规制的政策框架,充分利用政策框架从机制创新和规制工具创新的视角,为促进清洁能源产业的可持续发展,构建既能适应市场经济总体发展要求,又能与生态治理理念相适应的,科学规范、合理有效的清洁能源政府规制分析框架。

1.3.2 研究内容

本书运用新规制经济学中的政府激励性规制理论,对我国清洁能源产业的政府规制的约束性要素进行互动分析。在梳理比较的基础上选择适合产业发展的规制工具并对规制政策进行成本收益分析,构建我国清洁能源产业的政府规制的 STC 分析框架,同时参考借鉴世界上发达国家政府规制清洁能源的经验,提出完善我国政府规制政策,有效促进清洁能源发展的对策和建议。主要内容包括以下几个方面:

(1) 构建清洁能源市场的政府规制的 STC 分析框架。借鉴现代激励性规制理论的精髓,分析政府规制中约束性要素的互动,寻找适合清洁能源市场的规制工具并以经济学的研究方法对规制政策做出成本收益分析,从而构建出清洁能源市场规制的一般性框架。

(2) 分析清洁能源政府规制主体的约束性要素。本书从博弈的视角对规制机构和被规制企业进行静态和动态的互动性分析,规制机构间的互动分析分为纵向和横向规制机构间的博弈;规制机构与被规制企业的分析则是中央规制机构和地方规制机构以及企业的三方完全信息的动态博弈分析。通过对这些影响政府规制的约束性要素的研究可以清晰地描述出我国清洁能源市场的政府规制主体的现状及主体间的互动模式。

(3) 选择合适的清洁能源产业的政府规制工具。传统规制经济学将清洁能源产业的政府规制工具划分为价格规制工具和制度设计工具两大类型。规制经济学则结合了这两者,将其定义为激励性规制工具。通过传统规制工具向激励新规制工具的演进过程逐步展示了可运用于我国清洁能源产业的激励性规制工具,并使用这些规制工具对清洁电力能源产品的价格做出诱导性设计。同时,综合制度设计工具并对清洁能源的激励性机制提出大胆假想。

(4) 对我国清洁能源政府规制的成本收益现状的实证分析。以科斯的交易成本理论为基础,从直接成本和间接成本入手对清洁能源的政府规制政策的成本进行分类。将收益分为消费者收益、生产者收益和规制制度收益,对清洁能源产业的政府规制的收益进行实证考量,选取江苏省清洁能源产业政府规制的成本及收益核算的典型案例进行剖析。由点及面,由江苏省清洁能源核产业规制发展的现状,推论出全国清洁能源产业的规制发展的现状及问题。

(5) 以发达国家发展新能源和可再生能源的成功经验为案例,从规制工具的比较入手,总结出适合清洁能源产业发展的规制工具,并对我国发展该产业的规制提供可借鉴经验。

(6) 提出我国清洁能源发展的政府规制政策及建议。参考国外新能源及可再生能源发展的经验,以及前文分析的国内清洁能源产业规制的现状及问题,对国内清洁能源的规制政策的制定和执行提出对策建议。依据前文研究的基础,从规制的约束型要素、规制的工具选择、规制的激励性机制设计的视角,有针对性地提出建议和对策。

1.4 研究方法与技术路线

1.4.1 研究方法

(1) 文献分析法

本书已经初步进行了相关文献的搜集和研读工作,本书的思路是以国内外学者在相关领域该问题的研究基础上形成的。本书通过搜索 Google Scholar、CNKI、Jstore、Science Director、NBER、Springer 等多个数据库,对相关领域的文献进行搜集、整理和分类,通过长期的阅读和文献摘录,才对政府规制理论的发展和成熟有了整体的把握,从而选取出适合本文的文献进行了文献综述和文献评述部分的写作。文献分析为本书形成写作路线提供了重要支撑。

(2) 实证分析方法

用发展中政府规制的限制性经济要素,并对其进行成本收益的模型分析。概括地说,本书使用规制经济学中的激励性规制理论作为全书的理论支撑,而经济学的研究需要量化的数据为理论作铺垫,这些量化的数据为经济学提供了一种语言、一种方法,使之能够对具有高度复杂性的经济系统进行有效的研究。在此基础上,本书运用了实证分析的方法,选取江苏省清洁能源产业的政府规制为分析对象,核算江苏省清洁能源发展中政府规制的成本及收益状况,并对规制政策是否有效做出了最终判定,进而由江苏省清洁能源产业的政府规制的现状普及全国,为最终提出对策建议找到了实证性支撑数据。在理论和实证的共同印证下,对我国清洁能源产业的政府规制提建议才有理有据,有信服力。

(3) 案例分析方法

在福利经济学、新制度经济学研究过程中,案例分析方法被广泛使用并日益显示出其不可替代性。案例分析法是对已经发生的、真实且典型的经济问题和经济决策事件的再现与客观描述,这些客观的描述是研究与借鉴的事实基础。这种方法最大的特点是真实性,必须是真实的、已发生过的经济世界的情景再现。通过这些典型案例分析,突出地映射出真实世界的既存问题与矛盾。在文章中介绍西方新能源和可再生能源的政府规制政策时选取了不同的西方国家的发展推进案例进行案例分析和比较借鉴,这对于我国清洁能源产业政府规制政策的制定具有很深刻的借鉴意义。

（4）比较分析法

国内外清洁能源的政府规制的政策比较、规制政策存在问题的比较及清洁能源产业内各不同部门间规制工具选择不同的比较都是文章的重要组成部分。只有进行了比较才能为之后我国清洁能源政府规制政策的制定和执行作参考，因此需要运用比较分析法来进行文章的研究和资料的收集、整理。

1.4.2 技术路线

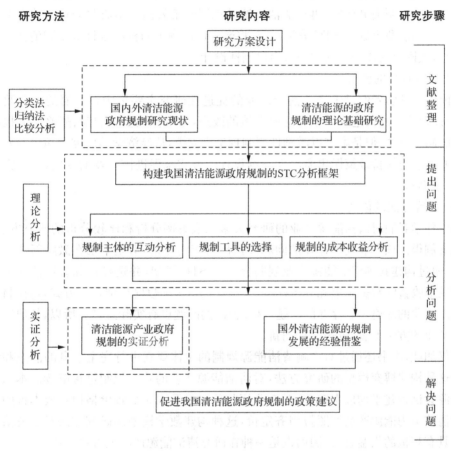

图1-5 技术路线

1.5 创新之处和不足

创新之处：

（1）对激励性规制理论应用方面的突破

目前国内外学者对于激励性规制理论主要运用在自然垄断产业，研究较多集中在电信、铁路及基础设施行业。本书首次尝试将激励性规制理论运用在清洁能源产业中，通过激励性规制理论的核心即激励性机制或契约的设计为我国清洁能源产业的政府规制提供理论支撑。本书运用了激励性规制理论的思路,将清洁能源市场规制研究当作一个机制设计的问题,首先明确清洁能源的市场存在着信息不对称,研究的着重点由三部分组成:一是清洁能源市场规制的约束性要素的互动,此处的分析需要综合运用博弈论的相关知识来分析政府和企业的互动关系;二是对清洁能源市场的经济性规制工具的分析,此处将规制工具大体分为两类,一类是价格规制工具,另一类是制度设计工具,由研究价格规制工具的演变模型入手,进而对清洁电力能源产品的价格做出诱导性设计;三是遵循科斯的交易成本理论,分析是否存在政府规制失灵现象,再对清洁能源的规制政策做出成本收益分析。结合上述三个部分构建清洁能源市场的 STC 分析框架,将激励性规制中的机制设计应用到清洁能源产业中,试图对我国目前该产业的规制做出机制性设计。

(2) 研究视角的创新

目前国内外学者们对于清洁能源产业的促进性研究主要集中在政府的产业政策的制定、实施以及执行的改进上。纵观这些政策的改进,学者们大多从宏观、战略层面提出促进性政策的制定方法,但是本书以激励性规制理论为支撑,从经济学的研究视角以对我国清洁能源产业的政府扶持政策做出激励性契约设计的方式来促进该产业的发展,从研究视角来说,是一种创新。

(3) 研究方法的创新

国内外学者们对清洁能源产业的研究大多采取案例分析和比较分析的研究方法,通过比较和案例得出该产业发展存在的问题并提出对应的建议,但是本书在激励新规制理论的引导下,通过构建我国清洁能源产业规制分析的 STC 框架,并选择江苏省清洁能源发展的现状做成本收益的数据采集和分析样本,采用理论与实证数据相结合的方式,得出目前我国清洁能源产业的政府规制存在的问题,这样得出的问题更有实际意义。所以,从研究我国清洁能源产业的方法上看,也是一种创新。

不仅如此,本书还通过对影响清洁能源规制的主体要素进行完全信息的静态和动态博弈分析这种构建博弈模型的研究方法,对清洁能源产业的政府规制进行解读。本书对清洁电力能源尝试构建平均成本定价、对企业征收价格税及同时征收价格税和成本税的数学模型诱导清洁电力能源产品按照拉姆齐定价,这种构建数学模型的研究方法对于清洁能源产品定价具有积极的借鉴意义,因而也是一种在研究清洁能源产品上方法的创新。

不足之处:由于清洁能源产业是新型产业,仍处于产业化发展的初始阶段,受资料的可获得性有限的影响和主客观条件的制约,本研究不能尽如人意。本研究侧重从政府激励性规制的视角来分析清洁能源产业发展的相关问题,对投资者、消费者、经营者等产业主体在规制下的经济行为的选择缺乏充足的实证研究。目前我国的现状是清洁能源产业发展的市场机制还未建立完善,本书在政府对清洁能源这样一个新兴产业的支持如何与市场更好结合方面,以及如何制定政府财政激励的标准、补贴的对象与数额,如何成功模拟市场机制等具体操作层面的问题上缺乏深入的研究。

2 清洁能源产业发展政府规制的理论基础及分析框架

与传统能源产业比较,清洁能源产业具有一定的特殊性。目前清洁能源产业处于发展初期阶段,产业链配套不完善,被认为是弱势产业。清洁能源产品与传统能源产品相比,具有环境的正外部性溢出效应,其产业的建设与发展对于人类的可持续发展意义非凡,将正外部性溢出合理的内部化引导是该产业发展的重中之重,这一切都亟需政府的激励与规制。本章将阐述清洁能源产业发展与政府规制的关系,并通过政府规制的相关理论构建出清洁能源产业的规制分析框架,通过此框架在文中对清洁能源产业进行合理的分析。

2.1 相关概念界定及其关系

这里需要弄清的概念包括清洁能源的真实含义以及清洁能源中包含的主要能源种类、政府规制的含义,以及清洁能源与政府规制之间的内在联系。

2.1.1 清洁能源

界定清洁能源从能源的含义开始讲起。能源从使用率上可以分为一次能源和二次能源,或者从是否具有可再生性上分为可再生能源与非再生能源,也可从常见性上分为常规能源与新能源(详见表2-1)。

表2-1 能源分类一览表

		可再生能源	不可再生能源
一次能源	常规能源	水利(大型)	煤、石油、天然气 核能(裂变)
		核能(增殖堆)	
		生物质能(薪柴秸秆、粪便)	
		太阳能(自然干燥)	
		风力(风车、风帆)	
		畜力	

(续表)

		可再生能源	不可再生能源
一次能源	非常规能源（新能源）	生物质能（能源作物）	煤层气
		太阳能（光电池）	
		水力（小水电）	
		风力（风力机）	
		海洋能（潮汐能、温差能、海流能）	
		可燃冰	
二次能源	电力、煤气、汽油、柴油、煤油、氢能		

资料来源：IEA（国际能源署）网站（2010年10月1日发布）。

本书中清洁能源指的是对环境友善、友好的能源，主要是指清洁能源具有环保、排放少、污染程度低的特点。但是从定义一种能源来讲并不精确，容易使人们错误地将清洁能源当作是能源的一种分类方式，而将能源划分为清洁与不洁能源，对清洁能源的本意产生歧义。国际能源组织（IEA）对清洁能源的准确定义是：对能源高效、清洁、系统化应用的技术体系。详细分解这个定义，可将其拆分成三个组成要点：第一，清洁能源不是对能源的一种简单分类方式，而是指能源利用的清洁化技术体系；第二，清洁能源不仅强调清洁，也强调经济和高效；第三，清洁能源的清洁性指的是符合国际认定的各类排放标准。只有达到上述三个要求，我们才称对应的能源为清洁能源。

清洁能源在我国发展至今，主要有以下几种：① 风能、② 核能、③ 太阳能、④ 生物质能、⑤ 水能、⑥ 洁净煤技术、⑦ 地热能、⑧ 潮汐能、⑨ 煤层气、⑩ 氢能、⑪ 可燃冰。总结其特征，大体可概括为下述几点：

（1）资源丰富，但开发程度较低

我国清洁能源资源的分布较为广泛，遵循我国科技部对其进行的评价得出的结论是：我国水能、风能、太阳能和生物质能资源具有雄厚的根基。我国可开发水能资源约为 4×10^8 kW，其中 5×10^8 kW 及以下的小水电资源储备量为 1.25×10^8 kW，这些水能资源遍布在全国1 600 多个县市；我国风能资源也十分发达，海上风能资源主要分布在东南沿海及附近岛屿地区，内陆风能资源主要分布在东北、西北以及青藏高原等地区，上述地区总计可安装风力发电机组 1×10^9 kW；我国三分之二的国土面积年均日照时长在 2 200 h 以上，达到了太阳能高效利用的区域要求；农业废弃物和城市垃圾等生物质能资源更是遍布城乡，每年这些生物质资源作为能源使用的数量大约为 5×10^8 tce。[①] 虽然我国的清洁能源资源分布广泛，但目前清洁资源的开发程度却不尽如人意。目前我国水力资源开发程度仅为我国水能总资源总量的4%，与发达国家60%以上的开发程度不可同日而语；我国风能开发程度不到3%；生物质能开发程度不足5%；太阳能光伏系统开发程度还不足0.1%。开发量都是总量的极小

---

① 肖元真,马骥,吴泉国.大力发展清洁能源 全面实施节能减排[J].北华大学学报（社会科学版）,2008,9(2):65-67.

值,开发潜力巨大。综合考虑我国的清洁能源资源存量、经济效能、技术现状等各项条件,可以得出一个推论:具有巨大开发潜力的清洁能源应当是未来我国能源利用和发展的主要方向。

(2) 同时具有经济效应和社会效应

清洁能源具有一定的非竞争性和非排他性,与公共产品的特征不谋而合。不仅如此,清洁能源产业还拥有巨大的生态效益和社会效益。无论是新能源的开发利用还是传统能源的清洁化都具有公益性,或是具有正外部性效应,因此在充分运用经济规律的同时,要尊重自然法则和人类社会的发展规律。从这个层面来讲,清洁能源产业涉及的绝非仅是经济问题,同时也是一个社会问题,发展清洁能源意义重大。

(3) 产业处于发展初期且为弱势产业

由于清洁能源相对于传统能源是新能源或可再生能源,引入我国的时间不长,清洁能源产业还处于新生阶段,这是清洁能源产业发展的一个不容忽视的现状。与此同时,清洁能源产业的相关企业以及清洁能源项目存在着初期投资成本高、项目规模较大、发展后续成本高、缺乏连续稳定性政策扶持等种种实际问题,难以在竞争性市场中有效存活,这都是清洁能源产业化的发展障碍,也使之成为典型的弱势产业。面对这样一个新生的,但却是与能源发展与人们的生活密不可分的弱势产业,如何发展壮大就显得尤为重要。

(4) 资源开发和经营主体的条件性

由于清洁能源资源在国内的分布不均衡,风力资源主要在沿海地区,水能和核能等主要能源的储备也都具有明显的地域特征,这为清洁能源资源的开发利用设定了地域限制。还有就是由于清洁能源技术性要求极高,清洁能源产业的相关企业市场准入资质也高。企业的经营项目是新能源的开发和利用,具有环境保护和科技含量的双重条件,既要有技术还要有符合资源存在的地域特点,这是企业的准入必须具备的前提条件。清洁能源项目的上马还需要能源相关的政府部门的审批和管理,这构成了清洁能源项目的一道难以跨越的壁垒。

2.1.2 政府规制

"规制"是个外来词汇,源于英文单词"regulation"。由于"regulation"这个英文单词具有"规则、管理、控制、调节"等多重含义,学者们对其有不同含义的理解,译法也多样。本文取其"规则、管理和控制"之义,参照主流政治经济学著作译为"规制",表明了它是在法治背景下管理、控制活动的规则。此规则必须具有明确具体的法律依据,而不是随机的、任意的自由裁量行为。具体来说,使用"规制"的理由有三:第一,相近词"管制"一词很容易使人联想到统治和命令存在的计划经济形式,多有政府直接干预管理和控制市场主体决策的含义,与当今的市场形态不适应,因而译作"规制"更为恰当;第二,为了区分政府规制与国家宏观调控,"调节"一词适用于国家宏观调控,若用于政府规制则难以体现规则和政策的相对稳定性,因为宏观调节是动态的,随经济运行而不断调整;第三,"规制"一词包含规则和控制之义,既有以规则、规章管理之义,又有对市场主体外部性行为进行规范和控制之义,发达国家的规制行为根植于深厚的法治土壤,规制政策的出台必须做到有法可依。有了法律的依据制度才健全,因此用"规制"的说法能够较为完整地体现"regulation"的本义。

学者们对政府规制的研究从未间断过,并随着社会经济的发展不断深入到不同的领域和学科中。在政治学、经济学和法学领域里,学者们从不同的视角对规制进行不同的阐述。政治学的诸多文献把规制政策研究的焦点集中在政策形成和执行中的政治及行政作用方面;早期的经济学文献所涉及的规制是针对特殊产业或一群产业,在逐渐发展和变化中涉及对替代的政策手段的激励与福利性质做出估价;法学领域则主要研究规制政策的执法、市场规则及行政程序。

（1）政府规制的内涵

政治学著作中不断强调规制政策包含的公共利益性,但也不排除集团冲突过程中对公共利益的讨价还价。学者密特尼克(Mitnick)认为政府规制是"从公共利益出发而制定的规则,是针对私人行为制定的公共行政政策",同时他也考虑到"集团冲突对公共利益的影响和决定"。在密特尼克看来,公共利益是一个宽泛的概念,包括"从满足独裁偏好到帕累托最优再到调和多元偏好"。[①] 1985年,学者梅尔(Meier)在总结前人研究的基础上,从政治学视角将政府规制定义为"政府控制公司、市民或准政府组织行为的所有企图",强调跨政治科学、经济学、法学在内的综合性研究。

早期西方经济学学者的规制文献的研究兴趣主要集中在微观经济学和产业组织理论之中,如公用事业(电力、管道)、交通业(公路、铁路、航空)、金融业(银行、证券、保险)和通信行业等。这类政府规制属于传统的经济性规制范畴,研究目标是政府在市场经济体制下如何制定相应的规则对市场微观经济主体的各项行为进行制约和管理。学者卡恩(Kahn)对政府的公用事业规制这样定义:"政府通过直接规定的方式管理该种产业的结构及其主要方面的经济绩效……如控制市场进入、决定市场价格、规定服务条件及质量以及在相关的合理条件下服务所有客户时应尽的义务……"[②]但是卡恩定义的规制是针对公共事业的规制经验上的,不能简单地扩展到规制的其他领域,卡恩看重的还是市场的自发性选择和规律,作为竞争性市场内容而存在的政府制度在卡恩看来只游离于市场的"边际"。[③] 随后的经济学家斯蒂格勒(Stigler)发表了《经济规制理论》等经典论文,进一步促进了规制经济学的发展和完善,他认为"规制的设计和实施主要是为受规制产业的利益服务的,并且规制是产业自身努力获取的",所以"作为一种法规、规章,规制政策最终被证明是产业发展的需求并为其利益所定制和服务的"。[④] 斯蒂格勒认为规制是国家"强制权力"的一种运用,他举例说明了四种规制工具:直接的货币补贴、新领域进入的控制、对产业辅助品生产的鼓励及替代品生产的打压以及对产品价格的控制。[⑤]

与规制相关的法律著作和相应的判定对于理解经济规制的法律框架体系具有重要的意义,学者吉尔洪和皮尔斯(Gellhoan和Pierce)在1982年共同提出从法学视角理解政府的产业

---

① Mitnick B M. The Political Economy of Regulation[M]. New York: Columbia University Press, 1980: 2, 271.
② Kahn A E. The Economics of Regulation: Principles and Institutions[M]. New York: Wiley, 1970: 3.
③ Kahn A E. The Economics of Regulation: Principles and Institutions[M]. New York: Wiley, 1970: 3.
④ Stigler G J. The Theory of Economic Regulation[J]. Bell Journal of Economics, 1971: 3-21.
⑤ Stigler G J. Free Riders and Collective Action: An Appendix to Theories of Economic Regulation[J]. Bell Journal of Economics, 1974(5): 359-365.

2 清洁能源产业发展政府规制的理论基础及分析框架

规制"仅仅是对众多私人经济力量的法律控制的一种形式",他们指出"规制者的判断对商业或市场判断具有决然的取代性"。[①] 法学上对政府规制的研究主要侧重于公用事业的规制政策,其中的重中之重是公用事业的费率制定、服务质量及领域进入限制等。法学界中关于政府规制的讨论聚焦在政府的行政程序以及司法控制规制机构行为这两大方面。规制机构的行为需要议会特别授权,被规制行业和个人可依法对被规制的行为提出法律诉讼,进而达到一种共存的均衡状态。

此后的规制研究逐步跳出了学科的限制。学者史普博(Spullber)跨越了学科束缚,从研究影响市场交易的三个要素——资源、企业和消费者的互动关系入手,将政府规制定义为:"规制是由行政机构制定并执行的直接干预市场配置机制或间接改变企业和消费者的供需决策的一般规则或特殊行为。"他认为:"规制的过程是由被规制市场中的消费者和企业,消费者偏好和企业技术,可利用的战略以及规则组合和界定的一种博弈","规制学研究的是规制存在下的规制过程及作为其结果的市场均衡"。[②]

日本学者植草益(Masu Uekusa)也从跨学科的角度对规制进行了认定:"政府规制是政府机构根据一定的规则对企业的活动进行约束的行为,规制突出的是政府的一种控制行为",且"从规制主体的角度可分为私人规制和公的规制两种"。[③]

国内的学者们也从各个学科、各个层面对规制进行了界定。陈富良认为,政府规制是指政府部门根据相关法律法规,运用许可和认可等工具手段,对被规制企业的市场活动施加直接影响的各种行为。[④] 余晖则认为,政府规制是指行政管理部门以治理市场失灵为己任,以法律、法规、规章、命令及裁决为手段,对微观经济主体(企业)的不完全公正的市场交易行为进行直接的控制或干预。[⑤] 杨建文则认为政府规制是政府部门通过对某些特定产业或企业的产品定价、产业进入与退出、投资决策、危害社会环境与安全等行为进行的监督与管理。[⑥]

(2) 政府规制的分类

从不同的视角对政府规制进行差异化分类。遵照规制实施行为的主体不同,可分为私人规制和公的规制,如父母约束子女的私人行为,称为私人规制,而政府部门对私人或其他经济行为的规制,则属于公的规制。[⑦] 按照政府规制政策的目标和手段不同,可以将政府规制分为两类:一类是间接规制,这类规制不直接介入经济主体的决策行为,只是通过约束市场机制发挥职能的行为来实现,间接规制的实施机构是司法部门,司法机构通过司法程序(如反垄断法、民法、商法等)对被规制的经济主体进行着制约;另一类是直接规制,实施主体是政府行政部门,目标是为了预防与自然垄断、信息不对称、外部不经济及非价值存在、社会福利降低等经济市场中不期望出现的运行结果。直接规制是政府的规制机构对市场经济主体的直接干预和管控行为。[⑧] 还可以按照政府对微观经济干预政策的属性不同对政府规制

---

① Gellhorn E, Pierce R J. Regulatted Industries[M]. St. Paul: West Publishing Co, 1982: 7-8.
② 丹尼尔·F·史普博. 管制与市场[M]. 余晖,等译. 上海:三联书店,上海人民出版社,1999:39-47.
③ 植草益. 微观规制经济学[M]. 朱绍文,等译. 北京:中国发展出版社,1992:1-3.
④ 陈富良. 放松规与强化规制[M]. 上海:三联书店,2001:6.
⑤ 余晖. 政府与企业:从宏观管理到微观管制[M]. 福州:福建人民出版社,1997:1.
⑥ 杨建文. 政府规制[M]. 上海:学林出版社,2007:2.
⑦ 植草益. 微观规制经济学[M]. 朱绍文,等译. 北京:中国发展出版社,1992:1-3.
⑧ 夏大慰,史东辉. 政府规制:理论、经验与中国的改革[M]. 北京:经济科学出版社,2003:1-2.

进行分类:第一类是政府的经济规制,经济规制出现在市场失灵状态之后;第二类是政府的社会规制,社会规制出现在政府失灵之后;第三类是政府机构的自我规制,又称为行政规制。这种划分方式下的经济规制和社会规制是较为常见的规制类型。

从上文对规制定义的描述及规制的分类可见,国内外学者们研究政府规制的侧重点不同,得出的解释也不尽相同。本书研究的清洁能源产业的政府规制主要侧重于经济性规制,由于社会规制主要面向具有负外部性的产业,清洁能源具有正向外部溢出效应,因而文中较少涉及社会规制。行政规制属于派生产物,属于政府部门的内部监督和管理,本书暂不涉及。① 本书中的规制决策主体包括政府规制机构、被规制产业,规制的主要工具是政府通过经济以及行政手段制定和实施的各种规则、制度,通过激励相关的利益主体按照规则、制度行动。

结合本书研究的清洁能源产业,这里可以综合认定文中的政府规制指的是清洁能源主管部门(包括国家发改委及其下属国家能源局)及其他政府行政部门中以保障清洁能源产业市场秩序稳定和清洁能源相关产品和服务供给。通过国家和地方的清洁能源相关法律、法规及政策,以减少清洁能源生产过程中的负外部性问题及提高清洁能源产业的整体福利水平为目标,对该产业的微观经营主体即清洁能源企业所采取的鼓励、保护、控制、约束、管理与监督等一系列行政管理行为。明确了我国清洁能源产业的政府规制的含义后,可从下述几个方面对其含义进行详细阐述:

(1) 鉴于清洁能源产业自身具有的正外部性溢出效应,有利于环境改善和人类社会可持续性发展,文中研究的清洁能源产业的政府规制多以经济性规制为主,以提高社会福利水平为最终目标。

(2) 清洁能源产业的政府规制中所涉及的行为主体包括:产业规制政策的制定和执行机构,主要为能源主管部门,既包括国家能源局,也包括各地方能源局下属的新能源和可再生能源处;被规制者为清洁能源相关企业,以及清洁能源的消费者,但消费者属于分散的个体,按照集体行动的逻辑,他们处于被忽略和遗忘的位置。文中研究的规制的行为主体主要就是规制机构和被规制企业这两者。

(3) 对清洁能源产业的政府规制的目标有三个:一是提高清洁能源产业内部的生产效率;二是保证清洁能源相关产品和服务的生产供给和消费需求;三是减少清洁能源企业在生产经营活动中可能会出现的,与规制机构间的设租、寻租、抽租及其他负外部性有关的问题。

(4) 清洁能源产业的政府规制的方式既包含对被规制企业的保护、鼓励、扶持,也包含对它们的控制、管理和监督。

2.1.3 清洁能源与政府规制的关系

对清洁能源产业进行政府规制,不仅要满足消费者对清洁能源产业相关的产品和服务的需求,同时也要满足清洁能源产业自身不断发展完善、切合人类可持续发展诉求的需求。因此,清洁能源产业的政府规制是清洁能源产业自身发展的内在需求和社会需要的外在刺激共同作用下的必然途径。

---

① 王健等.中国政府规制理论与政策[M].北京:经济科学出版社,2008:7.

2 清洁能源产业发展政府规制的理论基础及分析框架

如前文所言,清洁能源产业涉及的不仅是经济问题,还是一个社会问题,所以引入政府规制顺理成章,符合产业发展的走势。

清洁能源相关企业中有相当一部分是提供诸如风电、核电、太阳能发电等电力的企业.为保证这些电力企业产品的有效供给,同时符合我国提高清洁能源企业效率的目标,对这些提供清洁能源产品的企业实施规制是迫切且必要的。不仅如此,为了正确引导清洁能源产业中既存的正外部性效应和可能出现的负外部性问题,政府规制也是必须而迫切的。清洁能源企业在生产活动具有正的外部溢出效应,溢出会造成清洁能源企业所得的收益总值小于其生产出的总效益。假如缺少必要的激励与扶持,可能会引起清洁能源企业生产经营活动积极性的减少,最终使得清洁能源产业不断衰弱进而导致社会整体福利值下降。对清洁能源的过度消费或供求不均衡,以及生产活动中可能出现的寻租行为也会产生产业的负外部性效应,这也需要政府对清洁能源产业的规制。

与此同时,清洁能源本身的自然、经济特征既处于发展初期且是弱势产业决定了如果纯粹利用市场机制配置清洁能源资源,将会引起清洁能源市场的失灵现象。这种市场失灵又会进一步加剧清洁能市场弱势地位,对产业的发展有害无利,适当的政府规制最终可以改善社会福利,解决清洁能源企业发展和产业发展的两难困境。通过政府的经济性规制和社会性规制途径,使清洁能源产业的生产经营活动同时达到清洁能源企业的内部收益和外部效益的最大化,以及清洁能源产业内部与整个社会福利水平的最大化。政府规制后清洁能源产业的发展过程具体可见图 2-1。

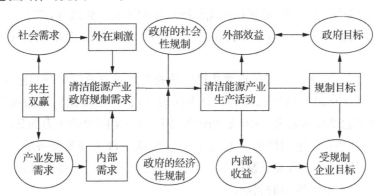

图 2-1 政府规制与清洁能源产业发展关系图

2.2 清洁能源发展中的政府规制的代表理论

本书研究的是清洁能源产业的政府规制,主要运用政府规制理论和博弈理论。政府规制理论是贯穿全书的核心理论,由于政府规制理论的流派众多,而本书所使用的主要是新规制经济学中的激励性规制理论,所以本节将通过政府规制理论的发展与变迁来解读激励性规制理论出现的背景及对清洁能源产业的重要性。

2.2.1 政府规制理论

（1）西方传统规制理论

在经济学之父亚当·斯密（Adam Smith）的自由放任理论体系中，市场是万能的，但随着科学技术在生产领域的广泛运用，尤其是铁路运输的发明和普及，自由放任经济出现了诸如资金筹集、成本节约、规模经济、市场竞争、社会福利等有效性等方面的冲击和质疑。[①] 19世纪下半叶，美国成立了第一批真正意义上的政府规制部门，专门用于解决这些市场失灵的现象。政府干预经济的实践先于理论诞生，说明了市场失灵与政府产业规制存在着关联性。在规制部门之后出现了第一个政府产业规制的系统理论——规制的公共利益理论。该理论认为对自然垄断产业进行市场进入和价格规制，会提高社会的净福利并解决市场失灵的问题。其分析依据是：规模经济的边际效应会为企业带来显著的成本优势，有可能使具有规模效应的垄断企业限制产量或直接超出边际成本定价，依据边际社会成本定价这一传统的效率评判标准，认定政府规制可以克服一个或多个阻碍企业按效率标准运营的缺陷。[②] 由此可得，规制公共利益理论的逻辑结论是规制可带来社会净福利增长从而引发公众对规制的需求。但此结论却与现实相悖，此理论的前提假设是自由放任市场已经出现运作效率低的现象并且政府规制本无需花费任何成本。事实却并非如此，市场失灵引发的低效率并非时刻存在且政府规制需要大量的人力和物力资本。此外，该理论只是理论的阐述，并没有通过实证给出政府产业规制在资源配置上高效率的方式方法。在现实中的众多竞争场合中，价格规制都有可能会导致供不应求，帕累托最优的微观基础进而遭到破坏，产生了政府规制失灵损害社会福利的增进。现实中市场失灵和政府失灵的并存，不断要求政府规制理论进一步创新与发展。

20世纪70年代，西方学者开始重视从经济学的角度研究政府规制问题，以施蒂格勒·佩尔兹曼·贝克尔（Stigler Peltzman Bekel）为代表，擅长使用规制模型的规制经济理论学派，通过研究规制的供给和需求、政治支持函数、不同利益集团政治压力的分析，提出并实际论证了与规制公共利益理论相悖的学术观点，初步形成了政府规制经济学。规制经济学强调以实证分析为基础，深入研究规制的制定过程，认为政府规制的终极目标并非公共利益，认为规制政策代表了利益集团的利益。[③]

1971年，美国经济学家施蒂格勒（Stigler）发表的《经济规制论》是规制经济理论的开山之作。他在政府的基本资源是强制力和各个利益集团在选择自己利益最大化的行动中都是理性的这两个基本前提假设下，运用经济学研究方法，将规制当作经济系统的内生变量，由规制供给和规制需求共同决定经济。施蒂格勒对企业和消费者进行比较，得出的结论是企业富有组

---

① [美]丹尼尔·F·史普博. 管制与市场[M]. 上海：上海三联书店、上海人民出版社，1999：4-7.

② Baumol W J, Bradford D F. Optimal Departures form Marginal Cost Pricing[J]. American Economic Review, 1970, 60(3): 265-283; Lerner, A. P.. Conflicting Principles of Public Utlity Rates[J]. Journal of Law and Economics, 1964(7): 61-70.

③ Kahn A E. Economic Issues in Regulating the Field Price of Nature Gas[J]. American Economic Review, 1960(50): 507.

织性且企业的平均收入高于强加给消费者的人均损失,所以与消费者相比,企业具有更强的行动激励,从而使得企业以一切方式影响规制结果,使之最终有利于自身。他认为企业要通过权衡成本与收益高低来进行决策。本书中运用的规制的成本-收益分析最早使用到规制经济学也是至此开始。施蒂格勒的研究对规制经济学的发展具有很强的借鉴意义。

佩尔兹曼(Peltzman)在施蒂格勒的基础上进一步深入,在1976年发表的《迈向规制的更一般理论》中提出了一个静态的模型来描述规制需求与供给。该模型中的利益集团由企业和消费者组成,规制者由立法者代表,利益集团和规制者是追求利益最大化的经济人。[①] 佩尔兹曼以价格和产业利润为变量建立了政治支持函数,通过对政治支持函数和立法者的无差异曲线分析,得出规制者最终的定价模式并非是使产业利润最大化时的价格,且规制可能性最大的产业是具有相对竞争性或具有相对垄断性的产业。结合本书的研究,清洁能源产业正符合上述条件,因而属于被规制的对象。

贝克尔(Bekel)主要研究规制中利益集团间的竞争。贝克尔模型假定利益集团对规制部门的总体影响既定不变,规制活动由每个集团的相对影响力决定,集团间相互博弈最终形成政治均衡。[②] 但政治均衡已经耗费了大量经济资源,所以未必是帕累托最优。由政治均衡理论进而衍生得出只要存在市场失灵的领域,就有利益集团从规制中获益。但是由于贝克尔的政治均衡模型未考虑到规制过程中规制者和被规制者之间存在的信息不对称问题及其影响,所以无法运用委托-代理理论的分析框架来分析部门利益和规制俘获问题。回顾西方传统规制理论的发展,不难看出,学者们逐渐意识到信息的不对称对规制政策制定的极大影响。这也是西方传统规制理论与现代规制理论的一条明显的分界线。

(2) 西方现代规制理论

进入20世纪80年代后,美国、英国和日本等发达国家对自然垄断产业的政府规制体制进行了重大改革。伴随着实证分析的不断推动,A-J效应被发现以及以斯蒂格勒(Stigler)和弗瑞兰德(Friedland)为代表的垄断行业放松规制论派系的发展,使原来占据主导地位的收益率规制受到了巨大的撼动。[③] 对传统规制经济学的批判经济学家们会改变了思路,经济学家们逐步开始思考放松规制,进而酝酿了放松规制的重大改革。与规制放松政策相契合的理论主要包括可竞争市场理论、政府规制失灵理论以及X效率理论等。

放松规制中的第一个代表理论是可竞争市场理论,形成于20世纪80年代初,标志是鲍莫尔(Baumol)、潘泽尔(Panzar)和威利格(Willig)三人共同发表的《可竞争市场和产业结构理论》。[④] 可竞争市场理论以潜在竞争的三个假设为前提,认为企业的规模、集中程度以及行业结构并非企业提高经济绩效的重要指标,衡量绩效最重要的标准是企业进出市场是否无

---

① Peltzman S. Toward a More General Theory of Regulation[J]. Journal of Law and Economics, 1976, 19(2): 211-241.

② Becker G S. A Theory of Competition among Pressure Groups for Political Influence[J]. Quarterly Journal of Economics, 1983, 98(3): 371-400.

③ A-J效应:管制机构对垄断行业企业进行价格管制时,企业使用过度的资本替代劳动等要素的投入,导致产出是在缺乏效率的高成本下生产出来的。

④ Baumol W, Panzar J, Willig R. Contestable Markets and the Theory of Industry Structure[M]. New York: Harcourt Brace Jovanvich, 1982.

障碍。他们认为只要是可竞争市场,市场中既存的在位厂商就会在潜在进入者的压力下不断调整自身经营行为,减轻或避免垄断导致的配置效率的损失,垄断的均衡就可维持,产品价格也可维持,所以也就实现了规模经济下最大限度地节约成本和社会资源的最优配置,以及实现了生产效率和配置效率。所以他们的观点是规制机构不需要限制进入而应当降低壁垒,创造可竞争的市场环境。简单地说,可竞争市场理论认为,政府不必对产业实行进入规制,最大限度地创造可竞争性条件就能达到市场效率最优化和社会福利最大化状态。[1]

规制失灵理论认为政府规制是为了纠正市场失灵,但由于存在信息不对称以及规制成本不可控等原因导致了政府规制的失灵。从规制效率的角度分析,规制失灵指的是政府在推行规制政策后,经济效率没有得到改善或规制实施后的效率低于实施前的效率;从制度收益上看,规制失灵意味规制成本超出了规制收益。[2] 阿弗齐(Averch)和约翰逊(Johnson)通过对投资回报率规制的实证分析,证实了生产中存在这样的低效率,后被称为"A-J"效应。政府规制失灵的经济学本源上主要是指不完全信息所决定的政府行为的有限性。一方面政府规制部门内部不清晰资源配置的价格,没有传递市场信息的通畅渠道或渠道被堵塞使得规制者难以通过审计等行政手段了解被规制企业的真实信息,且对规制者和被规制对象缺乏有效激励,甚至出现规制者和被规制者合谋的状况;另一方面,除非披露信息能够获得好处,否则企业也不可能将正式信息告知政府,甚至会提供虚假信息。

X效率最早是在1966年利本斯坦(Leibenstein)的论文《配置效率与X-效率》中提出的一个概念,用来表示由企业自身原因导致的企业内部效率低下的状态。[3] 利本斯坦认为垄断企业不但存在市场配置的低效率问题,而且还存在着超额的单位生产成本,但是却没有找到这种超额成本导致生产低效率的因由,所以用X效率称谓。随后的学者弗朗茨(Frantz)在《X效率:理论、证据和应用》一书中将X效率定义为:垄断企业在高于它的理论成本曲线上生产经营,垄断结构下的企业产量最低,但价格较高,并由此造成了社会福利的净损失。[4] 鲍莫尔(Baumol)和克莱沃利奇(Klevorich)进一步说明了规制增加X效率的理由:一方面规制者对利润设置了最高限额会严重削弱被规制者对创新和效率的激励;另一方面规制者会利用报酬率规制使得低效率的企业依然存在被规制行业中,理由就是低效率企业可以用高价的形式将低效率转嫁给消费者而牟利,这种状况却是规制者默许的。[5]

现代规制理论强调放松规制,但放松并不意味着全部取消,而是对传统规制的改革和创新。实践的发展需要理论的不断创新,在20世纪80年代,经济学家们针对传统规制理论未研究到的信息不对称问题和政府"黑箱"问题进行了开创性研究,逐步形成了激励性规制理论。

(3) 西方激励性规制理论

激励性规制理论着重研究政府如何通过适当的激励性规制政策促进企业提高效率、降

---

[1] 三个假设:企业进入和退出市场是完全自由的;潜在进入者能够根据现有企业的价格水平评价进入市场的盈利性;潜在进入者具有快速进出市场的能力,撤出时也不存在沉淀成本,无退出障碍。

[2] 李郁芳. 体制转轨时期的政府微观规制行为[M]. 北京:经济科学出版社,2003:31-33.

[3] Leibenstein H. Allocative Efficiency vs "X-efficiency"[J]. American Economic Reciew, 1996(6):392-415.

[4] 罗杰·S·弗朗茨. X效率:理论、证据和应用[M]. 费方域,等译. 上海:上海译文出版社,1993:3.

[5] Baumol W, Panzar J, Willig R. Contestable Markets and the Theory of Industry Structure[M]. New York: Harcourt Brace Jovanvich, 1982.

低价格、增进社会福利的问题,政府既给予企业降低成本、改善服务的激励,同时使得企业继续追求经济效益,在企业和产业同时寻求发展的悖论中找到一个最佳解决方案。20世纪80年代,面对发达市场经济国家政府规制实践中存在的被规制企业低效率及无效率、政府规制成本递增、政府规制部门自由裁量权过大和规制部门存在寻租成本等问题,经济学家们在总结分析公共利益理论、部门利益理论和可竞争市场理论不足的基础上,提出了激励性规制理论。

从时间线上进行划分,激励性规制理论可分为两大类:有效竞争理论和现代激励性规制理论。有效竞争理论出现的时间较早,可理解为可竞争理论的进一步发展,该理论从竞争视角研究政府规制部门如何通过直接或间接的竞争方式促进被规制企业提高企业经济效率、降低产品价格。随后出现的现代激励性规制理论则是在"委托-代理"理论的框架下,在已知政府规制机构和被规制企业的信息结构、约束条件和可行工具的前提下,分析规制双方的行为和最优策略及相关的规制问题,激励性规制理论认为政府规制的实质是最优机制设计问题,政府以最优激励性契约使得被规制企业在有动力降低成本的同时提高效率、增加经济收益,使得产业利益和企业利益保持一致,从而增加社会整体福利值。

有效竞争理论的提出是为了解决"马歇尔困境",即解决垄断带来的规模经济与竞争的低效率之间的矛盾。马歇尔的观点是,"自然在生产上所起的作用表现为报酬递减趋势,而人类在生产中的作用则表现为报酬递增趋势"。[①] 对于传统经济理论来说,一个产业只能在垄断带来的规模经济和自由竞争带来的效率中择其一,两者不能兼得。克拉克(Clark)在其《有效竞争的概念》一文中,首次提出有效竞争的概念,试图解决"马歇尔困境"。但克拉克只是提出通过有效竞争的途径可以避免规制政策导致的竞争过强或过弱现象,却没有论述有效竞争的条件、标准和途径。随后的学者德姆塞兹(Demsetz)等人从有效竞争可以同时发挥成本次可加性和竞争活力优势的视角,提出了特许权竞标理论、标尺竞争理论以及直接竞争理论等一系列理论,构成了有效竞争理论体系。

1968年德姆塞兹(Demsetz)在《为什么管制基础设施产业》一文中,提出了特许权竞标理论。[②] 特许权竞标制是指通过招标的方式,引入众多企业共同竞争某个产品的特许经营权。特许经营权是政府授予企业的特权,使得企业在该产业中处于垄断地位。但特许权具有一定期限。一个特许期结束后,所有企业再次进行特许权投标,循环往复。正是由于特许权具有期限性,潜在竞争者会从旁施压,特许权经营者为防止在下个特许经营期失去特许权会不断改善质量、降低成本、提高效率,对政府而言就可以实现降低价格、提高效率的预期规制目标。随后在1980年,埃克伦德(Ekelund)和埃贝尔(Hébert)共同发表了《不确定性、契约成本和特许经营权竞标》一文,从制度分析的角度阐述了特许权。[③] 他们将特许经营权竞标看作是一种制度工具,中标者因为拥有排他性经营权,所以能够减少经营决策的不确定性因素。

---

① 阿弗里德·马歇尔.经济学原理[M].朱志泰,陈良璧,译.北京:商务印书馆,1964:328.
② Demsetz H. Why Regulate Utilities? [J]. Journal of Law and Economics,1968(11):55-65.
③ Ekelund R B, Hébert R F. Uncertainty, Contract Costs and Franchise Bidding[J]. Commucations,1980,47(2):517-521.

标尺竞争理论又称为区域竞争理论,指在信息不对称的情况下将自然垄断性企业划分为若干特定区域性企业来经营,通过比较某个特定区域的企业与其他区域企业的经营绩效,来刺激提高企业内部效率。第一个将标尺竞争理论用于经济规制分析的是美国经济学家施里弗(Shleif),之后拉丰(Laffort)和梯若儿(Tirole)等人进一步发展了标尺竞争理论。[1] 拉丰和梯若儿提出了一个利用标尺竞争来降低信息不对称的模型,他们通过模型说明虽然规制者拥有的先验经验比受规制企业少,但只要规制者向被规制企业提供标尺竞争的契约,规制者就可以克服信息不对称的缺陷,得到对称信息的最优结果。

直接且有效的竞争指的是兼有成本弱增性和竞争活力的一种理想型竞争模式,通过综合发挥两者的积极影响,带来社会经济效率的最大化。西方学者们通过对电力行业的实证研究证明了直接的有效竞争不仅有利于提高生产效率而且有利于提高分配效率。[2] 通过直接竞争可以迫使垄断企业减少或消除低效率,而由竞争所产生的降低成本的效用大于牺牲产业规模经济的负面影响。直接有效竞争论的学者们认为在自然垄断领域,政府允许一家还是几家企业经营需要充分考虑成本的弱增性范围。当市场需求量超过成本弱增性范围时,政府应当允许两家或以上的企业在市场中共存,且处于直接竞争地位;即便在成本弱增性范围内,为了打破垄断的低效率,那些成本弱增性程度低的业务和产品也允许让两家或多家企业进行直接竞争性经营。

1979年,洛布(Loeb)和马加特(Magat)将激励性规制纳入委托-代理理论分析框架中进行分析,开创了激励性规制研究的一个新时代。1986年,拉丰(Laffort)和梯若儿(Tirole)发表《运用成本观察来规制企业》一文,提出了逆向选择和道德风险共存于委托-代理关系中的企业最优激励方案。[3] 随后他们发表了一系列的论文,奠定了他们在该领域的权威地位。

拉丰(Laffort)和梯若儿(Tirole)建立了一个扩展、统一、可分析规制问题的委托-代理分析框架(前人建立的分析框架都是该框架的一个特殊情形)。该框架将政府规制当作一个最优机制设计和激励问题,在规制者和被规制企业所面临的信息结构、约束条件和可行工具已知的前提下,分析双方的行为和最优策略及相关的规制问题。[4] 他们建立的这个扩展的、统一的框架标志着新规制经济学研究框架基本已成熟。本书所运用的分析清洁能源产业的政府规制就是以此理论为基础,进而构建了激励性规制框架。

激励性规制的核心问题是设计合适的激励性契约来消除或减少由于信息不对称带来的道德风险、缺乏竞争以及寻租的问题。面对信息不对称带来的逆向选择以及道德风险问题,规制者可以从两种途径来激励被规制者:① 规制者可以提供多个契约供被规制者选择,让企业选择最适合自己的契约类型,并根据契约来选择行动及信息甄别方法。② 在界定相关

---

[1] Potters J, Rockenbach B, Sadrich A, et al. Collusion under yardstick competition: an Experimental study[J]. International Journal of Industial Organization, 2003, 22(7): 1017-1038.

[2] Primeaus W J. Electricity Supply: An End to Natural Monopoly[J]. in Cento Veljanovski(eds), Privation & Competition: A Market Prospects, Billings & Sons Limited, 1989: 129-134.

[3] Laffont J J, Tirole J. Using Cost Observation to Regulate Firms[J]. Journal of Political Economy, 1986, 94: 614-641.

[4] 让·雅克·拉丰,让·梯若儿. 政府采购于规制中的激励理论[M]. 石磊,王永钦,译. 上海:上海三联书店,上海人民出版社,2004:3.

变量时,规制者也可以给企业较大程度的相对选择权,使企业既得到足够的激励,又无法滥用这种选择权谋取私利。[①]

激励性契约设计的目的就是为了解决与激励强度相关的社会福利改善和信息租金获取间选择两难的问题。高强度激励契约会给企业带来大量超额利润和信息租金且大量增加企业降低成本的动机;与此相反,低强度激励性契约虽然可以减少企业获得的信息租金,但是不能同时诱导企业降低成本动机。[②] 解决这个两难问题的关键就是设计一种既能够给予企业在降低成本、改善服务质量方面以足够激励,同时还可以有效防止企业获得超额利润以及社会总福利水平下降的契约。而这种类型的契约的奥秘就是规制者针对被规制企业不同的激励强度所实施的不同程度的成本补偿机制,从而利用转移支付工具对被规制者的实际成本和努力程度给予相应的货币补偿。[③] 在对生产多种产品和进行多种类型服务的企业制定规制契约时要充分考虑到产品之间的交叉补贴问题,将企业的不同生产活动分开核算,严格执行共同成本分摊比例制度。

下述几个关键性因素共同影响着激励契约的实施效率,包括:① 规制承诺的可置信性。西方国家典型性规制契约的期限都短于5年,期限较短的激励性规制契约对于获得高利润的企业来说,可以使政府规制更符合具体情况的变化。② 消费者、规制者与被规制者之间的力量博弈对比。由于在政府规制中存在着双重的委托-代理关系,即规制者与被规制者之间、消费者与规制者之间都存在着委托-代理关系。因此,要充分考虑由消费者、规制者与被规制者之间信息不对称引发的设租、抽租、寻租等行为对激励性规制契约的实施效率产生的负面影响。③ 规制者及其目标的多重性。目标的多重性会使被规制企业和规制者之间存在多重委托-代理关系。链条越长,出现契约的外部性问题就越多,越容易造成监督和激励机制效率降低的问题。规制目标的多重性容易造成规制目标之间的不协调甚至互相冲突从而影响企业激励强度的问题。

新规制经济学中还有一个重点考察的对象就是激励性规制的工具。由于激励性规制出现在经济学的领域中,因此主要是与经济性规制相关。工具类型主要包括:价格上限规制、预算平衡条件下企业价格规制、拍卖中的激励规制、私有化与激励等。本书中与清洁能源密切相关的规制工具的种类与运用的具体内容会在第四章和第六章中详细阐述与运用,在此不做重复描述。

总结规制理论的发展与变迁后,可以发现目前主流的规制理论与新规制经济学的发展密不可分,而如何利用新规制经济学中的激励性规制设计出我国清洁能源发展的激励性规制契约是本书需要解决的核心问题。全书将以激励新规制为理论支撑,综合分析规制中主体的互动、规制的工具以及规制的成本和收益,从而分析出规制双方的最优行为选择,制定出适合清洁能源发展的规制契约。

---

① Laffont J J, Tirole J. Auctioning Incentive Contracts[J]. Journal of Political Economiy, 1987, 95: 921-937.
② 高强度激励契约是指企业得到的货币补偿随实际成本的变化而变化,企业的利润与成本的高低密切相关的激励契约(如英国使用的价格上限契约);低强度激励契约是指企业的利润不受成本变动的影响,企业的成本将完全得到补偿,企业降低成本的收益将部分转移给政府和消费者的激励契约(如传统的服务成本或报酬率合同)。
③ 让·雅克·拉丰,让·梯若儿. 政府采购与规制中的激励理论[M]. 石磊,王永钦,译. 上海:上海三联书店,上海人民出版社,2004:28-31.

2.2.2 博弈理论

博弈理论是本书运用的重要理论之一,又称为对策论、冲突分析理论等,原是一种数学中的运筹学方法。20 世纪 50 年代以后,博弈论被广泛地应用到国际政治与经济的研究领域中。本书研究清洁能源政府规制的主体时,涉及各主体间的互动与决策,因而博弈理论也是清洁能源产业的政府规制研究的重要理论基础。

一个完整的博弈模型在具备了局中人、策略、次序和收益之后便可以建立起来。如果对博弈进行基本分类,可以参照局中人是否可以形成具备一定约束力的协议分为合作博弈和非合作博弈两大类。合作博弈是指参与博弈的局中人之间可以形成具有约束力的协议,其追求的主要目标是集体利益最大化的集体理性;非合作博弈即局中人之间无法达成具有约束力的协议,其追求的目标是个人利益最大化的个体理性。本书涉及的清洁能源规制主体间的互动博弈主要是建立在非合作博弈理论的基础上,规制者、被规制企业都在寻求着自身利益的最大化实现,他们之间的博弈模型将在第三章和第六章中详细讨论。

非合作博弈按照局中人决策的次序和局中人对对方策略及收益的了解程度将两种分类模式进行排列组合,可以分为完全信息静态博弈、完全信息动态博弈、不完全信息静态博弈以及不完全信息动态博弈四种类型。与这四种博弈类型相对应的均衡则分别称为纳什均衡、子博弈完美纳什均衡、贝叶斯纳什均衡以及完美贝叶斯纳什均衡。[①] 本书对清洁能源主体互动的研究涉及上述几种概念,重点介绍的则是纳什均衡和贝叶斯纳什均衡以及与之呼应的基本博弈模型。

(1) 完全信息静态博弈与纳什均衡

完全信息静态博弈又称为策略型博弈,在一个完全信息静态博弈中至少包括局中人、决策、支付三个基本要素。局中人,即博弈的参与人,局中人集合通常记作 $N=\{1,2,\cdots,n\}$;决策是指每个局中人在博弈中的行动策略或行动指南,局中人 e 所有决策的集合称为 e 的决策空间,记作 $S_e=\{s_e\}$,而 n 维向量 $S=(s_1,\cdots,s_e,\cdots,s_n)=(s_e,s_{-e})$ 称为一个策略组合,其中 $s_{-e}=(s_1,\cdots,s_{e-1},s_{e+1},\cdots,s_n)$ 表示除局中人 e 以外的其他人的策略;支付则是指局中人从各个策略组合中获得的效用,对每个局中人 $e \in N$ 都有一个对应的效用函数,$U_e=U_i(s_1,\cdots,s_e,\cdots,s_n)=u_e(s_e,s_{-e})$。

根据上述条件,可以表示出一个完全信息静态博弈,即:$G=\{S_1,\cdots,S_n;U_1,\cdots,U_n\}$。在此基础上,对此博弈的任意局中人 $e \in N$,都可以表示出此完全信息静态博弈对应的纳什均衡为策略组合 S_e^*,S_e^* 是下列式子最大化时的解:

$$S_e^* \in \arg\max_{s_e \in S_e} U_e(S_1^*,\cdots,S_{e-1}^*,S_e,S_{e+1}^*,\cdots,S_n^*)$$

(2) 不完全信息静态博弈与贝叶斯纳什均衡

不完全信息静态博弈又称为贝叶斯博弈,一个完整的贝叶斯博弈包含了局中人、类型空间、类型空间的条件概率、类型依存的行为空间以及类型依存的支付函数。局中人集合通常记作 $N=\{1,2,\cdots,n\}$;局中人的类型如果用 α 表示,类型空间则记作 $\alpha_1,\alpha_2,\cdots,\alpha_n$,且 $a_e \in \alpha_n$,

---

① 王文举.经济博弈论基础[M].北京:高等教育出版社,2010:9.

局中人 e 只知自身的类型,所有局中人的类型分布概率为 $P(\alpha_1,\alpha_2,\cdots,\alpha_n)$;局中人 e 的类型为 α_e,其余局中人的类型 α_{-e} 的条件概率 $P_e=P_e(\alpha_{-e}|\alpha_e)$,其中 $\alpha_{-e}=(\alpha_1,\cdots,\alpha_{e-1},\alpha_{e+1},\alpha_e)$;类型依存的行为空间为:$A_e=A_e(\alpha)$,局中人 e 的某个特定行为 $\beta_e(\alpha)\in A_e(\alpha)$;类型依存的支付函数表示局中人 e 的效用,为 $U_e=U_e(\beta_e,\beta_e,\alpha_e)$。

在上述五个条件中,已知局中人的类型空间为 $\alpha_1,\alpha_2,\cdots,\alpha_n$,每个局中人对其他局中人类型的条件概率为 $P_1,P_2,\cdots,P_n$,类型依存行为空间为 $A_1,A_2,\cdots,A_n$,类型依存的支付函数为 $U_1,U_2,\cdots,U_n$,该不完全信息静态博弈则可以表达为:$G=\{\alpha_1,\cdots,\alpha_n;P_1,\cdots,P_n;A_1,\cdots,A_n;U_1,\cdots,U_n\}$。

该贝叶斯博弈的贝叶斯纳什均衡为一个类型依存的策略组合 $\beta^*=\{\beta_1^*(\alpha_1),\cdots,\beta_n^*(\alpha_n)\}$;对任何一个局中人 $e\in N$,$\beta_e^*(\alpha_e)$ 都是下述最大化问题的解,即:

$$\beta_e^*(\alpha_e)\in \arg\max_{\beta_e}\sum P_e(\alpha_{-e}|\alpha_e)U_e(\beta_e,\beta_{-e}^*(\alpha_{-e});\alpha_e,\alpha_{-e})$$

2.3 我国清洁能源产业发展的政府规制 STC 分析框架的构建

前文的论述中已从规制经济学的视角将规制界定为规制机构制定并执行的直接干预市场机制或间接改变企业和消费者供需政策的一般规则或特殊行为,或者从博弈论的视角看,规制的过程也可视为规制机构、企业和消费者互相博弈(结盟并讨价还价)的过程。[①] 结合规制的上述特点(是一种政府行为且与博弈密切相关)以及清洁能源市场规制的特殊属性,本书希望通过对新规制经济学中激励性规制的分析,得出我国清洁能源市场的政府规制的综合性分析框架。

根据规制属性的不同,学者们在市场失灵的基础上提出政府的经济规制,在政府经济规制的外部性问题上提出了政府的社会规制。[②] 政府的经济规制是指自然垄断领域和信息不对称领域内为防止资源配置低效率和确保公平,规制机构利用法律权限,对企业的市场进入和退出、产品价格、服务的数量和质量、投资、财务会计等有关行为加以规范和管理的行为。政府的社会规制是指规制机构对于外部不经济和非价值问题进行干预和管理。目的是为了保证国民安全、防止社会公害和保护环境等。政府规制机构对产业的规制主要是以经济规制为主,本书中涉及的规制主要讲述的是经济规制。且社会规制主要是对外部不经济和非价值问题的干预和管理,鉴于清洁能源产品的特殊性,发展清洁能源产业有利于降低环境污染。从长远讲,产生的总利益(包含对人类可持续发展和环境保护的收益)大于总成本,从经济的角度审视,是一种正的外部性。不但如此,发展清洁能源产业还能带来极大的技术溢出,并促进诸如能源科技、生化科技、农业科技、汽车科技及相关产业的发展,技术溢出也是正外部性的另一种潜在、重要的类型。因而清洁能源产业的外部性主要呈现出正面影响,涉及的社会规制也较少。本书为了研究方便,不予考虑。

[①] 史普博. 管制与市场[M]. 上海:上海人民出版社,上海三联书店,1999:2,45,47.
[②] Burgess G H. The Economics of Regulation and Antitrust[D]. Porland State University,1995:4.

本书构建的清洁能源产业的政府规制的分析框架来自新规制经济学中激励性规制理论的产生与发展中。20世纪80年代，Baron和Myerson将信息经济学、非合作委托-代理理论以及激励机制设计等研究方法引入规制理论。之后，拉丰和梯若儿又将激励理论和博弈论融入激励性规制理论的分析研究中，重点研究规制机构在拥有不完全信息条件下对企业和产业的激励机制设计问题，创立于此的新规制经济学的最大特点就是将激励问题与规制问题密切结合，将规制问题当作一个最优机制与契约的设计问题。在充分了解规制者和被规制企业的信息结构、约束条件和规制工具的前提下，分析双方的最优行为和利益权衡，并对规制中的众多问题尽可能从本源上内生地加以分析，通过最优激励性契约的设计对企业进行最有效的规制。此契约要解决不同激励强度带来的信息租金获取与企业降低成本的努力程度的矛盾组合问题，而解决的关键就是规制者需要针对不同的激励强度利用转移支付工具对被规制者的实际成本和努力程度给予相应的货币补偿，满足上述条件的契约就是最优机制的契约。本书希望建立的我国清洁能源的政府规制的分析框架受此启发，通过分析我国清洁能源规制的主体互动、规制工具使用和规制的成本收益最终制定出符合清洁能源市场发展的规制契约。

任何最优化契约都是稀缺的，所以最优激励性契约也是一种稀缺资源。契约的稀缺性势必会引发成本的节约问题，进而转化为对最优契约的慎重选择和效益化的设计和考察问题。所以对清洁能源的市场的规制进行成本收益分析，对判定清洁能源规制最优契约的效益性，推动清洁能源市场规制的变革和创新，提供了一个可行的视角。任何情况下政府规制失灵都不是偶然现象，在政府行使其规制职能的过程中，规制失灵会伴随左右。规制失灵意味着规制成本超过了规制收益，清洁能源市场也存在着规制失灵。在对规制失灵进行解剖和分析时，运用成本-收益分析的方法就必不可少，这也是运用成本收益分析方法解读清洁能源的规制的内在动因。

目前，将激励性规制理论应用于政府规制分析，是分析政府规制较主流的研究方法。该方法注重分析规制的信息结构、约束条件和可行工具，据此判定规制双方的行为并进行最优权衡，制定出最合理的规制契约。借鉴此理论，可得清洁能源产业规制的STC分析框架，实质上由三大基本要素组成：① 规制主体(subject)互动分析，在清洁能源规制的立法、实施、调整的过程中，规制者和被规制企业、规制者和消费者以及在规制者之间的博弈互动是规制过程中最重要的内容。② 规制工具(tools)选择，选择适合清洁能源产业发展的政府规制工具，有效促进清洁能源产业的合理规制。③ 规制成本(cost)和收益分析，考察最优规制契约设置的效益性且避免规制失灵问题的发生。下文将详细描述该框架的三个组成部分并阐述每个组成部分存在的理由以及该框架运用于清洁能源产业的特殊性和重要性。

2.3.1 STC分析框架的组成部分之一：政府规制的主体分析

清洁能源产业的政府规制是一种以清洁能源相关政策的制定、颁布和实施为主要手段并试图规范清洁能源相关企业生产经营行为的制度和安排。其具体形式通常反映在政府相关部门运用权威开展以反垄断为核心的对清洁能源企业活动的经济性和社会性规制。前文提及政府的经济规制是在市场不完善的基础上提出的，而社会规制是在外部性的基础上提出的。换句话说,就是市场失灵需要经济性规制,而政府失灵需要社会性规制。所以在进行清洁能源市场的经济性规制的同时,也注意预防规制缺失、规制过度、规制不足等失灵问题的出现。要避免此问题,首要任务就是明确规制主体间的互动关系。只有了解它们之间的互相作用过程,才能针对性地提出合理的规制政策。因而构建我国清洁能源政府规制框架的第一个重要部分就是研究清洁能源产业中规制主体的互动关系。

在清洁能源产业规制中涉及的决策行为主体包括清洁能源相关政府机构及相关企业。政府规制是通过各行为主体之间的互动实现的,若详细分解则包括:中央和地方政府的互动、地方政府与企业的互动。按照新古典经济学的理论观点来推论清洁能源规制中的行为主体,其为追求效用最大化的理性选择者。在各自追求效用最大化的过程中,规制主体之间的互动实际表现为各主体相互博弈的过程。

清洁能源产业的规制多为激励性规制,这是由清洁能源产业目前所处的特殊阶段及其特殊属性共同决定的。目前的清洁能源产业处于新生成长期,各项资源配套都不完善,亟需政府的扶持,且清洁能源属于具有正外部性溢出效应的行业,对人类的可持续发展起着十分重要的正面影响作用。综合上述理由,我国目前对此产业采取的是激励性规制与扶持政策,政府给予清洁能源产业众多的税收优惠及各项政策补贴,这就使得该产业处于政府的保护之下。市场上的外部竞争压力被人为地弱化,容易导致企业缺乏追求成本极小化的激励;导致行业的资源利用效率低下、成本却居高不下、社会福利下降等种种问题。清洁能源企业与政府的冲突显而易见,政府追求社会福利的最大化,但企业追求利益的最大化。企业自身利益最大化的同时因缺少降低成本的激励从而无法达到社会福利的最大化提升。不仅如此,中央政府和地方政府发展清洁能源产业的规制目标也存在冲突,地方政府追求自身的政绩,因而会只顾眼前的利益而忽视清洁能源发展的长期目标,制定的清洁能源规制政策与中央政府相悖。面对上述规制主体互动间存在的种种问题,亟需一种解决方案。

激励性规制理论能够解决上述问题,其核心就是设计出适合清洁能源产业的激励性规制契约,化解企业与央地政府在规制中的利益冲突。这种建立在分析清洁能源规制主体的互动关系上的解决过程将在第三章详细描述。

2.3.2 STC 分析框架的组成部分之二:政府规制的工具选择

目前清洁能源产业中存在着企业内部运作零效率、规制成本提高、寻租活动等现象,使得政府的规制措施难以优化清洁能源产业的不良市场结构和市场行为。与此同时,规制者在规制力度上把握不足和规制措施的低效,最终共同导致了清洁能源产业的政府规制失灵问题的出现。且对于清洁能源产业来说,强硬的压制无法根除政府规制失灵的问题,只有采取疏导和激励并存的方式,主动地规制清洁能源产业的市场结构和市场行为,才能确保产业的良性发展。而激励性规制理论正是目前解决各产业中存在的自然垄断和过度竞争现象导致政府失灵问题的主要工具,因而构建清洁能源政府规制的分析框架需要充分使用激励性规制工具。通过这些规制工具的使用减少政府规制成本,并激励清洁能源企业提高竞争活力,疏导清洁能源产业的市场运作方向,最终实现资源的最优配置和社会福利的最大化提升。

本书主要涉及的是经济性规制分析,也就是指分析清洁能源主管部门针对清洁能源产业的市场进入、价格水平、价格结构等方面所制定的规制政策,目的是限制清洁能源产业的自然垄断、维护良性市场竞争环境以及维护清洁能源产业的市场活力。清洁能源的进入规制,指的是能源主管部门通过发放许可证、实行审批制或是调节清洁能源市场进入标准等手段,对企业进入或者退出某一清洁能源产业部门方面的规制;价格水平规制指的是能源主管部门通过对在费率及税率方面的具体调控,实现对清洁能源产品价格水平的调整和控制;价格结构规制是指依托竞争压迫、价格差异等方式推行和创新激励的调控手段,但是其规制的是清洁能源产品的价格结构,用以维持能源产业价格的合理分布及价格区间的合理控制。

与清洁能源的经济性规制相对应的激励性规制工具则通常包括价格上限规制、特许投标制度、区域竞争(又称为标杆竞争)制度等。具体规制工具的选择与运用将在第四章详细分析。

2.3.3　STC分析框架的组成部分之三:政府规制的成本收益分析

构建STC分析框架前两个部分的理论支撑是激励性规制理论的核心思想,即最优激励性规制契约的设计理念。拉丰和梯若儿在创建激励性规制理论时强调了信息不对称条件下的规制主体间的互动和规制工具的选择,通过对上述两大条件的把握来衡量最优激励性契约,但由于"最优"即为一种稀缺资源,因而最优激励性契约也是一种稀缺资源,契约的稀缺性势必会引发成本的节约问题,进而转化为对最优契约的慎重选择和效益化的设计和考察问题。因而对清洁能源市场的规制政策进行成本收益分析,可以判定最优契约的效益性,不断推动规制契约的变革与创新,因而是验证考察最优激励性契约的一个重要组成部分,也就是STC分析框架中一个重要且不可或缺的部分。不仅如此,对清洁能源产业的政府规制进行成本收益分析还可以判定在规制的过程中是否出现规制失灵的问题,这也是文中实证部分需要验证的前提假设。

综上所述,清洁能源产业规制的分析框架中第三个重要组成部分是对其规制的成本收益分析。只有有效运行的政府规制才能够解决市场失灵以及政府失灵等问题,并带来社会福利的增加和资源的有效配置。一个规制政策的有效运行,需要充分考虑到规制运行中包含的各种成本,并且计算出规制政策的综合收益,因为经济效益的最佳体现方式就是收益大于成本或者换句话说实现成本的最小化和收益的最大化。对清洁能源产业的规制进行成本收益分析事实上是将市场资源配置的方式引入了政府的公共政策领域,以此作为政府规制政策的一项约束条件。

对清洁能源产业政府规制的成本收益分析是将规制建立在科学量化的分析基础上。成本收益分析,一方面可以减少或避免规制出现效果差、收益低的状况,通过提高政府规制自身效率的方式来确保清洁能源市场规制的有效贯彻和实施,与市场经济体制下政府的管理职能相吻合;另一方面,确定清洁能源产业政府规制方案措施等于明晰了规制标准,规制者可以通过可量化、可操作的具体方案对规制效果进行预测和评估,并限制规制者滥用自由裁量权对清洁能源市场进行过度干预,在提高清洁能源产业规制效率的同时也减小了政府规制失灵发生的概率。在上述条件制约下,规制者不能仅仅以其自身利益为出发点,单纯只顾完成规制措施文件要求的任务,而忽略规制措施的可执行性和效力的实现问题。这就要求规制者必须从多方面考虑规制文件的执行和实现,如具体实施机构或实施者运用该规制对清洁能源产业做出约束是否存在困难,被规制者遵守规制的可能性概率、违规的概率各为多少等,以及规制实施过程中的监督成本、规制政策制定的自身成本等问题,使规制措施的制定与执行、监督保持步调一致性,以此来充分保障清洁能源产业的政府规制的贯彻及实施。因此,对清洁能源产业的政府规制进行成本效益分析既具有理论意义又具有实践意义,十分必要。同时,这也是我们构建清洁能源产业政府规制的重要组成部分之一。

根据上文构建出的我国清洁能源产业发展政府规制的STC分析框架,全书的研究路径也得以确定。本书应用新激励性规制理论中机制设计的理念,结合成本收益分析方法的精髓,构建出清洁能源产业发展政府规制的STC分析框架。下文就将利用此分析框架分别研究我国清洁能源产业中的规制主体的互动行为、规制工具的合理选择,并运用成本收益的分析方法来量化我国清洁能源产业的规制政策,但仅是如此还不能够充分展现出规制政策未来的趋势,因而还要借鉴发达国家清洁能源规制的经验,最终对我国清洁能源产业的规制政策提出建议和对策,使得我国的清洁能源产业在政府的合理的激励与规制下更加优化地发展。

3 我国清洁能源产业政府规制的现状及问题

本章的主要内容是对我国清洁能源产业的政府规制的现状进行定性描述。在进行清洁能源产业的政府规制现状描述时,清洁能源的定义与前文相统一,选取了公众认知度最高的、最能够代表清洁能源的四个产业。这四大产业也是目前我国清洁能源产业的主体部分,分别为风电产业、核电产业、太阳能光伏产业以及生物质能产业。通过描述它们的规制现状,可以总结出我国清洁能源产业规制的特点及存在的问题。

我国从20世纪90年代中期开始,就开始陆续制定针对风电、核电、生物质能、太阳能等清洁能源发展的法律法规。这些法律法规分布在新能源和可再生能源法律法规中,地方政府的职能机构也陆续制定了激励和完善本地清洁能源发展的相关规章和产业政策,大至法律、小至规章,都对我国清洁能源产业的发展做出了贡献。从全国层面观测,我国清洁能源产业发展的法律制度框架由国家性法律和其他法规共同构成。以2006年正式施行的《可再生能源法》作为支持,以新能源或可再生能源发展的国家性法律为标志,构建了五项执行制度,即总量目标制度、强制上网制度、分类电价制度、费用分摊制度和专项资金制度。在这五项制度的共同作用下,我国支持清洁能源发展的法律制度框架基本形成。除此以外,国家还颁布了一系列配套的法律法规支持《可再生能源法》的顺利施行。

本章选取风电产业、核电产业、生物质产业和太阳能光伏产业作为清洁能源的几个最主要代表产业,分别阐述政府规制现状,从而对整个清洁能源产业进行总体把握。

3.1 我国风电产业的政府规制现状

对于目前我国风电产业的政府规制现状,本节主要从产业发展的现状以及规制工具的使用进行定性描述,同时还总结了风电产业的相关法律政策框架作为产业发展政府规制的依据。

3.1.1 我国风电产业发展现状

我国内陆和海上风能资源都十分丰富。截至2018年年底,共建设了8个千万千瓦级的风电基地,地处甘肃酒泉、新疆哈密、蒙东、蒙西、河北、吉林、江苏和山东省境内,这8个千万千瓦级的风电基地风能资源丰富,总可装机容量大约为15.7亿 kW。[①]

---

① 水电水利规划总院.中国可再生能源产业发展报告(2018)[M].北京:中国经济出版社,2020:35.

目前我国的风电产业主要涉及风电装机产业和风电制造业。而风电装机产业又可分为陆上风电与海上风电。由于我国风能资源相对集中,截至2018年年底,中国风电累计装机容量超过100万kW的省份共有13个,超过200万kW的省份共9个。表3-1显示了各省份装机容量的分布状况。

表3-1 中国风电装机超百万千瓦装机容量的省份列表

序列	省(区、市)	2016年累计/万 kW	2017年新增/万 kW	2018年累计/万 kW
1	内蒙古	1 385.80	373.64	1 759.44
2	河北	479.40	217.55	696.95
3	甘肃	494.40	46.52	540.92
4	辽宁	406.69	118.25	524.93
5	山东	263.78	192.45	456.23
6	吉林	294.09	62.25	356.34
7	黑龙江	237.01	107.58	344.58
8	宁夏	118.27	170.35	288.62
9	新疆	136.36	95.25	231.61
10	江苏	159.53	37.23	196.76
11	山西	94.75	93.36	188.11
12	广东	88.88	41.36	130.24
13	福建	83.37	19.20	102.57

资料来源:中国风能协会统计年鉴。

从表3-1的中国风电场建设中可以发现,内蒙古位居第一,其风电装机容量远超其他各省份。根据《风能》杂志统计数据,截至2018年年底,我国约有900家企业参与了风电投资建设,其中国有企业约为700家,国企的累计并网容量3 798万 kW,占全国总并网容量的79.4%。2018年国电集团(龙源集团)新增风电装机386万 kW,装机容量保持第一,五大发电集团占据全国新增风电装机的58.4%,如表3-2所示。

表3-2 2018年中国风电开发商新增装机容量表

排位	企业名称	装机容量/万 kW	市场份额/%
1	国电	386.0	21.9
2	大唐	223.5	12.7
3	华能	222.9	12.6
4	华电	110.4	6.3
5	国华	109.5	6.2
6	中电投	86.6	4.9

(续表)

排位	企业名称	装机容量/万 kW	市场份额/%
7	华润电力	79.6	4.5
8	中广核	52.7	3.0
9	京能	37.2	2.1
10	新天绿色能源	34.3	1.9
其他		420.3	23.9
合计		1 763.1	100

资料来源:《风能》杂志,2019年第3期,第51页。

截至2018年年底,除了陆上装机在迅速发展,海上风电装机容量也已经达到25.1万kW。特别是东南沿海千万千瓦级风电基地的建设,通过海上特许权招标,有效降低了风电的发电成本,对中国沿海风电建设起到了很大的推动作用。第一期海上特许权招标的项目共四个,全部在江苏省,招标结果如表3-3所示。

表3-3 江苏百万千瓦海上风电特许权中标结果

项目名称	中标开发商	中标价格/元·(kW·h)$^{-1}$	风电机组	施工单位
滨海30万kW海上项目	大唐新能源	0.737 0	华锐3 MW机组	中交第三航务工程局
射阳30万kW海上项目	中电投联合体	0.704 7	华锐3 MW机组	中交第三航务工程局
大丰20万kW潮间带项目	龙源电力	0.639 6	金风2.5 MW机组	江苏电建 南通海建
东台20万kW潮间带项目	山东鲁能	0.623 5	上海电气3.6 MW机组	中交第三航务工程局

资料来源:中国可再生能源产业发展报告(2018),第44页。

除了风电装机业蓬勃发展,并网风电设备制造业发展也十分迅速。目前,中国具有风电整机制造能力的企业大约有70家,其中包括外商独资企业、中外合资和国资企业三种。风电制造业存在高度集中的特点,排名前10位企业市场份额占到83.2%。截至2018年年底,国产整机制造商在全球风机制造商装机容量前10位中占据了4席,如表3-4所示。

表3-4 2018年全球风机整机制造商新增装机容量前10位情况表

排位	企业名称	新增装机/MW	市场份额/%
1	Vestas(丹麦)	5 213	12.9
2	金风(中国)	3 789	9.4
3	GE风电(美国)	3 542	8.8
4	歌美飒(西班牙)	3 309	8.8
5	Enercon(德国)	3 188	7.9

(续表)

排位	企业名称	新增装机/MW	市场份额/%
6	苏司兰(印度)	3 104	7.7
7	华锐(中国)	2 945	7.3
8	国电联合动力(中国)	2 859	7.1
9	西门子(丹麦)	2 540	6.3
10	明阳风电(中国)	1 178	2.9

资料来源:BTM Consult Aps:A part of Navigant Consulting. 转载自中国风能产业发展报告(2018),第47页。

3.1.2 我国风电产业规制工具选择——价格规制

对于风电产业的规制,最主要的是价格规制。我国历史上风电价格规制政策的演变,先后经历了五个历史阶段。

价格规制的第一阶段是在风电产业发展初期,时间段是1990年年初到1998年。此阶段实行的是完全竞争上网规制政策。此阶段风电设备基本由国外援助资金购入,我国国内暂不具备风电设备的生产条件和技术。同时上网电价很低,上网电价收入仅够维持风电场运行,如新疆达坂城风电场,一直采用此种电价政策,上网价格约为0.3元/(kW·h)。

第二阶段的价格规制采取的方式是审批电价,时间段是1998年至2003年。该阶段全国各地风电上网电价均由当地价格主管部门批准后,报中央政府备案。考虑到全国各地经济发展的差距和物价水平差距,这个阶段风电价格跨度极大,低价地区仍采用竞争电价,与燃煤电价相仿;高价地区如浙江的括苍山风电场,定价达到了1.2元/(kW·h),是燃煤电价的2倍还不止。

第三阶段的价格规制是招标与审批并存的"双轨制"阶段,时间段是2003年至2005年。这个过程中由国家组织的大型风电场采取的价格规制方式是招标电价。截至2005年年底共开展了3轮招标,而省、市、区级风电项目依然采取价格审批的方式。

第四阶段是从2006年至2009年7月,采取的价格规制手段主要是招标加核准。随着《可再生能源法》的颁布和实施,国家明确风电价格通过招标产生,电价标准依据招标电价的结果确定,因此,该阶段对应的风电定价方式是招标加核准。

第五阶段是2009年至现今,采取的是标杆电价的规制方式。2009年8月《国家发改委关于完善风力发电上网电价政策的通知》发布,此通知将全国分为四类风能资源区,要求制定风电标杆上网电价并统一执行所在风能资源区的风电标杆上网电价。具体风能资源区及电价如表3-5所示。

表 3-5 全国风力发电标杆上网电价表

资源区分类	标杆上网电价/元·(kW·h)⁻¹	各资源区所包含的地区
Ⅰ类资源区	0.51	内蒙古自治区除赤峰市、通辽市、兴安盟、呼伦贝尔市以外其他地区；新疆维吾尔自治区乌鲁木齐市、伊犁哈萨克自治州、昌吉回族自治州、克拉玛依市、石河子市
Ⅱ类资源区	0.54	河北省张家口市、承德市；内蒙古自治区赤峰市、通辽市、兴安盟、呼伦贝尔市；甘肃省张掖市、嘉峪关市、酒泉市
Ⅲ类资源区	0.58	吉林省白城市、松原市；黑龙江省鸡西市、双鸭山市、七台河市、绥化市、伊春市、大兴安岭地区；甘肃省除张掖市、嘉峪关市、酒泉市以外其他地区；新疆维吾尔自治区除乌鲁木齐市、伊犁哈萨克自治州、昌吉回族自治州、克拉玛依市、石河子市以外其他地区；宁夏回族自治区
Ⅳ类资源区	0.61	除Ⅰ类、Ⅱ类、Ⅲ类资源区以外的其他地区

资料来源：中国可再生能源产业发展报告(2018)，第123页。

2006年至今，我国在风电价格规制采取的方式是招标电价、固定电价和核准电价并存的方式，具体价格规制方式可细分为五大类：第一类定价方式是中央政府级特许权项目招标，此类项目均为风能资源较好且至少10万kW规模的大型风电项目。第二类定价方式是地方招标、中央政府核准，此类项目大多规模在装机容量为5万kW以下。第三类定价方式是地方核准，此类项目由风电企业编制科研报告并报省级发改委核准。第四类定价方式是地方固定电价，此类政策执行的代表是广东省。自2004年起，广东省实行省内的固定电价政策。第五类定价方式是由中央政府统一风电上网电价、地方招标不超过统一标准。

但是，目前风电的价格规制政策对风电发展的区域引导作用并不明显。同时，风场大规模建设、风电产业快速发展，可能为风电发展埋下隐患。目前的风电价格规制政策基本是按照省(市、区)进行划分，没有确定全国统一电价标准。这是希望全国相对均衡发展，并不是使风电场集中在北部几个大省。在目前的电价下，尚无法看见价格规制对风电发展的区域性引导作用。合理的定价应是既能鼓励各省(市、区)有条件地区都发展一些风电项目，又能使风能资源丰富区开发风电项目有更大的经济效益。同时合理的定价还应促进风电行业竞争，推动企业技术创新和持续发展。做不到上述要求正是目前我国大的风电价格规制政策存在的主要问题。

3.1.3 我国风电产业规制的法律和制度框架

规制需要法律和制度的保障，中国风电产业规制的法律制度框架主要由两层结构组成。最高层面的是国家性法律，主要以2006年开始实施的《可再生能源法》为核心，构建五大风电制度标准：总量目标制度、分类电价制度、强制上网制度、费用分摊制度和专项资金制度。这五项制度共同构成了目前我国风电产业发展的总体政策框架，当然也是其他可再生能源发展的制度框架。在此产业发展框架的指引下，国家陆续颁布了配套的《可再生能源产业指导目录》《可再生能源发电管理办法》和《可再生能源上网电价及费用分摊管理试行办法》等法规,促进包括风电产业在内的可再生能源产业达成发展目标、规范发电管理体制和上网制度、核定电价水平以及费用分摊方式等。同时,国家还制定了风电相关产业的技术规范和风电上网并网标准等,力求全面地对风电产业的规制制定法律法规和政策基础。

除了中央层面的风电相关法律法规,地方层面也相应地制定了一系列风电发展地方法规。各省市地方政府的行政管理部门根据本地风能资源禀赋、风电制造和风电装机产业发展现状制定了本地的风电整体发展规划,提出各自的中长期发展计划、发展重难点、解决风电发展困境的实施办法以及对应的政策措施。这些地方法规政策中包括详细的风电装机远景目标、完善本地风电产业布局的措施、风机设备技术研发与自主创新要求等,并提出为风电相关企业的融资创造多渠道平台的政策,为地区风电产业长远发展和地区竞争力的增强提供一系列政策扶持。

总结而言,我国风电产业规制的发展在清洁能源产业的规制中处于领先地位,已经形成了以《可再生能源法》为核心,使用风电配套法律法规、地方性法规和其他专项法规在内的整体风电制度框架,而我国风电产业的规制工具主要是价格规制工具以及一些财政和税收等金融政策的支持。举例来说,如特许权招标这种激励性价格规制工具运用在风电产业的定价中,可以充分显示我国的规制机构对风电产业的规制是以激励性规制为主。在激励性规制政策的实施中,最重要的就是解决风电企业的利益目标和风电产业的总体目标双向实现的两难困境。从现状观测可见,目前我国的风电产业前景乐观,在企业能够盈利的同时产业能够积极地发展,并在清洁能源产业中具有优势地位。

3.2 我国核电产业的政府规制现状

核电产业与其他的清洁能源产业略有不同,主要是因为核电产业的发展涉及的安全问题十分重大,稍有偏差后果便会十分严重。因此,所有核电项目的申请审批权限都在国务院的手中,并非与其他清洁能源的审批权一样设在国家发改委和地方发改委,所以核电产业的规制机构主要是国务院。

3.2.1 我国核电产业发展现状

2007年10月,国务院发布了《核电中长期发展规划(2005—2020年)》,在此规划的指引下,我国的核电产业进入了发展的快车道。从20世纪60年代开始发展核电到如今,我国核电产业发展特点可归纳为:发展进程较缓慢、与发达国家差距大、技术显现多样性。我国核电起步于20世纪50年代筹建石墨反应堆,但直至1985年才建设起秦山核电站,2002年秦山二期运营,2003年大亚湾二期投产,发展得很缓慢;目前全世界有60多个国家选择继续发展自身的核电产业,这些核电的发电量占总全球总电量的16%,这个比例在所有的清洁能源占全球发电量的比例是相当高的,但是我国核电发电量仅占国内发电总量的2%,远低于世界平均水平;截至2013年,我国运行的7个核电站(见表3-6),总装机容量仅912.4万kW,却有5种来自中国、加拿大、法国、俄罗斯等不同国家的技术路线。并且在国际核电进入第四代技术发展时期时我国的核电技术依然徘徊在第二代和第三代的交替期,远远低于国际先进水平。针对目前我国核电产业发展的现状,中央政府做出了积极推进核电发展的决定,"采取先进技术,统一技术路线",并尽快实行大型机组的自主化、国产化。

表3-6 我国运行的核电站一览表

位置	核电站名称	堆型	装机容量/万 kW	开工日期	并网发电日期	商业运行日期
浙江	秦山一期	CNP300	1×31	1985年3月	1991年12月	1994年4月
	秦山二期	CNP600	2×65	1996年6月 1997年4月	2002年2月 2004年3月	2002年4月 2004年5月
	秦山三期	CANDU6	2×72.8	1998年6月 1998年9月	2002年11月 2003年6月	2002年12月 2003年7月
	秦山二期扩建	CNP600	2×65	2006年3月 2007年1月	2010年8月 2011年11月	2010年11月 2011年12月
广东	大亚湾核电站	M310	2×98.4	1987年8月 1988年4月	1993年8月 1994年1月	1994年2月 1994年5月
	岭澳一期	M310	2×99	1997年5月 1997年11月	2002年2月 2002年12月	2002年5月 2003年1月
	岭澳二期	CPR1000	2×108	2005年12月 2006年6月	2010年7月 2011年5月	2010年9月 2011年8月
江苏	田湾核电站	VVER	2×106	1999年10月 2000年10月	2006年5月 2007年5月	2007年5月 2007年8月
北京	中国实验快堆（CEFR）	BN20	1×25	2000年5月	2011年7月	—
福建	宁德核电站	CPR1000	1×108	2008年2月	2012年12月	—
辽宁	红沿河核电站	CPR1000	1×108	2007年8月	2013年1月	
总计			在运机组装机容量为1 500.4万 kW 商运机组装机容量为1 259.4万 kW			

资料来源:国家发改委网站(2015年3月发布)。

3.2.2 我国核电产业规制现状

与其他清洁能源不同的是,核电的发展与国家的安全密切相关。我国核电产业规制决策机构是国务院,国务院负责批准我国国内所有的核电项目及核电企业的发展规划、技术路线和项目建设。同时国家发改委和国家能源局依然是我国核电产业发展的政府管理部门,亦是核电产业重要的规制机构之一,负责核定核电建设选址和制定装机容量以及审批核电项目,并且拥有对核电技术路线的最终选择的主要建议权,最终决定权由国务院把控。核电重大科技专项的组织实施也由发改委和国家能源局共同推动,这是核电产业与其他清洁能源产业不太一样的地方。

由于核电产业的特殊性,因此存在着极大的安全隐患,如日本的福岛核泄漏事件。同时,核废物的处理也存在着安全隐患,因此目前还不具备发展核能引入市场机制的条件。从体制上分析核电产业,不难发现,中国要实现核电商业化前路漫漫,最乐观的估计是在2030年以后实现核电的商业化。核电产业在目前中国所处的社会主义市场经济体制环境中,只有作为政府的政策性扶持产业才能发展壮大。在核电的管理与经营层面上,必须明确核电产业具有高度行业垄断性且核电站是新兴电力生产企业。在政府政策扶持下的我国核电产业要把握政府出台优惠政策的"时间窗口"。一旦核电在过了优惠期后还不能够在电力市场与水电、火电相竞争,就无法在未来的电力市场中赢得一席之地。虽然前景不明,但好消息是2003年欧洲委员会调查了电力和输电对社会环境损害的情况后得出结论:从外部性进行比较时,除英国和德国的风电外,欧盟15个成员国中核电在基本负载中社会环境外部成本是最低的。因此,从经济性的角度看,核能成本低廉效益极高。

从我国对核电产业的规制工具使用来看,目前核电产业的市场准入门槛很高。中国目前具有核电运营资质的电力企业主要有中国核工业集团公司、广东核电投资有限公司和中国电力投资集团公司,均为国资委下属的中央企业。从规制机构的管理来看,国资委对核电产业有规制权限,但同时产业又属于能源局的管辖之下,因而对核电产业的规制存在着政出多门和政企不分的现象。截至2013年,我国的核电定价方式由个别定价改为由国家发改委部署并制定的核电上网电价机制。这种核电定价的标杆电价将长期保持相对稳定,根据核电技术进步、成本变化、电力市场供需状况等定时定期做出一定的调整。

从前文的描述中可见,目前我国对核电产业规制的方式也是激励性规制。除了规定核电产业是政策性产业,规制机构通过财政和税收上给予的优惠使核电企业生产成本降低外,核电企业经营机制的确定也十分重要。在不能完全商业化的前提下确立我国核电企业的现代企业制度,形成以国有资本为主,同时促进核电企业在竞争中求生存和发展,支持和鼓励核电企业、电网企业及其他愿意从事核电建设和经营管理的企业积极参与到我国核电的建设和经营管理中,实现核电的多家建设、多家运营的竞争局面是目前中国核能产业发展的长期战略。中国目前核电产业规制的另一个特色是与规制机构,与核电技术设计主体密切关联。目前我国核电技术设计主体是若干设计研究院和部分高校。中国广核集团成立了核电设计公司,并拥有了核电站初级设计的资质,国家核电技术公司于2007年4月正式成立。这些核电运营主体和潜在竞争者都是具有行政职能的央企,在规制部门的统一规划指导下共同促进核电产业的发展。

3.3 我国生物质能产业的政府规制现状

本节对我国生物质能产业的规制现状的定性描述主要从产业发展的现状和生物质能产业的规制工具选择展开,主要遵循模拟市场机制的一条路径即模拟价格机制来实现资源的最优配置,因而总结的是该产业的价格规制工具的主要发展趋势。

3.3.1 我国生物质能发展现状

生物质能是地球上存在最广泛的物质,而生物质能包含所有能够作为能源利用的生物质能。按照原料的性质可分为糖类、淀粉和木质纤维质物质;按原料来源可分为农作物秸秆、薪柴和柴草、农林加工废弃物、人畜粪便和生活有机垃圾、工业有机废物、能源植物等。其中农林、工业和生活有机废弃物是目前最主要的生物质能原料。目前我国生物质能利用途径主要有以下三种:

一是生物质发电。"十一五"期间生物质发电的投资总额由168亿元增加到663亿元,年均增长率在30%以上,已经投产的总装机规模由2006年的140万kW增加到2010年的670万kW,年均增长率在35%以上。① 截至2010年,国家发改委出台了一系列政策,规定未采用招标确定投资人的新建农林生物质发电项目统一执行标杆上网电价0.75元/(kW·h)。截至2018年底,全国建成各类生物质发电装机合计750万kW,其中80%为秸秆林木废弃物发电和城市垃圾发电。目前生物质发电核心技术研发已经初步具备了产业化推广的条件,未来的五到十年将是我国生物质发电产业高速发展时期。

二是生物液体燃料产业。主要包括两大类产业:一类是生物乙醇。2018年,国内开始筹划启动万吨级的纤维素乙醇示范项目,且我国的陈化粮乙醇和车用乙醇汽油推广应用项目继续实施。四家陈化粮燃料乙醇生产项目和广西中粮木薯乙醇项目合计生产的燃料乙醇在190万t左右,燃料乙醇的陈化粮消耗量为530万t,2011年燃料乙醇的补贴额接近30亿元。② 另一类是生物柴油产业。2018年,我国生物柴油生产企业为30家左右,规划能力每年近300万t,但现有生产能力仅为150万t/年,实际产量为30万~40万t,开工率不足30%。目前我国的生物柴油生产仍然呈现出小规模装置、小作坊式的企业模式,全国生物柴油的产能为每年250万t,距我国的柴油消耗量1亿多吨差距巨大。但值得一提的是,2011年年末我国实现了在航空运输中首次运用生物燃料的历史性突破。

三是生物质热利用产业。生物质热利用主要包括生物质气化(干馏)供气和固体成型燃料两种。目前,我国用于木材和农副产品烘干的生物质气化集中供气系统有800多套,村镇级用户秸秆气化集中供气系统近600处,可年产生物质燃气2 000万m³,在高校利用秸秆资源、减轻环境污染、提高农民生活品质等方面作用巨大。生物质固体成型燃料技术正处于产业化应用的示范阶段,随着我国大中城市燃煤锅炉的改造,生物质固体成型燃料可大量用作城市居民冬季燃煤取暖改造的新型燃料,前景乐观。

目前我国的生物质能开发也存在着技术开发不利、利用技术单一、开发规模小、投入少、技术含量低、技术标准不规范等问题。

3.3.2 我国生物质能规制工具选择

对于生物质发电产业,最主要的是生物质发电价格规制,我国的生物质发电价格规制政

---

① 中国能源研究会.中国能源发展报告(2018)[M].北京:社会科学文献出版社,2018:37.
② 靳晓明.中国新能源发展报告[M].武汉:华中科技大学出版社,2011:161-162.

策大体经历了以下三个阶段:

第一阶段是无补贴政策阶段。由于生物质发电成本相对较低,因而在《可再生能源法》出台前,中小型生物质发电企业在无政策补贴下仍能实现商业运行。截至2005年年底,生物质发电装机总量约为208万kW,其中蔗渣发电170万kW,垃圾发电30万kW,稻壳发电、小型气化发电、中大型沼气发电、垃圾填埋气发电为8万kW。[①]

第二阶段为基准电价加补贴阶段。2006年颁布并执行的《可再生能源法》中对生物质发电规定的价格规制方式是实行政府定价,具体要求为:生物质发电项目的上网电价由政府定价决定,具体执行方式是国务院价格主管部门分地区制定标杆电价,电价标准由各省(自治区、直辖市)2005年脱硫燃煤机组标杆上网电价加补贴电价组成共同构成。补贴电价标准为0.25元/(kW·h)。生物质发电项目自投产之日起,享受政府15年的补贴电价,之后则取消政府补贴。此阶段全国各地生物质发电标杆上网电价可见表3-7。

表3-7 全国生物质发电标杆上网电价表

地区	标杆电价/元·(kW·h)$^{-1}$	地区	标杆电价/元·(kW·h)$^{-1}$
上海市	0.665 4	甘肃省	0.500 8
浙江省	0.669 5	青海省	0.505
江苏省	0.64	宁夏回族自治区	0.501 4
安徽省	0.621	新疆维吾尔自治区	0.5
福建省	0.629	陕西省	0.55
京津唐	0.600 4	湖北省	0.632
河北南部	0.6	湖南省	0.652 5
山西省	0.525 4	河南省	0.599 2
山东省	0.604 9	江西省	0.635
广东省	0.703 2	四川省	0.597 8
云南省	0.520 3	重庆市	0.587 3
内蒙古自治区	0.515 9	贵州省	0.537 6
广西壮族自治区	0.626 8	海南省	0.637 4

资料来源:中国可再生能源产业发展报告(2018),第128页。

第三阶段为标杆电价阶段。实行时间从2010年7月开始,国家发改委发布了《国家发改委关于山湾农林生物质发电价格政策的通知》,通知规定对运行中农林生物质发电项目实施标杆上网电价政策,对未采用招标确定投资人的新建农林生物质发电项目则同意执行标杆上网电价为0.75元/(kW·h)(含税)。

自我国对生物质发电实行标杆电价之后,生物质发电装机容量大增,至2010年,我国生

---

① 王仲颖,任东明,高虎,等.可再生能源规模化发展战略与支持政策研究[M].北京:中国经济出版社,2018:133.

物质发电装机总量达到 6 700 MW,投资总额达到 663 亿元,比上年增长 55.81% 和 46.73%。现行的价格规制手段对我国生物质发电产业的发展产生了显著的推动作用。

但目前生物质产业的电价规制政策也存在一些问题。目前我国的生物质发电技术开发和设备制造能力不强,缺乏核心技术。目前新建的发电项目大部分引进国外技术,且电价规制政策对国产和引进设备的项目一视同仁,没有对国产技术给予更多的激励,使得国内技术研发投入少、积极性不高,国外成熟技术在短期内占领了国内市场。同时,目前的电价规制政策对发电规模也没有区分,使得引进的项目趋向大规模化,导致生物质原料在供应链上出现很大的困难,原料供应成本不断提高,项目的经济性逐渐下降。这些问题都需要在今后的生物质发电规制政策中做出进一步的调整和改善。

生物液体燃料产业的规制有一些特殊性,所以单独列出,最主要是因为涉及粮食安全问题。2007 年以来,政府规制机构开始对玉米等粮食原料生产燃料乙醇的产业进行进入壁垒和产品质量安全规制,伴随的是燃料乙醇的发展势头放缓。国家规制机构采取对生物液体燃料重点技术研发的激励性规制,主要是利用非粮食原料生产燃料乙醇技术以及以小桐子等油料作物为原料制取生物柴油技术,通过对技术研发的资金和财税的减免促进技术的开发利用与产业结合。规制部门借鉴国际先进经验,将生物质能产业发展纳入国家总体能源发展规划中,并制定了相应的生物质发展的法律法规及条例来完善我国生物质产业发展的政策扶持体系,在这个体系中加大对该产业科技研发的投入,通过引导生物质市场需求来推动产业的市场发展等一系列激励性扶持措施。为了促进生物液体燃料产业的发展,国家陆续出台了一系列相关税收和补贴政策作为发展生物质能的激励性规制政策,如国家财政部下发的《财政部关于燃料乙醇亏损补贴政策的通知》分年度明确了补贴标准。

但需要指出的是规制机构的补贴政策随项目而定,缺乏连续性,且不是生物质能主管部门出台的系统性支持政策等问题。值得肯定的是,规制部门已经注意到发展生物质能源生产、运输、采购、贸易及利用的全球化链条,构建出有竞争性的我国生物质产业,为整合性推进产业的发展提供重要驱动力才是我国生物质能产业发展的战略走向。

3.4 我国太阳能光伏产业的政府规制现状

对于我国目前太阳能光伏产业的政府规制现状,本节主要从产业发展的现状以及规制工具的使用进行定性描述,同时还总结了太阳能光伏产业的相关法律政策框架作为产业发展政府规制的依据。由于 2012 年年底欧盟对我国的太阳能光伏产业实行了"双反"政策,导致我国的该产业在 2013 年面临了严重的危机,本节定性描述的数据到 2012 年为止,但是在下文的分析中对于该产业中众多龙头企业的破产给予了理论分析,本节暂不涉及。

3.4.1 我国太阳能光伏产业发展现状

太阳能光伏产业作为清洁能源产业的一个重要组成部分,相对于其他主要的清洁能源产业在我国起步时间较早,截至目前已形成了完整的太阳能光伏产业链布局。纵观该产业的布局,主要集中在国内的长三角地区、环渤海圈、珠三角地区及中西部地区。2009年中国太阳能电池产量已经占全球总产量的40%以上,生产规模居世界第一。同年,我国先后启动了太阳能光伏产业的三大项目的招标:金太阳示范工程、光电建筑和敦煌大兴荒漠光伏发电站。2010年又启动了第二轮大规模光伏特许权招标项目。截至2011年年底,我国光伏发电累计安装量达到2 947 MW[①],具体数据见图3-1。

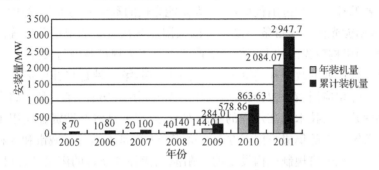

图3-1 我国太阳能光伏年装机量和累计安装量
数据来源:国家可再生能源中心网站信息,2012年12月。

目前江苏、宁夏、青海、山东等省是年增光伏安装量和累计安装量较多的省份。就太阳能光伏电池产量来看,自2007年起,我国开始成为世界光伏电池的最大生产国,而太阳能电池生产主要以晶体硅电池为主,表3-8为我国2011年主要多晶硅的产量和产能表。

表3-8 我国主要多晶硅生产企业和及产能表 单位:t

省(市、区)	企业名称	2009年	2010年	2011年
江苏	江苏中能	7 450	17 853	29 414
江西	赛维LDK	225	5 052	10 455
河南	洛阳中硅	2 204	4 300	8 000
重庆	重庆大全	1 523	3 680	4 300
四川	四川瑞能硅材料有限公司	190	1 300	3 000
湖北	南玻硅业	515	1 400	2 500
青海	亚洲硅业	—	—	2 200
四川	四川永祥多晶硅有限公司	700	850	2 000
河北	六九硅业	—	—	1 300
四川	四川新光硅业	951	1 000	1 000
青海	黄河上游新能源公司	—	—	500
全国总计		20 000	45 000	77 000

数据来源:中国新能源发展报告2012版,第65-75页。

---

① 资料来源:2011年度中国太阳能发电建设成果统计报告。

3.4.2 太阳能光伏产业规制现状

2009年3月26日,我国财政部、住房和城乡建设部等规制机构联合下发了《太阳能光电建筑应用财政补助资金管理暂行办法》。这表明从政府规制层面上,我国开始了对太阳能光伏产业的激励性扶持,同时结束了长期以来我国太阳能企业未享受国家补贴的局面。我国太阳能光伏产业的补助实行范围包括:补助太阳能光伏的资金使用范围、补助太阳能光伏资金标准、补助太阳能光伏的项目条件以及补助太阳能光伏资金的申请单位等。通过多角度的补助,政府规制机构对我国的太阳能光伏产业进行了大规模激励与扶持。

从太阳能光伏产业的政府补助资金使用范围可知:第一种是将补助资金定向投入到了城市光电建筑一体化应用、农村及偏远地区建筑光电利用等方面;第二种是将资金使用在太阳能光电产品建筑安装技术标准规程的编制方面;第三种是将补助资金应用于太阳能光电建筑应用共性关键技术的集成与推广方面。这三个方面基本涵盖了城市和乡村太阳能光伏行业的所有地区。从政府规制机构设定的太阳能光伏补助项目的满足条件可知,补助要求项目必须符合太阳能光伏产业的技术性和应用性相结合的产业发展需求。从政府提供的对该产业的补助资金标准可知,2009年补助标准原则上定为20元/Wp,但具体标准将根据未来的年度补助标准及产业发展状况做适当调整。总体来说,补助的资金额度越高,越能够改变太阳能光伏发电相关企业的成本过高的现状。经观测可见,规制机构对于我国太阳能光伏产业的激励和扶持从资金上到位且准确的。

目前我国政府通过对三大太阳能光伏项目施行招标等一系列政策措施来构成我国太阳能光伏产业规制的激励性规制框架,也体现了中国发展太阳能光伏产业的巨大空间。截至2011年年底,我国金太阳示范项目统计如表3-9所示。

表3-9 我国分地区金太阳示范项目(2009—2011年)

省 (市、区)	2009年示范项目		2010年示范项目		2011年示范项目	
	个数	安装容量/MW	个数	安装容量/MW	个数	安装容量/MW
北京	2	1.36	2	14.91	12	51.00
天津	0	0.00	6	17.01	4	17.70
河北	2	11.48	2	10.37	6	24.04
山西	2	15.00	3	11.84	4	6.30
内蒙古	7	10.46	1	7.50	8	33.53
辽宁	1	2.99	2	21.04	1	3.00
黑龙江	1	10.000	2	3.99	1	26.00
上海	0	0.00	1	10.00	2	32.12
江苏	6	8.70	2	8.54	6	61.42
浙江	19	17.42	4	20.91	8	33.61

(续表)

省（市、区）	2009年示范项目		2010年示范项目		2011年示范项目	
	个数	安装容量/MW	个数	安装容量/MW	个数	安装容量/MW
安徽	13	13.60	2	15.63	3	32.80
福建	3	6.80	0	0.00	3	13.22
江西	13	20.67	3	15.95	6	27.27
山东	6	21.003	3	21.50	6	62.00
河南	8	7.38	2	18.57	6	29.88
湖北	2	4.80	1	10.59	1	12.51
湖南	2	1.45	1	20.83	7	26.38
广东	4	10.18	3	18.00	15	72.00
广西	0	0.00	1	3.00	4	49.65
海南	0	0.00	1	2.50	2	25.00
云南	3	9.03	0	0.00	3	12.87
陕西	2	10.71	2	2.30	7	14.45
甘肃	3	13.75	2	2.81	1	0.46
青海	0	0.00	1	1.20	8	19.49
新疆	4	2.70	2	9.00	1	2.28
西藏	1	1.95	1	2.55	1	0.83
新疆生产建设兵团	1	5.00	1	1.20	0	0.00
合计	105	206.43	50	271.72	126	689.81

资料来源：2011年度中国太阳能发电建设成果统计报告，第77-78页。

国家能源局在2010年6月开展了第二轮并网光伏发电特许权示范项目招标工作，招标项目共涉及陕西、青海、甘肃、内蒙古、宁夏和新疆西北六省（自治区）的13个光伏电站项目，总计装机容量达到280 MW。此规制政策的实行既开拓了国内大型并网光伏电站的市场空间，也使我国的太阳能光伏发电规模化在该政策下有了决策的参考依据，是我国政府对该行业实行激励性规制的一大飞跃。除中央政府的规制政策外，各地方政府也出台了相应的激励性政策。

3.5 我国清洁能源产业发展的政府规制的特点

通过描述我国清洁能源产业规制的现状，并结合清洁能源产业的特殊属性，可以得出该产业的政府规制具备下列特点：

(1) 政策指令性明确

指令性政策是基于政府的行政权力对社会经济活动的一种干预行为,这种干预行为通常以政府令(或市长令)、法规、条例、通告、决定、办法、许可证等形式出现。指令性政策在世界各国发展清洁能源产业的政府规制行为中都是很常见。虽然政府的行政职能中不包含制定清洁能源产业法律或立法,但却能通过与清洁能源相关法规和规章的制定来体现政府产业发展的意志,所以制定清洁能源产业的法规与政策,维护我国清洁能源产业发展的法律环境,是政府的职责所在。举例来说,我国的"乡乡通"工程,实质就是在全国农村实现电气化的同时,能够以政府采购为手段,强制推行清洁能源产业发展政策的目的。

除此以外还有大量实践可充分证明指令性政策作为清洁能源产业规制政策的一种,可充分体现政府的行政管理职能,是控制环境污染、促进清洁能源产业发展的有效办法。但指令性政策有其显而易见的缺陷:一是指令通过政府颁布而产生,产生的过程不民主,是一种强制性政策,不能够充分体现清洁能源企业和清洁能源消费者的意愿及他们的承受能力,因而极易导致个体参与清洁能源产业发展的积极性被挫伤;二是指令性政策实施过程中需要人力资源的充分配合,且耗费的人本数量庞大。这些人本负责将清洁能源的相关指令进行传达与扩散,并且执行指令也需要大量的人本。这些人本将在计算产业产生的规制成本时成为一笔极大的开销,甚至在宣传说服工作不到位的情况下,容易导致规制失灵的现象发生。

(2) 以激励性规制为主

清洁能源市场的规制政策以激励性政策为主。这里的激励性具体可通过规制机构制定或执行的清洁能源产业经济性措施来表达。按照激励的方式可划分为两类:一类是正向激励性经济规制政策,包括政府对产业的资金补贴、税收减免、贴息或低息贷款等;另一类可归类为负向激励性规制政策,主要指对违反者在经济上进行惩戒,如对违法者、违规者给予罚金和征收碳税等手段。

我国清洁能源产业的规制执行的是以正向扶持性经济政策为主的激励性规制。我国清洁能源市场中的较有代表性的正向激励性规制政策主要包括:① 政府补贴政策。政府对清洁能源产业的补贴大体有三种类型,第一种是对清洁能源产业的投资者进行补贴;第二种是根据清洁能源设备产品的产量进行对应补贴;第三种是对清洁能源消费者即用户的补贴,通过刺激消费的方式扩大清洁能源的市场需求量。② 税收优惠政策。不仅对国内的清洁能源企业有税收优惠,而且对进口的清洁能源产品实行关税减免、增值税减免和所得税减免的方式,对清洁能源企业实行差别税收等。值得注意的是,税收优惠是为了促进清洁能源技术进步和清洁能源技术的商业化、市场化渗透,因此对优惠的对象和目标的考察标准制定要到位,应尽可能地详尽。③ 价格政策。由于清洁能源产品成本一般高于常规能源产品,目前世界各国普遍都对清洁能源产品价格实行优惠政策,我国国家发展和改革委员会也就风力发电上网电价制定了较优惠的政策。理论分析和实践都证明,使用价格优惠的规制工具见效快。只要工具运用合理,就能够帮助清洁能源企业克服改进技术和降低成本的两难困境。④ 贷款优惠政策。政府规制机构运用低息或贴息贷款的方式解决清洁能源企业的资金和成本的困境。这种激励的方式有利于清洁能源企业降低成本,也是我国清洁能源企业较常使用的一种规制工具。

(3) 规制工具多样性

清洁能源市场的规制工具众多,合理正确地使用对产业的发展意义重大,可以通过一个表格来说明其规制工具或手段的多样性,见表3-10。

表3-10 清洁能源市场规制工具

工具	适用范围	实施难度	限制因素	效益
市场定价	产品质量或技术选择	小	不能吸纳外部资本	促进资源有效配置
证书交易	污染排放、绿色电力等	中	取决于市场经济发育程度	可改变消费
税收减免	燃料质量、选择、技术开发	小	覆盖区过大;政治上不可接受;地方政府拒绝	降低成本,促进消费
税收征费	公共服务减少污染物排放	小	费用过高,不可接受;费率过低,作用小	提高生产成本,促使外部成本内部化
补贴	技术开发或应用基础设施投资	高	一旦依赖就难以取消,产生非预期副作用	给用户不适当信号导致生产和需求过量,降低生产效率
强制标准	耗能设备和器具建筑物(包括技术)	中	需进行技术鉴定和监督	提高生产成本和价格,促使外部成本内部化
许可证	决定新建设施营业限度	中	需进行技术鉴定和监督	可开辟新市场确定节能或环保
罚款	违法和违规者	小	完善的监督和检测	可改变生产和消费

资料来源:清洁能源促进政策应用与分析(2005年版),第32页。

3.6 我国清洁能源产业的政府规制的既存问题及原因分析

我国政府规制机构对清洁能源产业采取的规制方式多为扶持与激励方式,这种激励性规制有利于产业的发展,但从目前四个产业的规制现状分析可以看出,政府的规制常常事与愿违。2013年光伏产业的巨头尚德破产以及其他光伏产业受挫,表面上看是受了"双反"政策的影响,实际深层原因还是政府规制不到位。

如果地方政府规制机构对清洁能源企业的激励强度过大,会造成很多问题,大体包含:第一,使得清洁能源企业在市场竞争中丧失公平地位,使得市场机制无法发展自身的调节作用。第二,政府替代清洁能源企业进行战略决策,市场规律的自发调节不能应用于清洁能源企业,难以形成自身应对金融危机的反应机制。一旦经济环境突变,政府无力扶持则无法应对。第三,政府组成的个体本身就是"经济人",在规制的过程中容易被利益集团所俘获,最终使得规制朝向利益集团的方向倾斜,而偏离最初代表公众利益的本意。第四,政府由于有限理性、信息不完全及契约不完备,加上政府许诺能力的有限,政府规制的效果将会偏离最优配置前沿而产生非效率。

而对于以尚德为代表的太阳能光伏产业产生的规制俘获到最后的规制失灵其实是一个必然的过程。综合导致的尚德的破产、政府的规制失灵是由于个人私利、部门利益、信息不对称等原因,加上无力应对国际背景的变化,这就引发了我们对于规制的深层思考。在清洁能源产业的发展中政府选择的是激励性规制,这在产业发展之初的作用是十分明显的,但是随着产业的不断发展,规制机构对清洁能源企业的成本、技术等信息条件的真实情况了解愈发落后于清洁能源企业自身,以利润最大化为目标的清洁能源企业会尽可能地隐瞒自己的真实成本,尽可能将成本高报或瞒报,从而产生逆向选择的问题。而且政府对被规制者努力程度的信息的了解程度也没有企业自身有优势,这样政府更不知道究竟应支付或补偿多少才恰到好处。更重要的是这些变量只能观察但不能由法庭等第三方来验证,因此不能写入规制的相关契约中。同时,任何一项规制都是有成本的,政府在信息不对称的情况下,进行成本效益的分析,以及制定能够克服信息不对称带来的道德风险、竞争不足及寻租问题的激励性契约是一个很大的挑战,但同时也是十分必要的。此外,被规制的清洁能源产业的现状不断变化使得信息的积累、传播过程处于动态变化之中,往往会使被规制者的信息优势地位相应增强。因此,政府更需要设计出合适的、动态的激励契约,使得被规制者具有真实、及时披露相关信息,改进产品或服务的质量,提高努力程度等动机。从尚德破产的案例中可以发现政府制定出的激励性契约无法应对"双反"政策的经济环境变化,或者说面对经济环境发生的改变,政府的激励性规制并不必然产生良好的激励效应。

影响激励性规制的理由也值得我们深思。其一,规制承诺的可置信性。西方国家典型规制契约的期限都短于5年,即使是期限较长的价格上限契约一般也不会超过5年。制定期限较短的契约可以使政府规制更符合具体情况的变化,也更有利于政府在国家经济环境改变时及时设置新的契约。而尚德从成立之初至今已经17个年头了,政府的激励性规制有没有与时俱进值得我们反思。其二,公众、规制者与被规制者之间的博弈力量对比。在政府规制中,存在着双重的委托代理关系,即规制者与被规制者、公众与规制者的关系。在规制契约的制定与具体实施的信息方面,规制者比被公众有信息优势,而被规制者比规制者又更有信息优势。因此,被规制者和规制者对规制合同的具体执行有较大的自由选择权,并可能产生各种机会主义行为,如设租、寻租等问题。这些行为直接影响激励性合同的实施效率。在尚德的企业链条中存在着很多隐含问题,正符合了上述原因。其三,规制者及其目标的多重性。规制者的多重性会使得政府与被规制企业存在多重的委托代理关系,这一链条越长,出现契约的外部性问题就越大,造成监督和激励机制的效率就越低甚至无效率。

从目前我国清洁能源产业的政府规制现状的定性描述结合清洁能源产业的特殊性可见,该产业的发展需要政府更加合理的规制。合理的判定不是通过政策的总结与罗列就能展示的,最优的政府规制是模拟市场机制展开的且在政府规制过程中不能够出现规制失灵的问题。因此,本书的主要研究任务就是通过前文构建出的激励性规制的STC分析框架对我国的清洁能源产业的政府规制政策进行详尽的理论分析并通过实证来验证我国的清洁能源产业政府规制是否存在着规制失灵问题。若存在规制失灵问题则需要运用激励性规制理论找到解决的方法,这也构成文章的研究主线。

4 我国清洁能源产业发展政府规制的主体分析

本章将分析清洁能源发展中政府规制主体间的互动关系,这是构建清洁能源分析框架的一个重要组成部分。政府规制涉及规制机构、企业和消费者之间的直接和间接的互动关系。[①] 直接的互动指企业和消费者之间通过听证以及规则制定等程序进行的互动;间接互动指企业和消费者对规制决策的反向影响活动。参照奥尔森的说法,消费者在集体中的地位是基本上可以被忽略的,他们是被遗忘的、忍气吞声的集团。[②] 在此描述的基础上规定清洁能源产业的政府规制的主体互动研究对象,主要包含规制者和被规制企业。

4.1 规制主体的互动分析的逻辑起点

随着规制理论的不断发展和演进及新古典经济学中"理性经济人"思想的出现,规制的部门利益理论逐渐取代了公共利益理论。而部门利益理论认为政府对产业的规制从制定到执行首先考虑的都是被规制产业的部门利益,也就是说明政府规制并非代表公众的利益。奥尔森(Mancur Lloyd. Olson)是其中的代表人物,他以"集团规模"来具体描述部门集团的利益对规制的影响。他认为集团的规模越小,集团中的个体激励越大,越有可能影响规制的决策。斯蒂格勒也表示,政府对产业的规制往往被少数利益相关性企业左右。[③] 贝克尔(Gary S. Backer)和佩尔兹曼(Sam Peltzman)也证实了产业部门比消费者更有动力去影响规制决策。规制的部门利益理论经过近30年的发展,逐渐分为利益集团理论和寻租理论两大分支,在文中,将部门利益理论作为规制主体互动分析的理论基础和逻辑起点。

利益集团是为了共同利益集合起来共同采取行动的社会团体,利益集团采取的共同行动主要是对公共政策施加各种影响,使得公共政策的制定倾向于集团利益。在奥尔森之前的传统利益集团理论认为利益集团的存在可以促进成员个人利益的实现,而个体成员也可以通过利益集团来增进个人的利益,两者是互相促进的。且当社会变得日益复杂、政府对市场的经济干预增加时,更增加了个体对利益集团的需求,这种需求是理性经济人为了谋求个人不能通过纯粹的个体行动来实现的那一部分利益。

---

① 史普博. 管制与市场[M]. 上海:上海人民出版社、上海三联书店,1999:85.
② 奥尔森. 集体行动的逻辑[M]. 上海:上海人民出版社、上海三联书店,1995:191.
③ 斯蒂格勒. 产业组织和政府管制[M]. 上海:上海人民出版社、上海三联书店,1996:210-241.

但是,奥尔森却认为,集团的规模会影响个体利益的获取,只有当集团中人数极少或者拥有强制性以及其他特殊手段的人迫使个人遵循集团的共同利益,否则,作为一个理性的经济人不会采取行动以维护本集团的共同利益,也就是说,即便一个大集团中的全部个人都是有理性的和追求自身利益的,个体选择行动实现他们共同的利益或目标后都能获益,个体依然不会自愿地选择行动来实现合伙的或集团的利益。① 奥尔森解释了为什么会是这样的结果,因为集体的基本功能是对所有集体中的个体提供的、无差别的、普遍的利益,可以说是一种具有非排他性的公共品,这就意味着个体为了这种公共利益付出的牺牲换来的成果是由全体成员共享的。一旦集体的规模很大,个体就不会有动力去牺牲。所以,个体的付出和集体的规模有着密切的关系。集体的规模越小,个体越有动力去行动。奥尔森的理论是对传统利益集团理论的拓展和延伸,它实际上是从个体需求的角度来讨论政治行动或集团行动的逻辑,这种利益集团寻求利益的行为就是一种需求行为。

在奥尔森之后,斯蒂格勒、佩尔兹曼和贝克尔通过经济学的标准分析方法分析了规制与利益集团关系,创立了规制均衡模型,他们认为规制活动是由每一个集团的相对影响力调节的。如果集团对规制的总体影响没有变化,假定每个集团都在其他集团选择的压力水平条件下选择使自身福利达到最大化的压力水平,压力越大耗费集团的资源就越多,考虑到对集团自身的经济利益波及最小化,每个集团都不想提供过大的压力,规制的最终结果就是使集团通过相互博弈达到政治均衡的状态。但考虑到集团在向政治均衡状态运动的竞争和博弈中消耗了大量的经济资源,最终的政治均衡并不一定是帕累托最优。基于此,贝克尔认为只要是市场失灵的领域,利益集团就会从规制中获益,其原因就是市场失灵的领域规制压力大。但并不是只有市场失灵的领域才需要政府规制,决定规制制度倾向性的是利益集团之间的竞争和相对影响。

以戈登、布坎南和克鲁格等为代表提出的寻租理论是20世纪60年代至70年代的规制部门利益理论的一个分支,寻租理论的基本前提假设是政府的经济规制政策是人为创造出来的一种资源稀缺性,而产生了经济租金,同时带来了寻租活动和社会福利的损失。寻租行为中涉及的产品或要素的变化对于价格变动是不敏感的,其原因就是寻租者从规制机构处获得了对这些产品或要素的垄断特权。布坎南认为,租金就是支付给要素所有者的报酬中超过要素机会成本的那部分,寻租活动就是寻租者为了获得政府的垄断特许或者其他政府庇护,使得寻求租金者能够按自己的意愿改变现有的规制政策,或防止他人对此类活动侵犯。通过寻租活动改变的规制政策往往会给寻租者带来高额的利润,这种利润比改变之前的利润要高得多。寻租活动往往导致政府规制被俘获,规制实施机构最终会被产业所控制,从而使得规制成为企业追求垄断利润的一种手段。对于寻租理论中涉及的规制者的创租、设租、抽租、护租行为和被规制者的寻租、避租等行为的研究,实际上就是研究规制主体的互动行为,因而作为本章内容的理论基础。本章将分别研究规制机构的制度供给和被规制者的制度需求。

---

① 奥尔森.集体行动的逻辑[M].上海:上海人民出版社,上海三联书店,1995:2.

4.2 规制机构的互动分析

在分析规制机构的互动之前,首先需要了解规制机构的组成方式,它是由规制理论从西方演变而来的。中国的规制机构与西方资本国家不尽相同,需要在对所处的特殊历史阶段和国情加以解读的基础上分析我国规制机构的互动关系。

4.2.1 规制机构的构成

政府规制是政府行政机构根据法律法规等对微观主体实施监督、管理和控制行为,规制过程中涉及的国家机关包括:规制确立者、规制实施者和规制审查者。规制的确立者对应的是立法机构,规制的实施者是规制机构,它们的关系类似于多重"委托-代理"的关系,作为代理人的规制机构面对的不只是立法机构一个委托者,各级地方政府部门和中央政府部门都有可能是规制机构的政治委托人。但它们由于缺少专业知识和相关信息,对规制机构的控制权很难把握。例如在美国,规制机构的控制主要是由选民组成的委员会执行,国会对规制机构只是间接控制,直接控制权由政府的预算部门行使。规制机构的多重委托人特征还表现为多个规制机构共享产业控制权以及委托人不仅要求对规制机构进行控制而且其继任者要求共享控制。例如美国的立法机构由选民组成委员会,不同的委员会都想控制规制机构的政策制定。拉丰将规制机构定义为"信息中介",是一种公众授权的监督机构。[①] 作为信息中介,规制机构为了扩大对产业的控制和影响还会互相竞争。

政府规制机构的成员往往是特定领域的专家。伴随着现代工业社会分工和组织化要求的不断提高,规制机构任职者的水平也在不断提高。要获得在规制机构任职的专业知识和技能,往往需要接受很长时间的系统教育和完整的专业培训。这就要求任职于政府规制机构的人员接受职业化的训练,长期专注于某一产业或某一方向,熟悉产业或部门的经济特征,才能充分利用专业知识使得规制机构在决策中享受到"劳动分工和职能专业化的优势"。比如,对信息的收集,可以通过"专业经济"降低信息成本。

史普博认为,规制机构作为政府政策实施的工具,面临双重约束。[②] 以美国为例,一方面,规制机构要向总统或国会负责并代表他们履行权力,此时的规制机构代表的是官员的意愿,受政治力量的控制和利益集团的影响;另一方面,民众希望规制机构可以代表公众利益,遵守法律程序,经得住司法审查。这样的双重约束往往是矛盾的,规制机构最终还是利益集团的政策工具。

规制机构拥有自由裁量权,因而可以运用行政规章的形式创产业规制的相关法律法规,并通过对被规制对象的守法监督和未守法的法律制裁方式贯彻执行其制定的相关法律法规。规制机构的自由裁量权是由规制合同不完备的规制机构所拥有的决策权。[③] 史普博将其描述为:"规制机构的权力、程序类似于政府立法、行政及司法三权机关的权力和程序。"[④]

---

① 拉丰.规制与发展[M].北京:中国人民大学出版社,2009:6-7.
② 史普博.管制与市场[M].上海:上海人民出版社,上海三联书店,1999:87.
③ 张昕竹.中国规制与竞争:理论与政策[M].北京:社会科学文献出版社,2000:102.
④ 史普博.管制与市场[M].上海:上海人民出版社,上海三联书店,1999:88.

规制机构的自由裁量权,具体包括以下几个方面:第一,"从具体细节上补充授权性法律"[①],如在环境规制中制定出排污等级和标准,制定国会无法完全制定出的详细规则,譬如制定费率;第二,从收集信息到执行法律的过程中的行政任务,如收集信息、发布信息、执行惩罚决定等;第三,相关的司法任务,如针对某项诉讼进行听证和最终裁决等。因为规制立法大多是内容或原则上的规定,这就给了规制机构在执行时很大的自由裁量权,如价格规制中立法要求是公正、合理,但在规制的执行中既可以采用最高限价规制,也可以采用公平报酬率规制的方式,都符合公正、合理的原则。

因为规制机构要对国会或政府负责,而且要代表国会或政府行使自由裁量权,要遵守现行的法律法规,并能够通过司法审查,因而对规制机构是否独立要求很高。美国在长期的发展中已经形成了独立的规制机构体系。黑夫兰将其分为四类:独立的规制委员会、内阁部内的代理机构、独立的代理机构和总统办公室下属的代理机构。[②] 史普博则依据规制机构处理不同领域的市场失灵,将其分为三大类:第一类是对州际铁路、公共汽车、货运公司、电力、天然气和地方电话服务等行业设立进入规制的部门,包括能源部联邦能源规制委员会,各州电力、天然气和电话规制委员会等;第二类是设立和内部性相关的规制机构,包括食品和药品管理局、农业部农业市场服务中心、运输部联邦航空管理局、消费品安全委员会、国家公路交通安全局等;第三类规制机构的存在是为了克服外部性问题,包括联邦通信委员会、环境保护署、运输部国家公路交通安全局、运输部联邦铁路局、核规制委员会等。美国建立了联邦金融机构规制体系,见表4-1。

表4-1 美国独立性规制机构及其规制工具

规制依据	规制机构名称	成立时间	规制工具	备注
进入壁垒	州际商业委员会	1887年	规定州际铁路、货车运输公司、公共汽车公司和管道公司的收费标准、路线和营业守则	
	联邦动力委员会	1930年	管制井气价格和天然气、州际电力的售价	现划入联邦能源规制委员会
	联邦电信委员会	1934年	颁发广播电台、电视台、电信局营业许可证,并规定州际电话、电报价格	规制存在外部性根据
	联邦海运委员会	1936年	规定远洋船运公司的收费标准和船期等	
	民用航空委员会	1938年	确定州际空中航线、客运票价、货运收费标准,并对州际航线的进入规制、地方航空服务提供补贴	于1984年撤销
	邮资委员会	1970年	划分邮件等级并规定相应的邮资及其邮政服务收费	
	版税法庭	1976年	规定出版物的版税和酬金标准	
	能源部联邦能源规制委员会	1980年	规制原油价格、石油产品的精炼、批发和零售价格;对国内原油、剩余燃料及在国内生产或进口(能源危机时期)的精炼油批发零售商,规定石油产品的配给等级	前身为能源部能源规制委员会,成立于1974年

---

① 史普博.管制与市场[M].上海:上海人民出版社、上海三联书店,1999:101.
② Florence A. Heffron. The Administrative Regulatory Process[M]. New York: Longman, 1983:349-358.

(续表)

规制依据		规制机构名称	成立时间	规制工具	备注
内部性	与产品或服的质量、安全有关	农业部罐头业及（屠宰）畜牧围栏管理局	1916年	制定家畜及肉类加工业的生产条件标准	现属健康与人类服务部
		卫生部食品及药物管理局	1931年	对食品和药物的标签进行控制并颁发许可证	
		农业部农业市场服务中心	1937年	决定大多数农产品质量标准及对某些地区乳制品规定最低价	
		运输部联邦航空局	1948年	管理空中运输系统并制定飞机和机场的安全标准	
		消费品安全委员会	1972年	规定消费品安全标准，发出退还有缺陷产品的通知	
	与工作场地安全有关	内政部矿业安全管理局	1973年	制定采矿业安全标准	
		劳动部就业安全与卫生管理局	1973年	制定并执行工人的安全及卫生管理条例	
	与金融公开业务有关	联邦储备委员会	1913年	对参加联邦储备系统的商业银行进行规制，减少银行倒闭率，制定货币和信贷政策	对银行及其他金融机构偿付能力的规制，因可减少银行倒闭带来的外部不经济性，使得外部性成为金融业规制的理由之一
		联邦家庭贷款银行委员会	1932年	监督联邦特许的储备、家庭储蓄及家庭融资机构	
		联邦储备保险公司	1933年	监督投保银行的业务	
		证券与交易委员会	1934年	规制证券发行、监督证券交易所和规制股公司和投资公司	
		证券投资者保护委员会	1970年	监督和维护股票交易程序	
		农业信贷管理局	1971年	规制农业信贷系统的债务支付	
		期货交易委员会	1975年	规定期货合同交易的条款和条件	
	与欺诈行为有关	联邦贸易委员会	1914年	实施某些反托拉斯法，保护工商企业免受不公正竞争之害；实施诚实贷款和诚实签条法	
外部性		运输部联邦公路局	1966年	规定州际货运服务的安全标准	
		环境保护署	1970年	拟定和实物有关的空气、水、噪声污染的环境质量标准以及有毒物质和农药的环境质量标准，并批准由各州执行的，旨在限制地方工业污染排放量的污染治理计划	
		运输部国家公路运输安全局	1970年	对汽车运输制定标准	规制存在内部性根据
		核规制委员会	1975年	对民用核电厂的设计、制造和营业以及其他核能利用颁发许可证	前身为原子能委员会

资料来源：余晖，《政府与企业：丛宏观管理到微观规制》，第55页。

由表4-1不难看出,美国的规制机构已发展到了较为完善的阶段,在使用自由裁量权时能够保持一定的独立性和中立性。

4.2.2 我国政府规制机构的构成

中国的政府规制机构与西方发达市场经济下的规制机构并不相同。由于中国所处的历史阶段的特殊性,在计划经济转型为市场经济的过程中,规制机构在方式和机制设置上都不一样。改革开放前,政府对于微观主体实行计划管制,微观主体的一切活动全部由政府制定,政府管制的目标是维护国民经济有计划地发展,政府管制行为直接表现为严格控制和直接命令。改革开放后,市场经济逐渐取代了计划经济,但目前我国仍处于市场经济的转轨时期,在构建一种市场体制下的新制度和新措施。但依然留有计划经济的影子,此时的政府规制表现为一种市场和计划混合的状态,具体来说是一种计划管制下放松和激励扶持并存的状态。

当前我国的规制机构从纵向层面判定是一种混合型结构,由中央和地方的产业性以及部门性机构共同组成。按照我国的法律,国家发展和改革委员会是负责公用事业价格规制的政府机构,其另一个主要责任是规制市场准入和公共事业投资,同时也管辖着国家能源局和国家粮食局。除了国家发改委,还有很多特定部门也在对企业的市场行为进行规制,这些特定部门一般是执行机构,如工业和信息化部、公安部、交通运输部、人力资源社会保障部、国防部、教育部、科技部、环境保护部、农业部、商务部、文化部、国家卫生和计划生育委员会等。在市场经济的转轨时期,这些规制机构都拥有规制权力,且对同一市场行为的政府规制还涉及多个规制机构。比如,对产品质量安全进行规制的机构有商务部、技术监督局、工商局等;对污水治理的规制机构有各级环保、水利、卫生、市政管理机关以及重要的江河的专门水管机构等;对药品进行规制机构有国家卫生和计划生育委员会、医药管理局、工商管理局、技术监督局等。规制部门众多,职能相互交错,在众多的部门间进行合作与协调是确保规制政策执行效果的重要前提条件。但是中国在目前的制度条件和市场条件下,由于缺乏成熟的监督机制和制衡机制,政府规制机构的承诺能力受到极大限制。规制机构这种不够透明和民主的方式增加了规制的不确定性,影响了企业和资本市场对政府长期许诺的信任度。对企业来说,不仅受到中央和地方政府部门的控制和管理,同一级别的政府部门中的不同执行机构也在管理和制约着企业的行为,这种政出多门的情况对企业的发展和市场的正常运行也是不利的。

我国规制机构的另一特点是在中央与地方规制机构间的等级制度下层级明显。举例来说,每一层级的政府机构中都设有发展与改革委员会,地方同时也设有产业性或部门性的执行机构。国家发改委与地方发改委的层级制度表现在其权力的层层下放和分离,国家发改委通常负责控制大项目的准入和投资,以及审批地方发改委呈交的价格调整方案,地方发改委则负责小项目的准入和投资以及提出价格调整方案。与此同时,中央政府一般倾向于将更多的规制权力通过权力授予的方式授予地方政府。例如,为了给予地方政府清洁电力能源投资方面的激励,中央政府授予地方政府批准清洁能源发电产业准入和投资的权力,同时允许地方政府与独立的电力企业在国家发改委的批准下签订买价协议。[①] 这种规制权力的

---

① 拉丰.规制与发展[M].北京:中国人民大学出版社,2009:8.

分散,使得装机容量快速且实质性地增加了,同时,还解决了自1998年来一度困扰中国经济发展的能源短缺问题。不仅如此,地方规制机构在市场准入壁垒、投资壁垒以及价格制定方面也获得了更大的自由裁量权。

总体而论,中国规制机构目前面临的现状是:规制机构并未完全独立且职能交错,还未形成权威的、独立的、统一的政府规制机构体系。到目前为止,除了环保局、物价局、国家产品质量认证监督委员会、国家标准委员会等拥有独立规制权的机构之外,尚未建立起独立的规制机构体系。不仅规制机构尚未做到完全的独立化,在一定程度上还与政府的其他职能相互依赖,并被政府的其他职能和需求所掩盖和忽略;而且存在多部门共同规制,规制部门行政职能交叉、职权不明、执法严格水平不一、重复执法,以及争夺规制权等问题。这种由我国规制机构现状引发的对自由裁量权的争夺,也正是我国的规制机构间互动的重要方式。

4.2.3 我国政府规制机构的互动——争夺规制权

由于规制机构的权力和程序类似于政府立法、行政、司法三权机关的权力和程序,因而也可将规制机构的自由裁量权概括为:行政权、准立法权和准司法权。由于规制权可看作国家委托相关的政府职能机构行使产业或部门规制的权限,而自古以来权限都理解为一种稀缺资源,所以掌握了这种稀缺资源的职能机构就意味着被赋予了很多特权。特权是外部性行为滋养的润土,围绕权力的设租、寻租、抽租、护租行为开始滋生。因此,这些理性的经济人构成的职能机构开始争夺行业或部门的规制权。这里举一个外经贸部和交通部及铁道部的案例来说明规制机构间对规制权的争夺。1995年外经贸部报国务院批准后,颁布了《中华人民共和国国际货物运输代理业管理规定》,规定中明确表明国际货运代理经营包括国家多式联运由外经贸部统一管理。两年之后,交通部和铁道部又共同颁布了《国际集装箱多式联运管理规则》,规定中国境内从事国际多式联运的国际货运代理企业要向交通部门重新申请批准登记。至此,外经贸部和交通部的规定发生了公开冲突,表明这两大规制机构的既存利益发生了冲突,随后外经贸部又发出了《关于暂不向交通、铁道部门办理多式联运有关手续的通知》,并致函国务院表示对交通部规定的反对,双方在1997年—1998年间,均先后多次向国务院提交报告,说明己方规制权的合理性。国务院最终决定依然执行外经贸部规定,暂缓执行交通部对此的规制权。

此例中外经贸部和交通部争夺的就是国际货运中多式联运的规制权力。一旦拥有了规制权,就意味着拥有了相应的行政权、准立法权和准司法权,拥有规制权的机构组成人员就可能利用自身拥有的规制权在行业市场中进行寻租活动,从而使规制机构的利益转化为个人利益。中国目前处于社会主义市场经济的转型时期,在这个特殊的经济时期每个政府职能部门都是相对独立的经济核算单位,都设有下属的大中型国有企业,这种政企不分的现象使得企业的利益和部门的利益合二为一,一旦职能部门拥有了行业的规制权就可以为部门下属的企业带来可观的利益。再者,同处于市场竞争的环境中,对其他部门下属企业的限制就会对自身部门下属企业发展产生更多优势,获得规制权的部门的下属企业可以从中获取间接的利益。部门对行业规制权的争夺事实上就是各部门所代表的利益集团对行业规制权的争夺。

4.3 被规制者的互动分析

企业是被政府规制政策的对象,研究被规制企业的行为要从企业存在的意义说起。企业追寻永恒的经济利益,一旦规制对自身利益产生负面影响,企业势必会采取一切可能的方式维护其自身利益。当与规制政策冲突时一般会产生两种结果,要么被动抗争,要么想方设法改变规制政策。

4.3.1 被规制者行为的考量和政府规制的诞生

规制政策的约束对象就是行业内的所有相关企业。在自由竞争的条件下,企业依据价格变动等市场参数进行决策。政府规制之后,就等于对行业的资源配置行为增添了人为的约束条件,一旦企业违背规制条件,就会遭受相应的惩罚,因而被规制企业会通过改变自身的经济决策以适应规制的条件。任何企业都会从效用最大化目标出发,在规制的条件下进行成本和收益的核算从而决定其自身的行为。这些被规制的企业可能是一个单一的垄断企业或集团,也可能是一个产业或产业集团,它们的行为选择有可能是自由竞争、组成卡特尔或类似团体的形式,抑或是接受(或寻求)政府规制。不管是哪种形式,企业或产业都会产生相应的成本和收益。如果选择的是自由竞争,虽然无成本,但是只能获得竞争性报酬,收益率是以上几种之中最低的;如果选择组成卡特尔或类似团体,构建团体的经营环境有成本,但收入较高;如果选择接受或寻求政府规制,规制的需求者则要向规制者支付费用,包括提供有利于规制的政党或政治家的活动经费、竞选经费等,以便规制机构的组成,这时也就可以从规制中获得高额报酬。经过衡量三种状态的成本收益,企业或产业最终会选择净收益最大者。

现代意义上的规制起源于1887年美国州际贸易委员会的成立及对铁路运输业的规制。这种政府对市场的规制行为最初是企业要求的,而并非规制机构的主动行为。19世纪下半叶,美国铁路运输业的快速发展,导致了过度竞争,使得铁路票价猛跌、企业亏损,企业组成了卡特尔来提高票价,但时间不长就垮台了。无奈之下,寻求政府的帮助,政府对铁路票价进行最低限价,避免票价过低对企业的冲击,这种现代意义上的规制应企业的需求而生,充分说明当时市场的过度竞争引发的市场失灵是政府规制产生的真正原因。

被规制企业为了维护自身利益,在面对政府规制时会采取下列两种方式:第一种是被动抗争。如果政府规制不合理,或者规制违反法律法规、存在执法不公时,企业会寻求行政诉讼,要求规制机构或法院重新裁决或修改法规,纠正不合理规制。这种方式的代价巨大,一般是大企业或企业集团会采取的方式。第二种,采取寻租等方式,影响政府规制。企业集团通常采用政治"献金"的方式,赞助党派竞选,或者为自身提供有利信息等,向规制机构寻租,从而使得决策部门将企业及其利益纳入政府政策的制定安排中。企业寻租的原因有两种:一是已定的规制政策严重损害了企业的既得利益;二是为了获得比规制前更多的利益牺牲现行规制政策。

4.3.2 被规制者的互动方式

按照布坎南的寻租理论,寻租活动发生的前提是政府人为地创造出了资源短缺的状态,且企业获取特权的机会是不均等或随机的,那么必然会出现通过对规制者游说、疏通等方式寻求差别待遇以实现自身利益。处于市场经济中的企业数量众多,政府进行了设租引诱之后,只要是拥有独立经济利益的企业都会为了追寻利益而加入到和政府的博弈之中。若将支付给资源拥有者的金额超过其机会成本的收益部分称为该资源的租金,那么在政府掌握的租金总额有限的情况下,寻租行为就有了优先权之争,优先进入行业的企业就可以首先获得寻租的机会。此时,企业间的互动就表现为对行业优先进入权的争夺,这种争夺事实上就是企业在寻租活动中的博弈。

企业在寻租之前会衡量成本和收益。一旦寻租领域的花费大于租金收益,企业就不会考虑进入该领域。在花费小于租金收益时,企业只是有可能进入该领域,企业还会将进入不同领域的成本收益进行比较。最终,哪个领域进入的成本最低、租金收益最大,企业最终就会选择进入那个领域进行寻租活动。

政府规制的领域内企业间的博弈有两种基本形式:一种是企业间的合作;另一种是企业间的对抗。[①] 企业间的合作指的是为了实现各自的目标,私下沟通、互相妥协、互相理解,最终使得企业间的目标趋向一致。合作博弈的原因是企业如果互相竞争双方都可能无收益,且都有损失,但合作会使双方目标都妥协一致、收益均摊,且双方都可接受。企业间的对抗指的是为了实现各自的目标,企业和企业之间的竞争和不妥协行为。如果只顾及短期利益,对抗会给企业带来损失,但是如果在对抗博弈中企业获得了竞争的优先权,抑或是对抗的另一方主动退出竞争,则企业的寻租成本会降低,且对抗成功后会获得行业内的垄断租金收益。

4.4 规制者和被规制者的互动分析

史普博认为规制的过程是由被规制市场中的消费者和企业、消费者偏好和企业技术、可利用的战略以及规则组合来界定的一种博弈。[②] 他将政府规制机构作为博弈的仲裁者或规则的制定者而非参与者,强调消费者和企业在规制过程中的主体地位,以及对规制决策的影响作用。在他看来,规制政策是消费者集团和产业集团之间博弈的结果。学者王俊豪认为,政府规制过程是由政府主导的、对特定的产业或领域实施的、一个规制的周期,包括从立法到执法、法规的修改与调整、放松或解除的过程。[③] 他认为消费者和企业的主体地位可忽略不计。但需要注意的是,史普博研究的是美国的现状,王俊豪则是针对中国的现状提出关于

---

① 合作博弈:史普博在《管制与市场》中分析博弈时强调,将企业和消费者作为博弈的参与方,强调规制者和规制制度是既定前提,强调合作博弈的重要性。
② 史普博.管制与市场[M].上海:上海人民出版社,上海三联书店,1999:46.
③ 王俊豪.中国政府管制体制改革研究[M].北京:经济科学出版社,1999:87.

规制过程的描述。

综合他们的观点,结合中国的现状,规制的过程描述应关注:第一,政府是规制过程中最重要的行为主体,既是博弈的仲裁者、规则的制定者,同时也是博弈的参与者。在规制的立法、实施、调整的过程中,规制者和企业、规制者和消费者之间的博弈是规制过程中最重要的内容,中国的特殊国情决定了消费者并没有形成一个有组织的利益集团,因而大多数情况下正如奥尔森所说,是被忽略的,所以规制的博弈主体主要是规制机构和企业。根据规制的部门利益理论,政府也是一个部门,也要考虑自己的利益,且政府对自身利益的考虑对规制过程的影响是决定性的。第二,规制的过程要反映行为主体博弈的结果。规制的过程实际上就是各行为主体通过互动的关系,调整自身所处的地位。在规制政策的作用下,实现各自的利益,达到均衡、稳定的状态。一旦规制影响到企业或者消费者的利益,他们就会采取寻租、收买与合谋的方式来影响规制,最终的规制政策也会反映主体博弈的结果。

4.4.1 信息收集阶段的互动

收集信息是政府规制活动的首要任务,目前规制机构收集信息的渠道众多,例如:通过专业调查组织了解市场状况,或举行听证会,让相关主体互相交流;也可以根据企业的相关报告掌握企业和行业动态等。但不管是哪种收集信息的方式都是规制的相关主体之间互动的一种形式。

在企业和消费者都主动向规制部门提供信息时,消费者因为无组织所以无法及时、主动地向规制机构提供信息,因而难以影响规制过程;但企业组成了利益集团,可以充分发挥自身优势,采取各种形式,包括做专题报告、出资组成课题小组论证、召开研讨会等方式向规制部门提供对自身有利的,并足以影响规制政策制定的信息,但这些信息不一定真实可靠。企业由于参与了利益集团,在信息提供上占据优势,这使得规制政策制定的第一步就对企业有利。

4.4.2 规制立法阶段的互动

规制立法阶段的法律法规包含:正式法律、行政法规、地方性法规和规制机构制定的拥有普遍约束力的相关决定、命令以及行政措施等。这个阶段最重要的程序就是听证程序,通过听证,除了规制立法和执法机构外,各相关利益主体包括被规制者和消费者都可以充分表达自己的意见。通过利益主体的相互辩解、反驳,最终所立之法应该是以上几种力量博弈的结果,也只有在各利益主体的互动中制定的法律法规才能最终实现规制者、企业和消费者的利益均衡。

但是,目前中国的规制立法并不能保证政府行政的公正和程序化。这表现在:首先,中国没有一部统一的行政程序法典,听证制度也尚未完全建立;其次,中国的行政法规的制定从规划、起草、审定再到发布的整个过程不全在国务院完成,被规制对象和消费者的作用毫无体现。这种未经过与规制相关的利益主体互动而制定出的规制立法,只能体现规制部门和极少数垄断企业的意志,与公众意志相差甚远,无法体现社会公正,存在着很大的缺陷。例如民用自来水定价,现实中的程序是自来水厂提出成本上涨的理由,交由物价部门审批后直接执行,完全跳过听证会的程序,牺牲了消费者的利益;或者就算举行听证会,如电价听证会,从2008年起,听证会后电价一路上扬,2009年11月20日起全国非民用电价每度平均提高2.8分钱,2010年10月起对全国居民生活用电实行阶梯电价。名为听证,实为涨价,电价的制定让政府和电力企业构成联盟,从实质上排除了消费者的参与。

不仅如此,目前中国的规制立法还体现出一种信息不对称带来的立法不透明。中国目前的各项规制立法过程并不对公众展示,中小企业和消费者被排除在立法的过程之外,并无知情权,但大型的垄断企业却可能参与了规制立法,由此造成了部分利益主体受到损害,无法彰显社会公正。

4.4.3 规制执行阶段的互动

在规制的执行阶段,规制主体的互动既包括规制机构之间的博弈,也包括规制机构和被规制企业的博弈(消费者在其中的作用可忽略不计),而影响规制主体互动的关键则在于规制机构拥有自由裁量权。在规制立法阶段既定的前提下,最终规制结果与公众目标的偏差就来自规制执行阶段利益集团的干扰。从中国处于体制转轨的现状来说,规制立法处于起步阶段,规制机构设置存在非独立、共同监管等问题,规制部门实际掌握的自由裁量权大大超过西方国家的规制部门。过大的裁量权为利益集团的寻租及其他活动提供了更大的可能性,最终规制结果与公众目标的偏差就会更大。

第一种情况是中央和地方政府间的博弈。中国尚未建立独立的规制机构体系,现状是政府的规制职能大多由分管各部门或各产业的政府机构执行,因而地方政府及各行政管理部门掌握了对规制实施的实际控制权。由于地方利益的驱动,地方政府可能对当地企业和外来企业的态度完全不同,甚至于地方政府会成为当地企业经营假冒伪劣产品的地方"保护伞"。长此以往,中央的规制目标在地方将完全无法实现,或实施不到位,造成市场经济混乱等状况。又或者地方政府存在着机会主义的思想,对中央的规制目标超额、过量发展,无视产品或产业发展的质量,一切以地方官员的政绩为本,造成产额过剩,影响市场的正常秩序。

第二种情况是地方政府和被规制企业的博弈。社会公正的规制是使被规制企业牺牲自身利益,在社会福利最大化点进行生产,从而实现公众利益。但是现实是,企业追求自身利益最大化,不会顺从于政府制定的规则,会主动地采取各种方式逃避规制、创造利润,有在规制政策出台前采取的行动,也有对规制政策的变样实施。在规制政策出台前,企业采取各种方式如在不同平台投放广告及宣传,甚至以各种方式贿赂规制者等寻租方式干预规制政策的制定,使得政策倾斜向企业利益。对规制政策变相执行是指企业竭力寻找政策的缺陷和盲区,在不违背政策的大前提下使得规制结果有利于自身或不损害自身利益,但却与规制的初衷不一致。

下文将以清洁能源产业为例,分析政府规制主体的互动。通过博弈模型的建立与分析可以清晰地看出在清洁能源产业中规制主体间的互动究竟是如何影响规制政策的制定与执行的。

4.5 我国清洁能源产业政府规制主体的互动分析

清洁能源产业的政府规制是一种以清洁能源相关政策的制定、颁布和实施为主要手段并试图规范清洁能源相关企业生产经营行为的制度和安排。其具体形式通常反映在政府相关部门如何运用权威开展以反垄断为核心的，对清洁能源企业活动进行的经济性和社会性规制。

清洁能源产业的政府规制中的决策行为主要是由相关政府机构和清洁能源企业两大行为主体产生。按照新古典经济学的理论观点来推论清洁能源规制中的主体行为，其行为主体是追求效用最大化的理性选择者。在各自追求效用最大化的过程中，规制主体之间的互动实际表现为各主体相互博弈的过程。在参与到清洁能源产业规制政策的博弈中的每个规制主体都有自己的行为决策策略。经过若干轮动态和静态的博弈后，每个规制主体都会形成一个最优的博弈策略方案，规制的决策对规制机构而言应该是其最优选择，或者说是为清洁能源产业发展的最优方案而服务，被规制的清洁能源企业的最优选择应符合自身的经济利益。所以，政府规制主体的博弈分析可以作为规制机构制定规制政策的一个依据，以保证清洁能源产业规制有效实施。同样，对清洁能源产业的政府规制主体的博弈分析也可以为选择产业规制模式、规制措施等提供依据，为规制政策的有效运行提供一定的参考。

4.5.1 我国清洁能源产业政府规制过程中的行为主体分析

对清洁能源规制主体的互动分析是针对属于理性经济人的博弈局中人来说的。被规制者都是从自身出发来思考问题，在追求自身利益最大化的同时，可能会与整个社会的利益发生冲突。在规制机制设计中有一系列的约束保证被规制者选择并执行规制合约。个体理性约束保证被规制者选择的合约符合自身的利益，同时也保证是规制者所希望的合约。这两大约束条件一起保证了规制机制的顺利实施。

（1）被规制的清洁能源产业

在清洁能源产业的政府规制中，被规制对象主要是清洁能源相关的生产企业，政府规制机构运用各种经济、行政和法律的规制工具，对市场中的清洁能源企业的生产经营状况进行激励、扶持、监测、控制和调节。由于市场机制的先天性缺陷和我国所处的特殊转轨期，单靠市场规律的调节无法实现各种清洁能源资源的有效配置，容易产生清洁能源产业结构不合理、资源配置效率低下等清洁能源市场失灵现象，这就要求清洁能源的规制机构作为一个自觉意识的行为主体，对清洁能源企业和产业的发展进行强有力扶持或干预，纠正市场中存在的失灵问题。如果缺乏政府干预，清洁能源企业则主要依据清洁能源市场的供求关系、产品价格等市场参数进行经济决策。通过不断地追求经济利润、运用各种手段获得在清洁能源市场的垄断地位，是清洁能源企业的奋斗目标。而垄断的结果是企业的生产效率低下、产业发展受损、社会总福利减少，是对社会资源和自然资源的浪费。如果清洁能源企业对自身掌握的能源清洁性技术进行垄断，将会导致新的清洁能源技术无法转变成清洁能源产业的生产力和经济效益；如果清洁能源企业进行市场的资源垄断，将会导致清洁能源消费者购买到价低而质优的清洁能源产品；如果清洁能源企业对能源资源进行垄断，还会导致清洁能源资源不能被充分合理高效地利用，原先可以进行清洁能源产品消费的消费者最终成了市场外徘徊的其他种能源消费者，不仅造成了消费的扭曲，同时也是一种清洁能源产业发展的扭曲现象。正是因为清洁能源企业存在这些垄断行为，而这种垄断会对产业福利和社会福利造成侵害，导致产业发展不公平，引发供需矛盾，所以更加需要政府对清洁能源产业的规制。

政府规制介入清洁能源产业之后，除去政府对清洁能源产业的激励和扶持外，清洁能源企业在进行经济决策时就不仅要考虑到该市场的相关因素，还要考虑到政府对清洁能源产业资源配置的外在限制。规制机构通过加强和完善对清洁能源企业的经济运转状况的检测、监察、调节和控制，一方面可以将清洁能源企业追逐经济利润的目标与国家的清洁能源法律法规和行政监督框架相统一；另一方面，规制机构对清洁能源企业的约束需要通过企业提供自身真实的信息以便减少信息不对称带来的规制困境。例如要求企业提供财务报表、对企业进行内部审计等，这些工作都直接增加了清洁能源企业的经营成本。从这一方面来说，清洁能源企业在政府规制过程中处于一种被动的地位。但被动是相对的，规制机构对市场的监督和对企业的宏观管理和控制又为清洁能源企业的经营创造一个相对公平的市场竞争环境；规制机构通过调节清洁能源产业的收入分配，一方面可以平衡不同清洁能源企业间的利益，减少产业中的不稳定因素，同时也能够为企业赢得更多的清洁能源消费者，增加清洁能源企业产品的销售量，为企业带来更丰富的经济利润。

前文已经界定出我国的清洁能源产业的政府规制属于激励性规制，这就意味着规制的主要方式是政府的产业扶持和激励政策。由于激励性机制设计的核心在于使企业在降低成本、改善服务质量方面拥有足够的激励，同时还要防止企业获得超额利润以及社会福祉的降低。所以对应地，我国制定的清洁能源产业的规制政策目标是保证清洁能源企业的利润获得和清洁能源产业的稳定高速发展。为了达到这一政策目标，规制机构从规制工具、规制机制设计等不同层面对清洁能源产业和企业分别给予政策扶持，这在前文的清洁能源产业的规制现状中已经详细描述过，这里不予赘述。

(2) 清洁能源产业中的政府规制机构

在政府规制过程中，政府规制机构是主要的规制供给因素，是规制行为的起点与源头，是规制政策和行为的实施者，是整个流程的主导和控制者，处于极其重要的地位。此外，政府规制机构以消费者和生产经营者博弈结果的代理人或规制政策执行者的身份出现，其操作着规制的工具，拥有自由裁量权，处于这样地位的规制机构也面临着双重约束。一方面，规制机构存在着层级制的约束，每一层级的规制机构必须向上级规制机构负责并代表上级规制机构履行权力，比如我国清洁能源产业的规制须向国家发改委或国家能源局负责并代表其履行清洁能源产业发展的行政管理权限。在权力的面前清洁能源产业的规制机构有时候难以避免会出现由于政治力量控制和利益集团影响而产生代表受益集团意愿的行动。另一方面，规制机构面临着在公众利益和集团利益之间衡量决策的困境。公众希望规制机构能够遵循法律程序，代表公共利益，为增加社会福利而奔走，即便是司法检查也可坦然面对，与此同时，利益集团却绞尽脑汁争取规制机构的政策倾斜，利益集团和公众的冲突和矛盾也正是规制机构需要解决和调和的。清洁能源产业也是如此,清洁能源规制机构在制定产业发展政策时,既要考虑公众的长远利益即可持续发展的诉求,同时也要顾及清洁能源企业的生存和发展空间,给予清洁能源企业很大程度的政策补贴和政策倾斜。

激励性规制理论也强调,即便政府是清洁能源规制政策的制定者和执行者,但也不能忽视产业规制中存在的信息不对称和道德风险所带来的政府有限理性,对清洁能源的规制的效能产生的影响。规制机构所获得的信息相对需求来说是严重不足的,这就影响了清洁能源规制政策的有效性和可信度,且容易为其中的寻租行为提供可能性。且规制政策并非万能,规制失灵和政府失灵都是经常发生的。为了避免清洁能源市场的政府失灵和规制失灵现象,探讨清洁能源规制的行为主体的行为是制定规制政策的重要前提。

4.5.2 我国清洁能源产业规制过程中行为主体的互动分析

清洁能源的规制过程是在各行为主体之间的互动中实现和完成的。这种动态研究从清洁能源的规制确定立法开始,紧接着是清洁能源的规制实施过程,在执行的过程中规制还在不断调整。根据互动的类型进行分类,可将清洁能源产业的规制互动分为两大类:一类是主体的直接互动;另一类是主体的间接互动。

直接互动关系主要是指清洁能源企业与清洁能源规制机构间按照行政程序通过公开听证和清洁能源的规则制定产生的互动关系,双方在互动中面对面,是一种直接接触。在清洁能源产业的规制中,主要包括清洁能源的信息收集、清洁能源法规制定和违规行为的行政裁决三方面内容。清洁能源规制机构通过企业自愿报告和正式调查两种方式搜集企业和产业信息。我们现在所熟知的正式调查程序中的听证就是规制机构收集信息的一种主要机制,清洁能源产业中常见的就是关于清洁电力能源价格的听证,制定清洁电力能源价格是清洁能源规制机构的重要目标。清洁能源企业基于保护自身利益的本源,是不会通过自愿报告的方式真实披露电力产品价格的,这使得正式调查程序变得尤为重要。这是规制过程中的第一次直接互动。

规制法规的制定是清洁能源产业规制的又一次直接互动。由于规制法规的制定过程复杂,包括建立清洁能源法规前的听证过程、清洁能源法规的发布、新的清洁能源法规实施对市场及产业发展的影响方面的调查与评估以及对现行清洁能源规制法规的修正等。在清洁能源规制法规制定的过程中,如果清洁能源企业和规制机构的利益不一致,清洁能源企业便会通过意见表达的方式来争取自己利益最大化,此时的清洁能源规制机构听见的声音是真实的,这种真实的声音为规制机构的行为效果和现实中的问题提出实证。经过与清洁能源企业的信息沟通和争取利益的一系列博弈之后,规制机构最终制定出的清洁能源产业的法律法规,在很大程度上能够体现出清洁能源企业的利益,也是一种利益均衡的过程。

清洁能源产业中规制主体的间接互动是指清洁能源企业试图通过立法、行政、司法等渠道影响规制机构的决策活动。与直接互动不同的是,它通常是由利益漩涡中的清洁能源企业通过对规制机构的官员施加政治影响来实现,这在一定程度上反映了清洁能源企业和规制机构之间的交易关系。间接互动关系以政府规制过程对清洁能源产业的收入分配后造成的影响以及规制机构本身所具有的寻利动机为研究重点。间接互动关系以新古典经济学中的"理性经济人"理论为基础,把规制机构的组成人员看作是"理性经济人",具有选择的偏好性和追求经济效用的双重特点,这样的规制者就有可能被清洁能源企业所俘虏,制定出满足企业利益需求的产业规制政策。规制机构被清洁能源企业所控制,制定出的规制政策偏向被规制企业或代表被规制企业的利益,走向规制俘获或政府失灵。

因此,客观地说,清洁能源产业的政府规制体现的是规制的动态过程中清洁能源规制机构和清洁能源企业这些主要的利益主体相互博弈的过程。最终的清洁能源规制政策是否合理、是否代表公众利益,也应从规制过程的相关利益主体的互动博弈中寻找根源。第六章的实证分析中将具体分析清洁能源发展的中央和地方政府及企业间的互动博弈模型。

4.6 本章小结

清洁能源产业中的规制主体主要包含清洁能源规制机构和被规制的清洁能源企业,规制机构间互动主要表现为争夺规制过程中的自由裁量权。被规制企业间的互动体现为两种:一种是企业合作博弈;另一种企业对抗博弈。规制机构和被规制企业则存在从信息收集阶段到规制立法阶段再到规制执行阶段的各类动态和静态博弈。本章详细描述各主体间不同规制阶段的博弈互动构成,并对我国清洁能源产业的规制主体互动进行了定性描述,从而构成了我国清洁能源产业政府规制的 STC 分析框架的组成部分之一——规制主体间的互动分析。

5 我国清洁能源产业发展政府规制的工具选择

前文研究的规制理论发展变迁中的传统规制理论详细分析了市场缺陷的经济表现,认为市场失灵和政府失灵是政府规制产生的先行条件,但是并非所有市场缺陷和失灵问题都需要采取规制方式来解决。传统规制学派认为,市场失灵在某些情况下是可以自发调节的,但是现实的市场约束条件众多,某些情况下的竞争市场和无交易成本的条件过于苛刻,难以实现。因此,传统规制学派认定的"一定条件"只是美好愿望,市场失灵也无法避免,从而需要政府规制。但传统规制学派和新规制学派都认同市场机制是到目前为止最有效的一种配置机制,因此全部有效的政府规制都是以模拟市场机制为最优状态。所以,用以克服市场失灵的规制政策,需要把那些与市场功能相似的经济诱因反映到政策中,使个人的选择与公众价值保持一致的规制氛围。对于传统规制理论"一定条件"无法满足的缺陷,拉丰和梯若尔为代表的新规制经济学派运用新兴的机制设计理念为这一问题指明了方向,即将激励理论首次引入规制政策的研究中,运用最优激励性机制设计的理念作为政府规制政策制定的指引理论。同时,激励理论也是我国清洁能源规制分析的 STC 分析框架中规制工具选择的逻辑起点。

政府规制既然是以模拟市场机制的方式出现的,就必须确认它的模拟方式:规制机构充分利用企业的寻利动机来使其提高生产效率、改善服务质量,通过对经济主体活动的干预来矫正和改善市场机制的内生问题。模拟市场机制的过程实际上就是运用合理的规制工具进行市场机制设计的过程,而在这一设计过程中解决市场失灵问题有两条路可选择,即模拟价格机制来达到资源配置的帕累托最优状态和模拟制度设计来达到资源配置的次优状态。本章将分别从模拟价格机制和模拟制度设计两个层面探讨影响我国清洁能源产业发展的规制工具的类型和效用。

5.1 传统政府规制工具——价格规制

自然垄断产业和竞争性产业是价格规制存在的主要场所。价格规制指的是规制机构对价格水平和价格结构进行的控制管理活动,主要方式就是规制机构来制定产品价格。清洁电力能源产品的定价方式也是如此,由国家规制机构制定产品的定价方式以及价格。价格水平规制方式以边际成本定价和偏离边际成本的定价(包括平均成本规制和拉姆齐定价)这两种为主;价格结构规制方式主要包括线性定价与两部定价、高峰负荷定价、差别定价等非线性定价方式。传统规制理论和激励性规制理论关于价格规制的主要差异都体现在水平方向上,且价格水平规制是价格结构规制的基础。本节将首先从清洁能源产业价格规制的目标入手,讨论如何对清洁能源产业进行价格规制。

5.1.1 价格规制的标的

植草益阐述了自然垄断行业经济性规制的标的:一是达到资源的有效配置;二是确保企业的生产效率;三是避免收入的再分配;四是实现企业财务的稳定化。经济规制的四大目标中有效配置资源和提高企业效率这两点相对重要。根据植草益描述的经济性规制的标的,我国清洁能源产业价格规制的目标可以详细分为下述几点:

(1) 运用价格规制措施提高我国清洁能源企业的效率

企业生产效率的提高需要充分利用现行技术条件达到人、财、物的最优配置。要提高我国清洁能源企业的效率,就要投入生产要素最优组合并充分利用目前国内的清洁能源技术条件来提高清洁能源的生产效率、技术效率以及开发利用效率等。由此可见,解决企业效率问题的关键就是技术的变革,如何激励企业革新技术、提高生产效率也就成为规制机构对我国清洁能源企业进行激励性规制的关键。简单来说,价格规制就是一种对企业改进技术并提高效率的规制方式。对我国清洁电力能源产品进行价格规制就是使清洁能源企业产品的价格和利润达到合理水平,同时保持企业有改善效率的激励。斯蒂芬·李特查尔德(Stephen Littlechild)通过价格规制的 RPI-X 模型将政府的规制价格和零售物价指数紧密结合。RPI 即零售物价指数(Retail Price Index),也就是通常意义上的通货膨胀率;X 代表着规制机构确定的某一时期生产效率增长的百分比。若该模型企业拥有了一定自主定价的自由,那么也就有了降低成本、改善服务的激励。企业的定价权限控制在规制机构的手中,可以防止垄断带来的企业超额利润,这是通过价格规制提高企业效率的成功案例。以该模型为例,可得我国清洁能源企业的价格规制目标同样是确保效率,解决企业降低成本、改善服务和追求利润的两难困境。

(2) 通过价格规制实现我国清洁能源资源的有效配置

处于垄断竞争条件下的我国清洁能源产业,由于缺乏强有力的竞争者(企业具有改变行为的惰性,只要竞争者的压力没有达到足够大时,企业的行为就不会发生变化),产业中的清洁能源企业明显也是利润的追求者,为了经济利益,企业会弃消费者利益于不顾。垄断的清洁能源企业会利用对清洁能源市场的支配力,使用垄断价格和差别价格对清洁能源消费者实行差别对待,清洁能源企业获取超额利润的同时也将自身利益扩大至极限,但这样的行为却损害了那部分被实行差别定价对待的清洁能源消费者的利益。从产业发展的整体福利看,降低了清洁能源产业整体福利值,使其偏离了"帕累托最优",对实现清洁能源资源的最优配置是一种阻碍。在这样的背景下,规制机构需要对清洁能源企业运用价格规制工具,实现清洁能源企业和消费者、清洁能源企业之间、清洁能源消费者和消费者间的利益公正化。

(3) 通过价格规制实现我国清洁能源产业的长期稳定发展

我国的清洁能源产业是一个兴起中的产业,政府对清洁能源产品的定价方式也初步经历了从地方政府自主定价到特许权招标定价再到政府标杆定价的大致过程。从这个发展过程可以看出清洁能源价格的制定是一个逐渐趋于合理的过程,而对清洁能源产业实行价格规制也是为了其自身更好、更规范地发展。通过价格规制也可以确保清洁能源企业获得持续发展的动力。

在明确了我国清洁能源产业的价格规制目标后,本章将从传统的价格规制的方式和效用开始梳理,在梳理中寻求适合我国清洁能源产业价格规制的工具。

5.1.2 传统价格规制的方法

常见的价格规制方法包含成本定价规制法、收益率规制法、价格上限规制法等。每一种定价方式都有其特点,运用到清洁能源产业中各有优势,也各有缺陷。

(1) 成本定价规制

主要研究的是价格水平方向的定价。水平方向上的成本定价有以下两种基本模式:

① 边际成本定价。边际成本定价的含义是:为实现帕累托效率,达到消费者剩余最大化(社会总效益和社会总成本之差最大化),将价格定为与边际成本一致的水平。但是边际成本定价面临以下两种困境:

一种是在自然垄断部门,比如说清洁电力能源产业部门,如风电产业、核电产业、太阳能光伏发电产业等,由于存在规模经济的原因,企业的平均成本和边际成本曲线的斜率为负,且不断递减,它们的形状如图 5-1 所示。

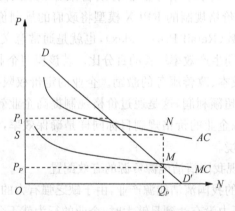

图 5-1 成本递减下的边际成本定价

由图 5-1 可见,价格 OP_p 是帕累托效率下的边际成本价格,采用边际成本定价 OP_p($OP_p = MQ_p$)会使清洁电力能源企业出现每单位平均为 NM、总额为 P_pMNS 的亏损。电力企业面临着亏损,由于缺乏进入清洁电力能源行业的激励,其不会选择进入行业中,从而造成行业内既存的电力产品供不应求的现象。价格会适当地上涨,但是企业由于看不见切实的利润,也不会有产品生产的激励。英国经济学家 Hotelling[①] 主张在企业面临此状况时,

---

① Hotelling H. The general welfare in relation to problems of taxation and of railway andutility rates[J]. Ecomometreca, 1938(6):242-244.

如果生产的产品是公共品,本案例中的清洁电力能源产品也是这种情况,则仍然采取边际成本定价。特别的是对固定成本有不同的支付方式,由政府收入中的所得税、遗产税以及地价税等各种税收的方式予以支付,这是政府对清洁能源企业的变相激励。这种通过扶持使企业达到保本或盈利的方式被命名为"霍特林模型"。如果运用霍特林模型,清洁电力能源企业才会有继续生产经营的激励,但霍特林模型适用于英国,却不一定适用于我国清洁能源产业,因此此种定价方式还需斟酌。

另一种是具有竞争机制的产业,比如清洁能源产业中的太阳能光伏制造业、生物质液体染料产业等,对于此种具有竞争压力的行业,企业的边际成本和平均成本曲线都是递增的。此类行业如果设置市场进入的壁垒,并依旧选择边际成本的定价方式,市场中的既存企业就会因此获得超额利润,如图 5-2 所示。

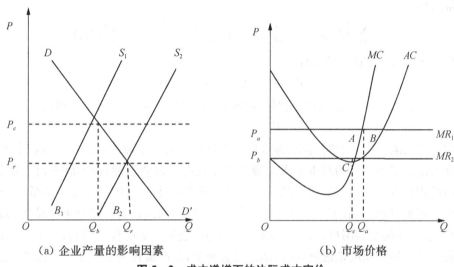

(a) 企业产量的影响因素　　　　(b) 市场价格

图 5-2　成本递增下的边际成本定价

图 5-2 的演示存在于完全竞争市场中,B_1S_1 表示完全竞争状态下企业的供给曲线,市场价格 P_c 存在于供需均衡状态处。在此市场中的某太阳能光伏制造企业想要获得最大利润就必须以市场价格 P_c 来考虑企业的成本,当企业利润最大时其边际成本和边际收益($MR_1=P_c$)的交点 A 决定了该企业的即时供给量为 Q_a。在该太阳能光伏制造企业的平均成本曲线 AC 处可见,该企业可以获得平均每单位为 AB 的超额利润。只要存在这样的超额利润,就会有潜在的太阳能光伏企业加入到产业中来。随着新企业的加入,整个光伏市场的供给曲线向右方 B_2S_2 平移,市场供过于求,产品价格则降为 P_r,市场中新的均衡点在价格为 P_r 时实现,对应的太阳能光伏产品的供给量为 Q_r。因为此时的价格 P_r 处于该企业的边际成本和平均成本交会处,所以市场中的所有企业都没有超额利润。此时不会再有新的光伏企业加入但也不会有企业退出该产业,因此处于价格均衡状态。由于规制机构拥有限制新的光伏企业进入产业的权限,因此可以掌控企业是否获取超额利润。但这种定价方式建立的前提是处于完全竞争的市场,任何清洁能源产业都不符合该种前提假设,因此,这种定价方式也需要再考虑。

② 差别定价。差别定价是第二种水平方向的定价方式,也叫拉姆齐定价(Ramsey's Price)。[①] 在差别定价模型中假定一个实际成本和边际成本相等的企业处于亏损状态,此时社会福利最大化就无法实现,企业能做的就是以一个偏离边际成本的价格来减少亏损,或至少保持不亏损。拉姆齐定价遵循以收支平衡为前提条件而实现福利最大化。[②] 拉姆齐定价模型如下:

设 $p_i = p(Q_i)$,市场供给为 Q_i,固定成本为 F,平均可变成本 C 等于边际成本,此时企业求得盈亏能够相抵:

$$\sum P_i Q_i - (F + \sum C Q_i) = 0$$

满足上述条件的经济福利 $\sum \int P_i dQ_i - \sum C Q_i$ 的最大化目标函数为 Y,运用拉格朗日系数 λ 带入得:

$$Y = \sum \int P_i dQ_i - \sum C Q_i + \lambda [\sum P_i Q_i - (F + \sum C Q_i)]$$

对供给求函数 Y 的最大值得:

$$(P_i - C) + \lambda^* (P_i - C) + Q_i^*$$

设 $\varepsilon_i = -\lambda^* (\varepsilon_i > 0)$ 为需求价格弹性,拉姆齐指数 $R \equiv \lambda(\lambda+1)$,最终可得出:

$$P_i = C/(1 - R/\varepsilon_i)$$

运用在清洁能源产业中时,拉姆齐价格主要是按照清洁能源产品消费者的需求弹性、支付能力和对清洁能源产品的基本需求量等因素来最终确定清洁能源产品的价格,这是一种较为灵活的定价方式。清洁能源产品价格随消费者的需求弹性增大而逐步降低,直至接近于边际成本定价,价格类似于较多种可选择的同类产品,如消费者可选择不同品牌的太阳能电池;对需求弹性越小的用户,其价格越高,价格超出边际成本的程度越高,这种产品在市场中缺乏替代性。换个角度来理解,在清洁能源企业中,生产多种清洁能源产品或提供多种相关服务时,每种产品或服务的价格都应该为清洁能源企业回收成本做出贡献,并减少由此造成的经济扭曲。要充分做到这一点,产品价格必须反映清洁能源消费者的需求弹性。消费者需求弹性低的清洁能源相关产品或服务,就应该对回收产品的固定成本做出较大的贡献,反之同样成立。清洁能源相关产品使用这种定价方式可以避免需求弹性对价格的影响,不同的弹性采用不同的定价方式较为合理,是值得我国清洁能源产品价格规制借鉴和参考的一种定价方式。

(2) 两步定价和多步定价法

两部定价和多部定价都是从价格结构进行产品定价的方式,这里简单探讨下是否适合用于我国清洁能源产品的定价。两步定价是指产品价格由弥补固定成本的基本费用和弥补变动成本的从量费用共同组成。在这种定价方式下,产品价格由两部分组成:一是为取得某项服务的使用许可而定额缴纳的基本费用(用于弥补固定费用)F,这部分只与消费与否有

---

① Prieger J E. Ramsey Pricing and Competition: The Consequences of Myopic Regulation[J]. J. of Regulatory Economics, 1996(10): 307-321.

② Ramsey F P. A Contribution to the Theory of Taxation[J]. Economic Journal, 1927(37): 47-61.

关,采用定额计算的方法;二是基于实际消费数量,根据等于边际成本的价格支付从量费用 PQ。因此总价格为 $F+PQ$。实施两步定价法可以通过与实际消费数量相关的 PQ 来弥补供给的边际成本,通过与实际消费数量无关的固定费用 F 部分来弥补企业亏损的部分,可以解决企业的亏损和政府补贴企业的亏损问题。这里主要用来探讨清洁电力能源产品的定价,如果使用两部定价法,既可以考虑到清洁能源企业的固定成本,同时也可按照消费者对清洁电力能源的消费量确定规制机构对企业的补贴,切实解决清洁电力能源企业固定投入巨大、产品成本高的困难。但需要注意的是清洁电力能源的并网发电量决定了消费者的消费,而并网发电目前确实是我国清洁电力能源企业共同面对的困境。若此困难不解决,就无法根据消费量给予补贴。

同时两步定价法自身还需要解决两大问题:一是消费者消费偏好不同却收费相同,导致部分消费者退出消费产品的问题;二是多个消费者可能由一人购买重复数量产品而逃避固定费用 F 的问题。所以结果往往是在固定费用 F 排除了一部分消费者的同时,产品单价 P 也高于边际成本。这样非但没有双赢,反而是在双向最不优处进行定价,这对清洁能源产业来说,也是值得注意的。因为清洁能源产品本身就存在着定价过高的问题,还排除了部分潜在消费者,企业更加无利可图。

多步定价法又称递减分段定价,是一种消费者可以自行选择的两步定价法,即除去固定费用 F 之外的那部分费用为 PQ。其中单价 P 随着消费数量 Q 的增加而递减,消费得越多单价就越低,从而鼓励消费者增加消费数量,扩大厂商的生产规模,达到规模经济。与两步定价法一样需要注意的是,清洁能源产业如果不能适应两步定价法,那么在其基础上改良的多步定价法也值得商榷。

(3) 投资收益率定价法

投资收益率定价法也是一种传统的价格规制方式,也被称为公正报酬率定价法。[①] 这种定价的规制方式允许企业通过公正的投资获取收益,但是这种收益不能超出规制机构制定的公正收益率水平。在这个前提下,企业可以自由地选择产品的价格、生产的产量和投入的比率。公正收益率不是随便得出的,是由规制机构经过详尽的调查研究后公布的,确定的方式为:收益减去非资本投入的成本再除以资本投入。其模型分为企业生产一种产品或多种产品两种情况。当企业提供单一产品或服务时,收益率模型为:

$$\frac{PQ-C}{K} \leqslant R$$

当企业提供多种产品或服务时,收益率模型为:

$$\left(\sum_{i=1}^{n} P_i Q_i - C\right)/K \leqslant R$$

其中,R 为规制机构设定的投资收益率,P 为产品价格,产量为 Q,K 为资本投入成本,C 为非资本投入成本,n 为企业所提供的产品的种类数量。如果对我国清洁能源产品采用投资收益率定价的方式,需要充分考虑公正收益率 R 的制定方式。由于清洁能源企业的成本费用容易估算,

---

① Attari H. Discontinuous Interest Rate Processes: An equilibrium Model for Bond Option Prices[J]. Journals of Financial and Quantitative Analysis,1999(3):293-322.

规制机构对清洁能源企业收益率规制的难点就在于确定投资收益率 R 的大小,因为这直接关系到清洁能源企业在 R 的取值下的利润总额。并且这种定价方法面临着几个问题:一是导致清洁能源企业缺乏节约成本的动力,这在某种程度上鼓励了清洁能源企业增大对固定成本的投资;二是难以准确地估计和分摊收益率 R,如果 R 值被高估,企业收入就会人为地膨胀,R 值估计太低又会故意压低企业收入;三是规制机构在设定公正收益率时有可能存在信息不对称的现象,导致 R 值无法被公正确定。此外,以收益率为标的对清洁能源企业进行价格规制会出现"A-J 效应"的问题,也就是在收益率规制的作用下,清洁能源在生产中可能会出现过多地使用资本,过少地使用其他生产要素,以追求既定收益率下的收益最大化的问题。[①] 所以,从这个层面来讲,收益率规制并不能为我国清洁能源企业带来能源资源的最优配置。

5.1.3 传统价格规制工具应用于我国清洁能源产业的缺陷

前面所描述的传统价格规制模型都建立在同样的一个前提假设下,那就是规制机构和被规制的清洁能源企业信息对等,双方的互动博弈是基于完全信息的,但这种传统的价格规制方式各有缺陷,前文已经详细解释,不再赘述。综合来看,这些缺陷集中体现在下述几个方面:

第一,没有考虑到清洁能源产业的规制过程中存在着信息不对称的问题。在此前提下所做的假设、建立的模型并不一定适合不完全信息下的规制,容易导致规制机构的清洁能源产品的价格规制失灵。

第二,容易导致规制关联费用的增加。规制机构在充分使用价格规制工具对清洁能源产业进行规制时,必须要经过清洁能源产品价格的信息收集、分析和加工过程。在这一过程中清洁能源企业的财务状况、企业的发展计划、企业的产品供需结构以及拥有的技术专利等方面的详细数据资料都需要真实地反映给规制机构。除此以外,清洁能源的规制机构还需要在清洁能源企业和其他政府部门及职能机构之间进行协调。由这一动态的规制过程涉及的费用会增加很多,这些费用都属于规制成本的一部分,过高的规制成本会造成清洁能源产业的成本收益比值下降,最终引发我国清洁能源产业出现规制失灵的现象。

第三,容易导致价格规制过程中贿赂行为和寻租行为的发生。由于规制机构拥有价格规制中一定程度的自由裁量权,可能会致使各被规制的清洁能源企业集团游说和贿赂规制机构,以希望获得更高的定价和更多的价格补贴,使得拥有价格规制的政府机构成为清洁能源利益集团的政治势力的一部分,背弃价格规制的合理方式。而且这些贿赂和寻租行为不但会给被规制的清洁能源企业带来超额利润,而且由贿赂带来的相关成本最终还会转嫁给清洁能源的消费者,成为清洁能源消费者的额外负担。

---

① Averch H, Johnson L L. Behavior of Firm Under Regulatory Constraint[J]. American Economic Review, 1962, 52(5): 1052-1069.

5.2 传统政府规制工具——制度设计

前面一节叙述了模拟价格规制工具来解决清洁能源市场失灵问题的方式,是第一种模拟市场机制的方法。本节将模拟制度设计的方法来达到清洁能源资源配置的次优状态。经济学中一般认为竞争与垄断无法共存,完全竞争的市场上不存在垄断,而垄断的市场上也不可能拥有高效率的竞争,但是这个两难困境却是可以通过制度设计的方式来实现的。通过合理的制度设计与安排,比如说设计与安排特许权竞争这种制度设计的规制方式,可使垄断和竞争在同一市场上并存。

5.2.1 特许权竞争

由于经济或其他方面的原因,规制机构有时会对某些特殊市场的供应商数量进行限制。一种可能是成立具有股价供应权的国有公司;另一种主要的替代方案是将独家供应权授予一个或多个私营企业,并且倘若该方案确实被实施,则必须为选择企业和决定企业经营的各项条件设计制度和原则。这里的供应权指的就是一种典型的特许权。目前我国的清洁电力能源市场上使用特许权规制方式的情况较为普遍,如风电项目的特许权竞标、太阳能光伏发电项目的特许权竞标等等。

根据特许权竞争的方式可知,如果特许权由一套适当的竞争性招投标程序进行分配,则可以避免或者说至少是减少对规制的需求。简单来说,就是主张竞争性招投标能够作为传统市场竞争的替代品:为了事后能够享有垄断性权利,供应商必须事先参与竞争以追求权利。同时一致认为,这样的竞争应当迫使企业所提供的产品或服务须符合一定条件,而这些条件应当与分配和生产效率相一致。① 我们可以给出一个清洁能源市场的特许权竞争模型:

风电产业具有垄断特征,技术为 $C(\cdot)$,政府在设计风电项目特许权配置机制时存在唯一进入壁垒,此时风电市场存在大量潜在进入者,设风电产品向量 $Q=(Q_1,\cdots,Q_m)$,消费者集合为 N,风电消费者偏好为 V^i,自然禀赋为 W^i,产出集合为 Q,价格机制 P 为映射:$NQ \rightarrow R_m$,此集合代表可行性风电价格机制。所以对风电产业的特许权竞争可设计如下步骤:

步骤一:政府规制机构需要确定一种可行风电电价的价格机制。②

步骤二:风电市场中的每个潜在的风电企业分别提供一个可行的服务契约 (P,S),使得 $P \in \gamma'$(价格机制)和 $S \subseteq N$,此契约是所有风电消费者 $i \in S$ 都可接受的。

步骤三:每个风电消费者能且只能与同一个风电企业订立契约。

步骤四:如果该风电消费者认为风电市场中存在新的风电契约会带来自身福利的增加或改善,允许重新订立契约。

---

① Albon R. Regulation of the Firm and Natural Monopoly, Michael Waterson (Ed.). Basil Blackwell, Oxford[J]. Economic Analysis and Policy, 1988:106-107.

② 可行性价格向量是指全部市场需求在此价格向量之下,可以使企业得到负的盈利。如果一个价格向量是可行的,而且不存在另一个偏好可行的价格向量,则这一价格向量就在次优核心之内。

因此，可以看出对于风电项目特许权竞争的设计，由$(C, N, \gamma^i, V^i, W^i)$这几种因素共同决定，所以对于风电特许权竞争的机制设计需要满足下列性质：一个垄断契约(P^*, N)，要赢得特许权的唯一条件就是$(C, N, \gamma^i, V^i, W^i)$存在于博弈的次优核心中。①

对于清洁能源产业要突出强调的是，特许权的分配具有下述标准：一是公益标准。在制定清洁能源产品的特许权分配标准与程序的过程中，规制机构必然会为追求公益目标，首要处理分配正义问题。当某些形式或区域的清洁能源产品供应比其他形式或地区利润更大时，分配问题就显得尤为突出。二是分配制度的类型。我们要分辨两大类分配制度：第一种经常被称为"公益特许"；第二种是与"公益特许"这种传统方式相对的"价格竞标特许"，也就是我们前面所说的特许权竞争。我国清洁能源产业中较多使用的是第二种特许权竞争方式，上述两种方式之间的区别不在于种类上的而在于强调的重点。考虑到特许权的垄断地位，公益方式不能忽略定价问题；而在价格竞标制度之下，规制机构在无论是对特许权产品进行限定、比较竞标条件，还是形成清洁能源的相关特许条款时，都很难不考虑所提供的清洁能源产品和服务的质量。

5.2.2 区域间竞争

这里简要谈一下区域间竞争的制度设计模型。区域间竞争是指将被规制的所有垄断企业依照地区为依托进行区域性划分，将所有的垄断企业分为几个地区性的垄断组织。区域性的垄断组织们通过相互竞争的方式来提高自己内部效率，类似于我国核电产业的三大龙头集团：中核集团、中广核集团和中投集团。三大集团以地域进行划分，各自扩大下属核电厂的生产效率，在互相竞争的同时促进着全国核电产业的发展。区域间竞争不是直接的、面对面的竞争，而是地区间垄断集团组织之间的间接竞争。这里的间接竞争是指这些企业的本意是寻求自身发展，但同时起到了相互制约、共同进步的效果。如果是针对我国的清洁能源产业，规制机构实施最佳规制的方法，就是要确保有关清洁能源企业的成本水平和服务的信息在有效率的经营下获得。清洁能源企业如果取得了优秀的业绩则规制机构就可以以此作为区域的标准，指导清洁能源企业提高其内部效率。所以，区域间竞争在某种程度上具有一定的监控机能，也是我国清洁能源企业的规制方式中可以借鉴和采用的。

5.2.3 传统制度设计工具应用于我国清洁能源产业中的缺陷

传统制度设计工具应用与规制理论是具有很大贡献的，然而这些传统的工具模型应用到我国的清洁能源产业都存在一个共同的缺陷，那就是传统的规制工具没有考虑信息不对称给产业规制带来的影响。传统的规制工具应用都是建立在完全信息的基础上，不论是区域间竞争还是特许权竞争的解释都是建立在这样一个前提假设中：首先假设清洁能源的规制机构和清洁能源企业都真实掌握彼此的供需函数，接着认定规制机构对清洁能源企业的生产成本也已经真实掌握。但回到我国清洁能源产业的规制实践中可知，规制机构不论在

---

① 所谓次优核心是指一种由消费者参与的联合生产的合作博弈核心。在这个核心中，唯一的分配机制是在消费者中按现行市场价格来分配产品。

企业的供需函数还是企业的真实成本方面的信息资料都不够充分,或者需要付出高额的成本才能取得清洁能源企业的信息,而市场中的清洁能源企业却可以简单地隐藏自身真实的成本以及规制机构的需求函数。规制双方处于信息不对称的地位,这种情况会使得企业为了自身利益,在规制前隐藏信息构成逆向选择,又可以在规制后隐藏行为导致道德风险,这两种行为都将干扰规制机构做出正确的规制决定。

换句话说,传统的规制理论在价格规制和制度设计层面上都忽视了信息不对称所隐含的风险,缺乏对规制中的委托-代理理论的分析。因此,下面一节将运用新规制经济学中的激励性规制工具,从信息不对称的角度审视我国清洁能源市场的规制工具选择。

5.3 现代政府规制工具——激励性规制

1979年,洛布和马加特将激励性规制纳入委托-代理分析框架中进行阐述,开创了激励性规制研究的新时代。正是因为规制者的信息缺乏导致了企业的逆向选择,在规制者对企业的转移支付不会附带额外社会成本的情况下,规制者选择占优策略来解决信息不对称问题。1986年,拉丰和梯若儿将道德风险问题引入规制模型,提出了逆向选择和道德风险共存于委托-代理关系中的最优激励方案的设计。[①] 拉丰和梯若儿沿着前人的分析思路,不断对该框架进行深化、精华,建立了一个可以分析规制问题的,扩展的、统一的委托-代理分析框架。该分析框架可以反映规制者和被规制企业所面临的信息结构、约束条件和可行的工具,将政府规制当作一个最优机制设计和激励问题,在规制者和被规制企业的信息结构、约束条件和可行工具的前提下,分析双方的行为和最优策略以及相关的规制问题。

本节我们着重分析拉丰和梯若儿为代表的现代激励性规制理论,依然从价格规制和制度设计两个视角研究现代激励性规制理论,并用激励性规制工具对我国清洁能源市场进行分析。

5.3.1 激励性规制中的价格规制

激励性规制的价格规制方法,是规制机构从激励企业的角度来合理地制定规制价格,其目的是激励企业提高效率、降低成本,维护消费者利益,提高社会福利。我们主要将其分为:价格上限定价、芬辛格-沃格尔桑动态定价、最优规制线性价格定价等方法。下文将结合我国清洁能源产业适用的激励性价格规制方式进行分析。

(1) 价格上限定价法

所谓价格上限是指制定一个不能超越的最高价格。在这个最高价格下,企业可以自由灵活定价。因此,价格上限规制就可以定义成一个价格路径为 $\bar{p}(t)$ 和一个约束条件 $p(t) \leqslant \bar{p}(t)$,由于上限价格一般都低于垄断价格,因此如果需求无弹性,那么价格上限规制就是一

---

① Laffont J J, Tirole J. Using Cost Observation to Regulate Firms[J]. Jounal of Political Economy, 1986(94): 614–641.

种必要而典型的规制垄断手段。我们假设价格上限固定,忽略固定成本 F(假设 $F=0$),可以得到最优价格上限,且最优价格上限就等于边际成本:

$$\bar{p}(t) = c(t) + (r+\delta+\mu)q(t) + \delta c(t)\int_0^{\Delta(t)} e^{-(r+\delta)\tau} d\tau$$

假定我国清洁能源产业使用价格上限定价法,清洁能源产品的最优间隔上限就是产品的边际成本,此价格被清洁能源的规制机构强制执行,被规制的清洁能源企业将只能通过最小化设备更新成本,也就是清洁能源的固定资产投入最小化来达到企业利润的最大化。换句话说,就是清洁能源企业将坚持最长的时间 $\Delta(t)$ 之后再进行固定资产置换。所以,此最优价格是有效率并且会导致最优的清洁能源产能投资规模。

我国清洁能源产业采用价格上限规制的最简单的做法是以当前清洁能源市场中通行的产品价格作为初始的价格上限,然后规制机构不断要求企业的产品价格以与清洁能源技术进步相适应的固定速率,以逐步递减的方式改变定价。这种价格上限规制为制定一个基于长期边际成本的合理价格提供了某种可能,在这个层面上来说,是有利于我国清洁能源产品的合理定价的。然而,价格上限规制及其相关的激励机制建立的前提通常是企业自愿的,因此它一般都会被设计成能够弥补过往的历史成本模型。同时不能够忽略的是,某些情况下所设定的价格上限的下降速度会超过产业发展的提高速度,或者初始设定的上限价格低于当时市场上的一般通行价格。在这些情况下,价格上限定价法中最终价格可能会低于投资收益率下的价格,但有学者认为企业最终会从价格上限规制产生的降低成本的激励中得到充分的补偿。所以,如果我国清洁能源产业采用此种激励方式进行定价,就要考虑到清洁能源企业的最终定价与投资收益率的价格比较时,过低的价格往往不能使清洁能源企业获得足够的激励。

(2)沃格尔桑-芬辛格动态定价

第二种激励性价格规制方式是沃格尔桑-芬辛格(Vogelsang and Finsinger)动态定价法,也被称为 V-F 动态价格规制。[①] V-F 机制的主要目的是指导规制机构在成本和需求信息不完全的条件下控制产品的价格,通过控制价格诱导企业采用拉姆齐定价。

如果运用该种定价方式对我国清洁能源产品进行定价设计,可以做出以下假设:

首先,规制机构没有如实掌握清洁能源企业的成本和需求函数,只能根据过往的清洁能源产品价格、产量和成本进行估算、推测清洁能源企业的现行成本和需求函数。

其次,清洁能源企业是在市场中存在规模经济、范围经济,可以获得超额利润的企业。

最后,伴随清洁能源企业的规模效应,产品产量增加,供应每一组清洁能源产品的平均成本均处于下降的趋势。

其中还有很重要的一点,那就是清洁能源企业对自身成本与需求函数是真实且充分掌握的,并在政府规制的各个阶段不会改变追求自身利润最大化的目标。

在满足上述前提假设后,V-F 规制的方式是:给予清洁能源企业一定的自主定价权,允许清洁能源企业在生产销售产品的每个阶段都按照规制机构制定的价格自行选择每种清洁

---

① Vogelang I, Finsinger J. A Regulatory Adjustment Process for Optimal Pricing by Multiproduct Firms[J]. Bell Journal of Economics, 1979, 10(1): 157-171.

能源产品价格,规制机构定价的标准是不超过给定水平的加权平均数作为清洁能源企业参照物。对于只生产一种清洁能源产品的企业来说,在某段时期内的清洁能源产品价格定位企业带来的收益不大于同样的价格水平下前一时期清洁能源企业的总成本。生产多种清洁能源产品的企业则需要满足当前(t时期)的清洁能源产品的综合价格不能超过前一时期($t-1$时期)的企业平均成本。遵循拉姆齐定价公式,随着时间的推移,清洁能源企业的定价会不断提高产业的福利水平。用数学公式表示为:

对单一清洁能源产品企业的约束条件是:
$$P^t Q^{t-1} \leqslant C^{t-1}$$

对多种清洁能源产品企业的约束条件是:
$$P_1^t Q_1^{t-1} + P_2^t Q_2^{t-1} + \cdots + P_n^t Q_n^{t-1} \leqslant C(Q_1^{t-1}, Q_2^{t-1}, \cdots, Q_n^{t-1})$$

当价格处于拉姆齐最优规制价格时,清洁能源产业的整体福利就会有较高实现的可能。运用V-F机制,能够克服规制机构信息获取的劣势地位,同时刺激清洁能源企业降低成本。从理论上可以演示出V-F定价法运用在我国清洁能源产业中会激励清洁能源企业降低成本,是一种可行的定价方式。但是学者萨平顿(Sappington)指出了V-F机制的缺点,简单地说就是,企业今天采取纯浪费的战略行为是为了明天能提高规制价格水平。[1] 如果综合考虑到清洁能源企业的短期目标和长期现状,看似完美的V-F动态定价方式也无法从长远的战略高度促进我国清洁能源产业的发展。

(3) 按比例调整的最优线性定价

另一种激励性价格规制方式是按比例调整的最优线性定价。按照激励性规制理论的观点,当固定费用已经使得大多数消费者被排除在外,尤其是排除众多的低收入者时,按比例调整的最优线性定价非常接近最优两步定价。[2] 由此做出按比例调整的最优线性定价方式运用于我国清洁能源产业的前提假定:

$q = D(p)$为需求函数,反需求函数为$p = q(p)$,清洁能源的消费者净剩余$S^n(p)$是由$S^n(p) = \int_p^\infty D(p) \mathrm{d}p$给定的,清洁能源企业的成本函数是$C = (\beta - e)q$,$\beta$是清洁能源企业的效率参数,$e$是清洁能源企业管理者的努力程度。由于清洁能源消费者的开销直接构成了清洁能源企业的收入来源,因此在收益没有向规制机构支付转移的前提下,规制机构不会留给清洁能源企业任何租金。任何企业都是理性地追求利润最大化,清洁能源企业也符合:$[p - (\beta - e)]D(p) = \Psi(e)$,将此式对清洁能源企业管理者努力程度$e$求一阶导数,求得清洁能源企业最小化总生产成本的最优努力选择是:$\Psi'(e) = q = D(p)$,再由此式求得规制价格。

考虑到信息不对称对规制机构定价的影响,规制机构会留一部分效率租金给清洁能源企业,其大小为$U(\beta)$,同时,规制机构还向清洁能源企业提供不同效率水平β的菜单$\{t(\beta), p(\beta), c(\beta)\}_{\beta \in [\underline{\beta}, \overline{\beta}]}$,规制机构规定每个效率水平$\beta$的清洁能源产品价格、报酬和企业边际成本。对每个$\beta$都满足预算平衡的约束:

---

[1] Sappington D. Strategic Firm Behavior under a Dynamic Regulatory Adjustment Process[J]. Bell journal of Economics, 1980, 11(1): 360−372.

[2] Laffont J J, Tirole J. A Theory of Incentives in Procurement and Regulation[M]. Cambridge MA: MIT Press, 1993.

$$(p(\beta)-c(\beta))D(p(\beta))=t(\beta)$$

或者满足：

$$(p(\beta)-c(\beta))D(p(\beta))=U(\beta)+\Psi(e(\beta))$$

令 $p(c,t)$ 表示满足上述表达的清洁能源产品的最低价格，这个最低价格满足在相关的范围内价格 p 在 c 和 t 上是可行的和递增的。

此时，可以得出规制机构的目标函数为：

$$\max\int_{\underline{\beta}}^{\bar{\beta}}(S^n\{p[\beta-e(\beta),U(\beta)+\varphi(e(\beta))]\}+U(\beta))f(\beta)\mathrm{d}\beta$$

约束条件是：

$$U(\beta)=-\Psi'(e(\beta))$$

通过一阶条件和横截条件得到最优努力水平：

$$\psi'(e(\beta))=q(\beta)-\frac{\int_{\underline{\beta}}^{\beta}[(\partial p/\partial c)(\tilde{\beta})-1]f(\tilde{\beta})\mathrm{d}\tilde{\beta}}{(\partial p/\partial c)(\beta)f(\beta)}\psi''(e(\beta))$$

努力类型不同的清洁能源企业报酬的影子成本为：

$\lambda(\beta)=(\partial p/\partial c)(\beta)-1=q(\partial p/\partial t)(\beta)-1$，换句话说就是清洁能源企业每增加一单位收益就给清洁能源消费者带来相应的成本 $q(\partial p/\partial c)$，同时给整体清洁能源产业带来的成本为 $q(\partial p/\partial t)-1=\partial p/\partial c-1$。此时最优规制降低了企业的固定成本 $U(\beta)+\varphi(e(\beta))$，优化了清洁能源企业的努力成本 $\hat{e}(q(\beta))$，也降低了清洁能源产品的价格。需要特别注意的是，垄断性的清洁能源企业对低努力水平的反映常常是最高价格，所以企业一系列动态的变化必须满足规制机构的激励约束条件。此时的规制机构可以采用（静态的）按比例调整方案来进行清洁能源产品的最优定价，这种定价方式可演示为：规制机构向清洁能源企业提供价格 $P^*(c)$，激励相容要求此规制价格在清洁能源领域内是递增的（满足清洁能源消费者收入随着清洁能源产品价格上升而递增）。当清洁能源企业成本增加较大时，产品价格和清洁能源消费者收入也上涨。虽然企业成本增加了，但是企业的报酬没有减少，企业增加的成本是由清洁能源消费者分担的。当清洁能源企业成本增加较小时，对最高效率的清洁能源企业来说，效率提高抵消了较小的成本增加，并没有转嫁到清洁能源消费者身上。

线性定价类型依从报酬的影子成本，可以通过调整消费者和企业分担成本上升的比例来实施最优定价，是一种可以借鉴的清洁能源规制方式，在后文对我国清电力洁能源产品的价格诱导性设计中还会出现。

5.3.2 激励性规制中的机制设计

以拉丰和梯若儿为代表的经济学家将规制问题看作在委托-代理理论框架下的最优机制设计问题。前面一节分析了价格规制的模型，这一节将从制度设计的宏观层面分析激励性规制，为设计我国清洁能源市场适用的规制工具做好铺垫。

（1）合谋模型

传统规制经济学的观点都有一个基本的假设：规制者都是社会福利函数的最大化者，即规制者都是公共利益最大化者，代表公众利益。但是事实上，规制者个体都是"经济人"，可能会被经济利益俘获,与被规制企业联合或者合谋。以拉丰和梯若儿为代表的激励性规制理论学派就从合谋理论着手,探讨了政府可能滥用职权或放松对被规制企业的规制,从而导致被规制企业获得更多利益的规制者与企业合谋模型。此模型是在委托-代理框架下分析规制机构和企业的合谋,假定满足:

第一,规制机构有与被规制的清洁能源企业合谋的可能性。

第二,被规制的清洁能源企业向规制机构转移收入,企业需要开销,同时规制机构的收入包括两部分:一是企业的转移收益;二是从政府获得的收入。

第三,规制机构向企业提供一次性合约。

第四,可以允许在企业和规制机构之间讨价还价和租金分享。

规制者和企业合谋基本模型将规制过程描述为:

第一,政府在边际成本定价和平均成本定价之间做出选择并决定规制机构的收入水平。

第二,社会了解相关产品的性质和需求函数,并知道效率参数的最大值和最小值。

第三,规制机构和企业存在私下合约:如果规制机构宣布的效率参数与企业所知的不一致,企业需向规制机构提供私下转移支付。

第四,规制机构宣布设计好的关于效率参数的政策。

第五,当消费者得知规制机构公布的效率参数时,会产生两种情况:一是消费者调查公布的效率参数发现不等于第二步中得出的数值,要求政府修改规制政策,从而改变企业的效率参数值,迫使企业更有效率地生产;二是公布的效率参数等于第二步中得出的数值,此时规制机构提出的方案可以顺利实施。

第六,企业进行生产并且可能向规制机构进行转移支付。

以上为合谋模型的过程描述,拉丰和梯若儿创立的规制机构与企业合谋模型,对规制合谋过程进行了推演,得出了很多有价值的结论,例如:分别指出了边际成本定价优于平均成本定价的条件以及在何种情况下平均成本定价优于边际成本定价,还有规制机构的收入与公共资金影子成本的关系,等等。

(2) 所有权与激励模型

拉丰和梯若儿的现代激励性规制理论的亮点是探讨了所有权与规制的关系,以及规制的过程中公共所有权企业还是私人所有权企业更能够提高社会福利水平。

为了避免外生假定哪种所有制更优越,在此模型中没有将效率方面的差异归因于公共企业与私人企业经理和规制者的内在偏好差异,而是归因于不同的制度安排和激励。

夏皮罗和威利格与施密特对公共所有权企业和私人企业之间的规制进行了比较。[①] 他们分析的起点是公共所有权向政府提供了会计结构生育索取权,使政府获得的企业成本信息比它在规制的环境下获取的信息更准确。在公共所有权下,规制者可以完全抽取企业的租金,企业知道后会通知投资。当投资无关紧要时,公共所有权可以得到最优结果。但在私有化的情况下,企业管理者拥有企业的股份。由于企业效率和企业租金是同方向变化的,因

---

① Shapiro C, Willig R. Economic Rationales for the Scope of Privatization[D]. Princeton University, 1990:41; Schmidt K. The Costs and Benefits of Privation[D]. University of Bonn, 1990:330.

此企业具有投资的激励。如果抽取租金是不重要的而投资是重要的，那么私人所有权优于公共所有权，但如果在私有企业中，经理不持有股份则上述结论不成立。施密特模型规定经理私人收益不可剥夺，该收益与产量同向变动，他认为国有化降低了经理的投资，但是提高了资源配置效率。

研究不同所有权对规制的影响是一个创新，但是该模型也有一定的缺陷。模型假定规制机构是公正的，但是现实生活中规制机构可能会被利益集团收买，发生寻租现象；政府作为唯一委托人，形式过于简化，现实经济生活中委托人不止一个且关系复杂，该模型无法做到尽善尽美。

5.4 我国清洁能源产业的政府规制工具的合理使用

前文介绍了传统规制工具中的价格规制工具和制度设计工具以及现代激励性规制工具，并结合我国清洁能源市场适用的规制工具分别进行了鉴定。本节将总结前文中的规制工具并根据我国清洁能源产业的现状对其进行合理搭配。

一句话概括清洁能源产业的价格规制，就是解决边际成本定价导致的清洁能源企业亏损与平均成本定价带来的清洁能源产品价格过高的两难问题。

清洁能源企业随着规模的扩大，平均总成本递减，边际成本小于平均总成本，但是清洁能源产业的特殊性决定了清洁能源企业前期的固定投入巨大，因此企业的固定成本较高。假设清洁能源企业发展到一定规模后边际成本保持不变的状态，此时的规制机构按照清洁能源企业的边际成本定价方式对其进行价格规制，在此种价格规制下清洁能源企业毫无疑问将面临亏损，见图5-3。

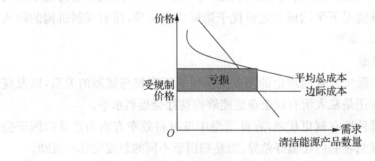

图5-3 清洁能源生产企业的价格规制

清洁能源产业具备较强的改善环境和有利于人类可持续发展的正外部性溢出效应。一个清洁能源企业或项目的新技术研究和企业的组织变革对尚处于成长发育期的整个新兴清洁能源产业中的其他企业接触技术进步和生产组织管理创新都会产生积极的推动作用。这种不断推进的清洁能源新技术和新管理方式溢出也是清洁能源产业正外部性的一种潜在、重要的类型，但是只要是外部性效应，无论是正外部性还是负外部性，都容易引发清洁能源资源配置的低效率或无效率，使市场生产的清洁能源产品数量小于社会公众合意的需求总量。为使清洁能源的资源配置符合帕累托最优,规制机构需要通过制定相应的规制禁止清洁能源企业某些违规行为或者通过相应的激励性规制政策刺激清洁能源企业降低产品生产成本、提高企业总体效率,对清洁能源企业的两种规制方式都显得十分重要,缺一不可。在后文的清洁能源产业规制政策建议中将详细地探讨符合我国清洁能源产业发展的规制工具及相关规制政策。

传统的规制经济理论告诉我们,要实现帕累托最优,必须根据边际成本定价,但是现代激励性规制理论研究了现实中存在的信息不对称现象以及导致的逆向选择和道德风险,所以边际成本定价只是我们美好的理想。对于清洁能源市场具有同样的问题,所以可以退而求得次优定价方式。在第六章的实证部分将会把本章中价格规制的工具用于江苏省清洁能源产品定价设计以及清洁能源市场制度设计,本章中不再赘述。

5.5 本章小结

本章顺从经济性规制中的价格规制演进方式,将价格规制工具的演进与清洁能源产品的定价相结合,伴随着传统价格规制的方式逐渐演进到制度设计再到激励性规制工具的变化方式,在变化中总结出适合清洁能源产品的定价方式,并将清洁能源产业的规制工具进行分类,最终选择适合清洁能源产业的规制工具。通过本章对规制工具的梳理为下文中应用这些工具对清洁电力能源进行价格诱导性设计和清洁能源产业的机制设计打下基础。本章从传统价格规制的方式逐渐演进到制度设计,进而得出激励性规制中适用的产品定价方式,从价格上限定价到 V-F 动态定价再到按比例调整的线性定价方式尝试对清洁电力能源产品进行价格诱导性设计和清洁能源产业规制的激励性机制设计。这种定价方式打破了传统定价方法中为了实现帕累托最优而采取的边际成本定价固态。虽然最终的定价尝试并不是清洁能源资源配置的最优状态,但却能解决清洁能源企业边际成本低、固定成本巨大造成的单纯使用边际成本定价致使企业亏损和完全以平均成本定价致使价格过高的两难困境,是一种激励性价格规制工具的全新尝试。

因而本章的铺垫对于下文的价格诱导性设计具有重要的承上启下作用,同时本章也是我国清洁能源产业发展政府规制的 STC 分析框架的一个重要组成部分。

6 我国清洁能源产业发展政府规制的成本收益分析

本章将介绍我国清洁能源产业发展的 STC 分析框架的"Cost"部分,即规制的成本收益部分。成本收益分析是经济学中最基本的分析工具,新制度经济学中的制度变迁理论也为成本收益分析提供了一条研究路径。在制度变迁理论中,成本收益分析的一般演绎逻辑是:社会各界通过制度创新的方式降低现行制度的部分成本或获得制度的更大收益,变革后的新制度能够带来的边际收益与变革旧制度所需付出的边际成本相等时,制度结构就达到了暂时的均衡状态,此时会暂时停止制度的继续变迁;而当条件发生改变,新制度带来的边际收益大于变革旧制度的边际成本时,就会发生对新制度的供给和需求。反之,旧制度则继续存在。

由此可见,成本和收益代表的经济利益是制度变迁的决定因素。对社会而言,整个社会运动本质上也是一种功利推动的体现和结果。① 以人类发展的长远目光观测,社会运动总体表现是人类追随利益而迎来社会的不断演进,社会成员生活水平不断提高,社会各方面保持持续进步,最终只有能增进社会整体利益的制度才能不断取代旧制度,整个社会的进步都展现出一种功利性。马斯洛需求层次理论也告诉我们,社会中的独立个体首先考虑的也是经济利益,即使这些人从事的政治、文艺、宗教活动看似超脱于个人利益之外,但人们不断追求的高层次需求是建立在直接经济利益的追求初步满足之后次级需求上的,呈现出一种阶层性的进步关系;不仅如此,也可以将人类这种层级递进的追求看作是一种对更高程度利益追求的必经过程和必备手段,并且这种追求本身就隐含了一种功利的特性。

因此,不仅是人类的制度变迁、国家政府的政策,甚至是企业的市场表现、个体经济行为等,都是围绕经济利益展开的。制度变迁,其内在动力也是人类对社会利益的渴望,且最终制度变迁的实际进程也表现为在利益冲突中继续或颠覆,只不过利益冲突过程中的核心是通过对一种公正利益关系的追寻来实现的,在追寻的过程中不同社会阶层中的社会成员在平衡着社会利益的天平。回归到制度变迁中,变迁的关键因素是成本因素,制度变迁所需的成本和收益共同限制了制度的发展和变迁。不仅人类的制度变迁符合寻利逻辑,政府的政策制定也是以利益作为衡量的重要指标,包括政府的规制政策也是如此。

本章主要从经济利益中成本收益分析的视角对影响清洁能源规制政策的制约因素进行探索。首先从理论的逻辑演进解析规制制度的成本构成、成本约束和成本比较,然后通过制

---

① 陈维. 制度的成本约束功能:对中国经济体制变迁的分析[M]. 上海:上海社会科学出版社,2000:35.

度效率、制度效益构成和规制制度的效益比较阐述规制的收益,最后以江苏省清洁能源产业中的风电产业的成本收益分析作为实证进行检验。

6.1 政府规制的成本收益分析的基础

在做规制政策的成本收益前,需要从源头上了解成本收益的起源、衡量标准、内在动因以及政府规制中包含的经济属性与成本收益的关系,本节将从成本收益的这些基础理论开始展示,在了解成本收益的重要作用后才能更好地进行我国清洁能源产业规制的成本收益分析。

6.1.1 成本收益分析的核心概念

拉丰在激励性规制理论中提出要解决由信息不对称带来的政府行使控制权的问题,有两种方式可以解决:第一种是在机制层面上,通过规制机构和被规制企业设立契约的方式规定企业的经营目标或者资源配置的最终结果,达到规制机构的有效控制;第二种是在制度层面,通过制度安排的方式,如明晰的私有产权制度解决政府的控制权问题。但在现实世界中,并不存在契约是否完备的问题,因此剩余控制权就需要安排合适的产权制度。科斯首次使用了交易费用这一概念来解释何谓产权制度,认为是交易费用在本质上决定了产权制度的选择,交易费用也成了解决政府行使控制权的一大核心问题。

交易费用既包括交易前发生的、为达成合约的开销,也包括交易后持续发生的、为贯彻交易合约的相关费用。[①] 人类经济市场上的交易活动是构成人类经济制度的最微小单位,所以人们常用经济市场中的摩擦力来比喻交易费用。科斯认为人类只要在市场中持续活动,就会不断地出现各种交易费用。伴随经济全球化的发展,人类已将活动范围扩大至全球各地,交易费用也渗透到世界的每个角落。想要降低处于递增中的交易费用,人类需要一套有效的社会交往和社会活动规则,来消除阻碍市场交易正常进行的各种阻力,帮助交易主体确立市场交易的公平、公正、有序原则。事实上,自从国家出现开始,伴随着人类的不断发展,规则就处于不断正式化的进程中,人类市场交易中的地域和文化限制不断降低,市场交易的稳定性不断增加,这都意味着交易费用在不断下降。迄今为止,交易费用是衡量人类在市场经济环境中一切经济行为的标杆,因此交易费用成为从经济性角度去分析政府的规制活动时的逻辑起点。

使用交易费用理论分析政府规制并判定规制的效用性,最重要就是把握政府规制活动的经济性原则,或者说政府规制政策的成本和收益分析量化规制政策,是衡量政府的规制政策的一个明确的指标。这种量化分析的方式与量化交易费用类似,将政府的规制当作一个动态的过程,从规制的信息收集、规制政策的制定到规制政策的执行,过程中每一个环节都要付出成本,而通过规制政策制定后产业的发展变化则是规制的收益。通过成本与收益的比较即可判定规制政策的有效性。在进行规制政策的成本收益分析时需要注意的是:任何

---

① 科斯.企业的性质[J].经济,1937(10):386-405.

规制政策在行为当事人履行的过程中都会为其带来相应的成本和收益,不论是产业法律法规的出台、地方规则的制定或是政策的改进,都使得利益主体产生大量直接或间接成本和一定的利益,在进行规制政策的成本收益分析时如何划分这些成本,完善统计成本和利益,做到量化时的精确可信十分重要。再者,在规制政策的制定、执行过程中,利益主体的干扰和规制执行的效果对于规制费用的影响不尽相同,规制政策制定的核心就是为了节约成本以及尽可能地扩大收益,因而需要充分考量规制过程的中间环节可能造成的对量化数据的影响,尽量消除由人为原因造成的规制的额外成本以及人为的不确定性因素,引导规制政策的私人成本无限接近于规制的社会成本,私人收益无限接近于社会收益。

6.1.2 成本收益分析的衡量标准

古典经济学中的制度一度被认为是经济系统的外生变量,随后人们逐步意识到制度安排会引发人类不同的行为决策,制度也是人类经济行为的函数,而不是简单的外生变量。现代经济理论的发展将制度当作与天赋、技术和偏好共存的人类社会经济发展的四大理论支柱,并开始思考社会资源在不同制度下配置效益的不同,考察效益最直接的方式就是成本收益的比较考量,而成本收益的衡量标准则可以通过不同的理论给予支撑。

(1) 功利主义理论

边沁认为影响人性的基本要素由苦和乐两方面构成,而人类行为的唯一动因就是主观心理动机的趋利避害性,即求乐避苦。所谓功利就是人们对幸福和快乐的趋向性,功利原则是人类伦理方面无需证明的最高原则,所以为最大多数人类谋求福利的功利原则应该成为政府行为的出发点及归宿。密尔则认为最广义的幸福也是一种利益,是个人利益和社会利益、短暂利益和长远利益的统一。人类的功利思想是进行成本收益分析的衡量标准之一。

(2) 新组织理论和福利经济学理论

新组织理论又称为新制度经济学,将制度作为经济发展的内生变量,说明制度对资源的合理配置和经济绩效有巨大的促进作用,而制度的使用和形成需要投入真实的资源,这就不可避免地要考虑涉及其中的交易费用。福利经济学则认为追求功利的理性人是社会构成的真实基础。个人的福利会受到他人行为的影响,个人的福利变动同时也会影响他人,而政府的干预和介入则可以改善外部性问题。福利经济学在分析和解决外部成本问题时,着重考虑法律、规则和政策对外部性成本的影响,打破了传统经济学将规则等作为外在因素而忽略的思维定式。

(3) 公共选择理论

布坎南认为,法律法规和政策的制定及实施过程就是公共选择的过程,由于人们参与公共选择的动机和愿望不同,每个理性经济人都可以依据自身偏好和利益参与到公共选择的活动中。因而,最终制定出的法律法规和政策是政府偏好、社会公众需求和利益集团等各种力量博弈的结果。公共选择理论承认政府追求的也是某种特殊利益而不是公众利益。政府规制的形成是一个类似市场交易的过程,是规制者和被规制者讨价还价的结果。

综上所述,通过成本收益分析的方式对政府规制进行解读,对于判定政府规制的效率和效益,推动政府规制的创新和革命,具有十分重要的意义,同时也是文章中建立起的清洁能源政府规制分析框架中的核心环节之一。

6.1.3 成本收益分析的内在动因

政府规制不会消亡,按照鲍莫尔等人的看法,自然垄断产业有进入的壁垒,企业有承受能力大小的区别,当企业缺乏承受力时,仍然需要政府的规制。对于清洁能源产业也是如此,现阶段的政府规制的效果并不尽如人意,存在着多领域内的政府规制失灵。但政府规制失灵现象是一个不论是发达国家还是处于转型中的发展中国家,如中国等都会面临的共同现象。政府规制失灵是正式失灵在微观规制领域内的表现。

政府失灵是指政府在力图弥补市场缺陷的过程中无法避免产生的一种缺陷,使得无法达到预期的社会公共目标或损害了市场组织的效率或自身的低效率运行。萨缪尔森形容其为:"……当政府政策或集体行动采取的手段步伐改善经济效率或道德上可接受的收入分配时,政府失灵便产生了。"[1] 查尔斯·沃尔夫则认为政府失灵是一种非市场缺陷,是由政府组织的内在缺陷及政府供给和需求的特点共同决定的,政府活动的高成本、低效率和分配不公平的现象。[2] 政府规制失灵则是指政府规制无法改善市场机制自发调节时的经济效率或由规制带来的收入分配不公现象。政府规制的初衷是为了提高社会总体的福利水平,但如果规制的效果使得经济效率降低,生产者剩余和消费者剩余减少,社会福利值下降,那就是政府规制失灵。具体表现为:

一是规制缺位或规制能力不够,对市场失灵无法纠正,预期目标难以达到。在资本主义早期和20世纪80年代英国私有化期间以及中国体制转轨时期都出现过由于规制缺位带来的垄断横行、环境破坏等现象。随着市场经济的不断发展,市场失灵时对规制的需求从某种程度上决定了规制缺位的存在不可避免,并会伴随着下列现象:政府职能的转变落后于经济体制的改革,政府行政资源的分配与市场需求错位,待规制领域内的规制缺位。

二是规制纠正了市场失灵,但效率低下、成本高昂。比如规制提高了产业的进入门槛,就有可能减缓被规制产业技术进步推动的步伐。因为同处于市场竞争中,竞争带来技术创新,为了避免被淘汰,企业会尽一切可能改进技术、降低成本,提高产品的质量和服务。规制后,由于产业进入壁垒的难度提升,费时费力,企业进入的成本无形中变大,被规制行业内的企业数量减少,行业内的竞争者减少,竞争程度降低。无形中规制成为了已在行业内的企业"保护伞",从而削弱了企业提高生产率、技术创新的积极性,更新缓慢则会带来社会福利值的降低。

三是由于规制滞后造成的生产者和消费者的损失。规制政策的制定到执行需要一定的时间,但市场是瞬息万变的,因而规制政策具有一定的滞后性。究其原因主要是因为政府是非市场主体,对于市场信息无法充分掌握,但为了政策决策,需要花费大量的时间和精力去调研;且政府决策使用的是纳税人的钱,不能随意花费,需要通过审议等行政程序,这些程序也需要耗费时间。所以对于规制者机构来说如果没有纠偏或超前的、足够的力量,就一定会造成规制政策滞后于市场的现象。这种滞后的规制政策就会损害企业的利益且会给消费者

---

[1] 萨缪尔森.经济学[M].北京:商务印书馆,1992:1173.
[2] 查尔斯·沃尔夫.市场还是政府[M].重庆:重庆出版社,2009:74.

带来不必要的损失。

四是规制过度或规制越位导致的资源配置扭曲。由于政府对资源的重新配置不仅仅是纠正市场失灵,而是超出其范畴、用力过猛,因而制约了市场竞争机制的正常运作,扭曲了资源的合理配置,从而造成了消费者和生产者剩余的减少,社会福利的降低。

通过上述解释可见,政府规制的失灵不是偶然现象,在政府行使其规制职能的过程中,规制失灵会伴随左右。规制失灵意味着规制成本超过了规制收益,在对规制失灵进行解剖和分析时,运用成本收益分析的方法就必不可少,这也是成本收益分析方法的内在动因。

6.2 政府规制的成本的分类及构成

规制机构在规制的不同流程中各有成本,而被规制企业的经营成本也会约束着规制机构的政策制定,本节将一一描述。

6.2.1 规制成本的分类

斯蒂格勒将规制成本分为"服从成本"和"实施成本"。"服从成本"是指垄断者为了使规制机构与自身保持利益一致花费的成本;"实施成本"则是指规制从产生到执行的成本,公众是实施成本的承担者。[①] 这是较为具有公信力的分类方式之一,但也可以按下述方式进行分类。

第一种分类方式,根据公共决策的方式分为规制政策的制定成本和运行成本。规制的制定成本包含规制机构在政策制定前对相关信息的采集、分析成本,规制政策制定的费用成本。由于规制机构存在着信息上的劣势,在收集信息时往往花费巨大,且规制政策的制定程序复杂,从调查听证、制定与颁布到实施后的观测评价、修正和监督建议等,耗时日久,而因往往成为反对规制理由之一。规制政策的运行成本又可分为两大类:一是事中成本,包含了规制政策的相关文件处理成本、裁决成本、行政运作成本等。事中成本数额往往十分巨大,比如裁决成本。[②] 根据霍普金斯的估计,1996 年美国为实行环境规制和减少风险规则的附加成本总计达 2 320 亿美元,价格规制和准入限制的成本达 2 240 亿美元,费用支出达 2 210 亿美元,总计为 6 670 亿美元。[③] 二是建立与维持规制机构正常运行所需的成本,此项费用是建立在一定规制制度之上,因而与规制制度的设计有着密切的关系,如规制的权利是集中于单独的机构还是分散在多个部门费用都会不同。所以,从某种程度上可以将此费用当作规制的制度费用。以表 6-1 和表 6-2 所示美国 1970—1991 年联邦规制机构的在职人员和各项成本费用为例,可以看出此项成本的变动情况。在这 20 年间,联邦规制机构的人员数量和规制成本都在不断上升。

---

① 斯蒂格勒. 人民与国家:管制经济学论文集[M]. 台北:台湾远流出版社,1994:244.
② 顾海兵,廖俊霞. 国外学者对政府管制多的研究综述[J]. 开放导报,2000(2):15-16.
③ 杜涛等. 浅析政府管制的成本于收益[J]. 地方政府管理,1998 年增刊.

表6-1 1970—1991年美国联邦政府规制机构的专职职员人数

政府规制机构	1970年	1975年	1980年	1985年	1989年	1990年	1991年
联邦通讯委员会	1 645	2 022	2 156	1 828	1 839	1 839	1 839
联邦能源规制委员会	1 164	1 323	1 605	1 533	1 428	1 500	1 500
原子能规制委员会	688	2 006	3 041	3 318	3 078	3 043	3 080
联邦贸易委员会	1 391	1 569	1 665	1 075	860	899	919
证券交易委员会	1 436	2 150	2 100	2 046	2 265	2 451	2 598
联邦航空管理局	6 947	6 692	6 358	4 556	5 432	5 804	6 171
联邦高速公路管理局	194	278	292	271	448	633	633
联邦铁路管理局	286	495	666	460	461	501	514
食品与药品管理局	4 414	6 441	7 419	7 104	7 226	7 565	8 246
矿井安全与健康管理局	1 380	2 940	3 857	2 829	2 671	2 592	2 592
职业安全与健康管理局	—	2 435	3 015	2 176	2 415	2 399	2 433
州际商务委员会	1 912	2 142	1 940	839	675	661	619
所有经济性规制机构	19 361	23 976	26 436	23 845	24 981	25 532	26 880
所有社会性规制机构	54 014	81 076	92 413	77 435	80 876	93 479	86 431
所有联邦政府规制机构	73 375	105 052	118 849	101 280	105 857	109 011	113 311

资料来源：Viscusi W K, Vernon J M, Joseph E. Economics of Regulation and Antitrust[M]. The MIT Press, 1995：45-50. 转引自王俊豪《政府管制经济学导论》第20页。

表6-2 1970—1991美国联邦政府规制机构的成本费用　　　　单位：百万美元

政府规制机构	1970年	1975年	1980年	1985年	1989年	1990年	1991年
联邦通讯委员会	25	47	76	96	101	108	118
联邦能源规制委员会	18	33	68	98	108	117	123
原子能规制委员会	64	148	396	445	421	451	474
联邦贸易委员会	21	39	66	66	67	74	77
证券交易委员会	22	45	72	105	141	167	193
联邦航空管理局	126	196	281	294	424	490	541
联邦高速公路管理局	6	15	29	33	93	101	101
联邦铁路管理局	21	52	85	44	45	66	63
食品与药品管理局	80	207	334	437	530	625	696
矿井安全与健康管理局	27	67	144	150	162	168	173
职业安全与健康管理局	—	97	191	220	248	267	288

(续表)

政府规制机构	1970年	1975年	1980年	1985年	1989年	1990年	1991年
州际商务委员会	27	47	78	50	43	44	44
所有经济性规制机构	293	521	995	1 420	2 061	2 117	2 396
所有社会性规制机构	1 116	2 975	5 308	6 522	8 497	9 143	9 850
所有联邦政府规制机构	1 409	3 496	6 303	7 942	10 558	11 260	12 246

资料来源：Viscusi W K, Vernon J M, Joseph E. Economics of Regulation and Antitrust[M]. The MIT Press, 1995:39-44. 转引自王俊豪《政府管制经济学导论》第20页。

第二种分类方式，围绕影响规制效率分为规制的效率成本、规制的转移成本、规制的反腐败成本等。效率成本是指规制政策偏离预期效果造成了经济的低效率或无效率而带来生产者剩余以及消费者剩余的净损失；转移成本是指规制收益从一方转移到另一方，表现的实质是社会财富在社会成员间的重新分配；反腐成本是指政府在阻止规制过程中为寻租、创租、抽租以及护租等行为付出的费用，张维迎将其分成事前防范成本、事中监督成本和事后的处理成本。

第三种分类方式，通过考察规制的机会成本比较政府规制需要花费的代价。前面的两种分类方式中的规制成本是规制政策制定与实施中各社会成员实际付出的费用，而机会成本则是指选择了一种规制政策放弃其他种选择所需花费的成本。考察规制的机会成本的方式：一是通过规制政策的效果比较侧度；二是比较规制前后经济效率的差别，比如对能源产品的价格规制实行前后社会福利状况的比较；三是比较放松规制前后的经济效率的差别，放松规制运动在20世纪80～90年代发达国家和一部分拉美国家中进行过，伴随着大量对市场准入和退出限制的取消，价格放开，各经济部门取得了巨大的经济收益。

第四种分类方式，由于利益集团介入规制、影响规制政策的制定与执行而产生的寻租成本，或成为服从成本。只要存在着政府规制，就有寻租的可能，所以要考虑到规制中的寻租成本。如安然公司曾是美国的能源行业的龙头企业，是可以直接参与美国新能源政策制定的唯一企业，在政府的能源计划中享有特殊待遇，但同时也付出了巨大代价，在2000年小布什竞选总统中出资213万美元，从20世纪90年代到2000年间安然公司向美国和英国两国政要献金高达600万美元之多。[①]

不论对规制成本使用哪种分类方式，有关规制成本需要补充说明的是：第一，由于规制成本的估算只在美国研究得较多，但数据也常常不够完整，所以规制政策的制定者在提供成本数据时要尽可能地完备且解释清楚；第二，通过不同的方式估算出的成本数据只能用于理解规制成本；第三，在为数不多的国家的成本数据中可以看出，规制成本占GDP的比重大多在7%～19%之间，[②]足可说明规制的成本之高。

---

① http://baike.baidu.com/link?url=f9kR5aZS4l4ZqlpGz6z_wXOrBzE3hopj3_QFvZwh7KaYWueYDGVhIbklwLK-zY_ETcx5mCvIBeSqhHOJ9XZIdq.

② Guasch J L, Hahn R W. The Costs and Benefits of Regulation: Implications for Developing Countries[J]. The World Bank Research Observer, 1999,14(1):137-158.

6.2.2 规制的行政流程和成本

史普博将规制的政策手段分成 5 大类：规章、许可证、命令、处罚和援助。[①] 规制机构使用这些政策手段大多涉及三个行政流程：收集信息、制定规则和行政裁决。三个流程中各有相应的成本。

(1) 信息收集阶段的成本

规制机构首先要做的就是收集信息。信息收集阶段的成本包括消费者和企业向规制机构提供信息的成本、规制机构处理信息的成本、企业或个人与规制机构交流的成本以及顺从规制机构信息要求的成本等。

规制机构收集信息的原因：首先，生产信息是规制机构的目标之一，规制机构有责任向公众提供产品和服务的技术信息；其次，在行政流程中，收集信息是规制机构制定规制政策的前提，如立法调研；再者，规制机构要监督法律法规的执行状况首先要了解掌握大量的信息，同时监督规制机构也要掌握相应的信息；最后，政府规制的市场信息必须要充分，如制定费率、特许权或许可证的颁布、产品安全质量标准的设立等。

现实中的信息不对称带来的道德风险和逆向选择共同约束限制了政府规制机构控制的效率，为规制机构获取信息增加了巨大的成本。因而需要对获取的信息进行分类，找到有效信息。那些具有公共物品特性又可以被规制机构以低于成本的价格获取的信息，属于有效的信息。那些就算收集成本高于规制收益为执行法律法规必须收集的信息，也是有效的信息，但只是为了满足规制机构的日常工作习惯的信息则是无效的。

对于提供信息的消费者和企业既花费时间又花费金钱，但却是十分必要的。首先，消费者和企业通过向规制机构提供信息以表达个体对法律要求的服从，如被规制企业向规制机构说明产品的质量符合安全标准；其次，消费者和企业向规制机构提供信息体现了规制过程的内在约束力，如价格规制听证中，企业会向规制机构提供关键信息以求听证结果偏向自己，从而使规制的最终结果对自身有利；再者，由于提供信息是利益集团和职业协会游说成本的重要组成部分，因而某些规制程序中的信息是由利益集团和职业协会提供的；最后，在规制的监督过程中，需要规制中的所有个体提供大量的信息。

在信息收集的过程中，需要指出的一点是对规制机构和消费者以及企业都需要花费成本，因而信息收集的成本不容小觑。

(2) 制定规则阶段的成本

制定规则是一个动态的过程，其流程是首先公示，之后进行听证，接着再发布新规。新规实施后对其进行观测和评价，最后是对现行法规的修正和建议等。在这个流程中，规则形式的不断变换用以适应现有市场参与者们的冲突。

特别要说明的是制定规则中的听证程序，通过听证可以充分地表达规制中的个体利益诉求，听证中通过听取不同意见以及对规制机构的行为效果和现实中既存问题的反映来收集各种信息，因此听证是收集信息的一种重要方式。并且，因为听证公开制度，参与

[①] 丹尼尔·F.史普博.管制与市场[M].上海：上海人民出版社，1999：96-97.

听证的个体之间可以方便沟通信息,因此最终出台的规则可以体现消费者和企业的一致意见。

(3) 行政裁决阶段的成本

规制机构也有行政裁决行为,如对个体的申诉做出决定,但这种裁决不一定是正式的裁决。当规制机构发布正式命令时,规制机构行为要符合正式的法律法规程序,规制机构的裁决行为则需要在信息交换的过程中进行。所以,在某种层面哈桑规制机构的行政裁决也被看做是其规制工具的一种,裁决的过程中涉及一系列相关听证也需要相应的成本。

6.2.3 被规制企业的经营成本

由于被规制企业的经营成本会反过来制约规制机构的政策制定,尤其是具有自然垄断特征的企业,企业的经营成本对规制机构政策的最终决定有极大的影响,像前文中提及的美国原"安然集团"的案例。因此这里单独列出,作为规制成本的部分进行考虑。规制机构规制的对象大多是自然垄断产业,这是因为自然垄断产业拥有规模经济效应和大量的沉淀成本。①

不论是信能源发电还是火力煤炭发电,由于电力企业的特殊性,在电网建设阶段就需要投入大量的发电设备以及各种能源资源,这些也会产生大量的沉淀成本。以中国的电力价格听证为例,经过国家发改委对电力企业发电成本的核实,从2008年7月开始,在听证会中电价的不断上调,也说明了电力企业的成本不断上升(见图6-1)。

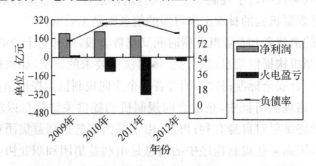

图6-1 全国五大电力企业2009—2012年营收及负债率

图6-1为全国五大电力企业2009—2012年营收及负债率示意图,该图显示了自2009年11月20日起全国非民用电价每度平均提高2.8分钱,2010年10月起对全国居民生活用电实行阶梯电价。规制机构不断调整电价,事实上也是为了适当补偿规制企业不断增加的经营成本。

---

① 沉淀成本:沉淀成本又称沉没成本,是指由于过去的决策已经发生了的,而不能由现在或将来的任何决策改变的成本,如时间、金钱、精力等。沉淀成本常用来和可变成本做比较,可变成本可以被改变,而沉没成本则不能改变。

6.3 政府规制的收益构成及估算方法

研究规制收益首先要了解其构成,在构成的基础上通过一定的方式进行估算。对清洁能源产业的规制收益也将采取下文的估算方式进行计算。

6.3.1 规制收益的构成

政府规制的收益事实上是通过对资源的再次分配实现社会福利的增加。社会福利的增加是消费者剩余的增加和生产者剩余的增加之和,但具体测量规制收益的方式并不多。斯蒂格勒通过生产者剩余和消费者剩余的增加值与规制成本的差量来衡量规制收益。[①] 学者王俊豪在此基础上提出了一种计量规制收益的方式:计量通过实施规制后,消费者支出的减少数量和生产者因效率提高而增加的收益数量的加总来衡量政府规制收益。[②]

政府规制的收益按照收益的归属不同可分为"私的收益"和"公的收益"两大类。"私的收益"指的是通过规制政策的实施给被规制企业或消费者等,相对于社会整体而言的一小部分群体带来的收益增加值。虽然规制会降低垄断带来的超额利润,但从另一层面看对企业进入的规制加强后,会使市场中已存在的企业坐收垄断利润,如对电信产业的进入规制。"公的收益"指的是实施规制后社会整体福利的增加值,通过提高资源配置的效率,带来消费者剩余和生产者剩余的增加的总和。如政府实施环境规制可以遏制环境污染企业的违规行为,保障社会大众的生存环境,由此带来的人民生活水平和质量的提升都属于社会福利的增加。规制政策可以提高社会收益说明了政策的重要性,但同时也说明规制政策存在效率的问题。

规制政策的效率从两个方面体现出来:一是规制政策对整个社会发展产生的影响,良好运行的政策促进经济的发展,扭曲执行的政策则阻碍经济的发展。良好的规制政策促进经济发展的同时还要考察政策是否最优,即通过改良、改善后是否可以继续提高社会发展的经济效率;二是规制政策自身的效率,也就是考察政策运行中的成本和收益,即成本是否最低,收益是否最大。

从内在逻辑上看规制政策和效率的关系,则体现为规制政策必须有利于高效的使用资源。一方面,规制政策要为高效使用资源提供便利,优化配置资源,需要资源在各主体之间流转顺畅,从产权制度和交易费用理论来看,就是要求建立有利于资源顺畅流转的产权制度;另一方面,只有政策使人们保持最大程度及最优的使用方式利用资源,才能避免信息不对称和有限理性带来的人为决策失误,最终实现最高资源利用效率,收益最大化。

6.3.2 政府规制的负收益

政府规制的负效益实际上就是规制政策中效率的损失,这些损失具体表现为:规制政策造成了被规制企业内部的低效率及无效率现象、规制机构的自由裁量与寻租行为的结合现

[①] 斯蒂格勒. 人民与国家:管制经济学论文集[M]台北:台湾远流出版社,1994:245.
[②] 王俊豪. 政府经济管制学导论:基本理论及其在政府管制实践中的应用[M]. 北京:商务印书馆,2001:24.

象以及规制滞后带来的被规制企业的经济损失现象。

第一种规制的负效益是造成企业内部的低效率及无效率。经济规制中主要有两种规制工具：一种是价格规制；另一种是市场进入规制。价格规制一般按照公平报酬率为基准来衡量，但公平报酬的规制方式缺乏促进被规制企业自身效率改进的激励，容易发生企业的内部无效率问题，斯蒂格勒经过对电信部门的研究得出上述结论。自然垄断行业比如能源产业，既有公平报酬的价格规制，还有市场壁垒，因而更加缺乏竞争。即便是某些具有竞争性的被规制产业，由于市场准入规制减轻了新企业加入产业对原有企业的压力，且规制机构也会在进行价格规制时充分考虑被规制企业的成本问题，从而变相维护了被规制企业的内部无效率。由此可见，被规制企业的内部无效率是由价格规制的公平报酬方式和规制机构对产业竞争限制，这样的双重原因导致的。

第二种规制的负效益是规制机构的自由裁量权与寻租行为结合导致的。规制机构拥有一定自由裁量权，以契合法律法规和政令难以表达清楚的部分。比如，在市场准入规制中，规制机构制定的准入条款较为灵活，规制机构就可以充分利用自身的自由裁量权，在原有企业对其进行寻租行为时综合考量。一旦寻租行为发生，原市场中的企业可以坐享原有的超额利润，寻租的成本也转化为消费者的负担，这种看似对市场中既存企业有利的行为实际上是一种资源的浪费，在带来规制效率损失的同时并没有提高社会福利值。

第三种规制的负效益是规制滞后效应引发的企业损失。由于规模效应，市场中平均成本的下降要快于价格的下降，价格具有滞后效应。同理，随着规制规模的扩大，会造成企业劳动生产率增长的速度远远低于工作岗位增长的速度，从而使企业行为落后于市场环境的变化，使企业遭受损失。哈恩通过研究得出对环境、健康和安全方面的规制都会使企业的全要素生产率受到影响。[①]

6.3.3 规制收益的估算方法

衡量规制收益的方法主要有两种：第一种是规制机构通过咨询的方式向意向人群搜集信息，了解人们愿意为规制政策所付出的费用，但要注意的是有时候意向对象的说法和做法并不一致；另一种是规制机构通过观察人群的行为，掌握人群的行动趋势进而推断人群愿意为规制政策付出的费用。哈恩和格瓦斯通过规避行为、影子价格、影子工资等计量单位判定了人群的支付意愿。[②] 第二种估算方法有理有据，是目前较为主流的计量规制政策收益的方法。

哈恩根据上述第二种计量方法对美国的规制机构从1990年到1995年间的54种规制收益进行了定量计算，得出了美国1990年至1995年政府通过规制增加的净收益达到2 800亿美元（截至1994年底）的结论。[③] 上述美国的规制政策表现出的是规制最终结果的一种情

---

① Guasch J L, Hahn R W. The Costs and Benefits of Regulation: Implications for Developing Countries[J]. The World Bank Research Observer, 1999, 14(1): 147-158.

② Guasch J L, Hahn R W. The Costs and Benefits of Regulation: Implications for Developing Countries[J]. The World Bank Research Observer, 1999, 14(1): 137-140.

③ Guasch J L, Hahn R W. The Costs and Benefits of Regulation: Implications for Developing Countries[J]. The World Bank Research Observer, 1999, 14(1): 160-165.

况,即规制收益大于规制成本,但也有可能会出现规制后成本高于收益的情况,这就是出现了规制的效率损失,即规制的负收益。这种负收益实际上是规制失灵的一种表现形式。一旦出现了规制的负收益导致的规制失灵,就需要从规制政策的制定执行过程去分析寻找失灵出现的原因,下文将详细说明规制后出现的两种结果。

6.4 政府规制的成本收益分析的结果

对于规制政策进行成本与收益的比较分析后,会面临两种结果:一种是规制的成本小于收益,这样的规制是有效的、成功的;另一种是规制的成本高于收益,这种现象就是规制失灵。当出现规制失灵时,需要从规制的过程去寻找失灵状况出现的场景及原因。

6.4.1 成本收益分析的方式

规制的成本收益分析是制度经济学与福利经济学中主要的分析手段,是将规制产生的费用与带来的收益进行比较衡量,将抽象的制度、产权等问题清晰化、具体化,是研究规制制度的一个有力分析工具,使得规制制度研究中的许多问题变得可测量、可比较,并可进行数量分析,是制度分析与传统经济学的的融合。

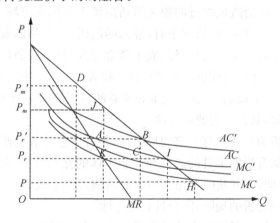

图6-2 自然垄断产业规制的成本和收益

图6-2是植草益描述的自然垄断产业规制的成本和收益。根据上文所述,规制的扩大会引起企业的效率损失,企业的成本也随之增大。企业的平均成本从曲线 AC 上升到曲线 AC',对应规制企业平均成本费用的规制费用也增加了,规制价格从原先的 P_r 上升到 P'_r,因而可得消费者负担的政府规制引起的成本为图中的 P'_rBCP_r 部分的面积。只要这部分的面积大于非规制条件中垄断价格下的生产者剩余 P_mJKP_r 和资源配置效率损失 JKI 的面积之和,则称为规制有意义。[①]

---

① 植草益.微观规制经济学[M].北京:中国发展出版社,1992:150.

斯蒂格勒认为规制成本小于消费者剩余和生产者剩余的增量时,规制是必要的,否则无须规制。王俊豪分别求出规制收益和规制成本,之后通过对二者的比较,决定政府是否需要对特定领域进行规制。

规制的成本收益分析,通过实证分析和规范分析两种方式来实现。实证分析适合某项规制政策或某个产业,如对清洁电力能源产品进行价格规制的成本和收益比较分析。实证分析时要注意,首先要以相应的前提假设为条件,以收益为核心,提出定性的预测及评估;其次,运用相关统计资料数据形成的材料检验上述预测和评估,最后得出成本收益比较的结论。规范分析主要是研究实现收益的影响条件并提出相关办法或措施对影响因素进行纠正,在理想的社会环境模式下研究成本形成的原因、条件,降低的方法,以及提高收益的方式手段。本文中规制的成本收益分析主要是建立在清洁能源产业上的实证分析。

6.4.2 成本收益分析和规制失灵

规制失灵表现为规制的总成本超过了总收益,因而成本收益可以作为定量指标判定是否出现了规制失灵。

但这里需要指出,由于规制机构具有社会性特征,规制的实施过程并不是直接表现为数量上的消费或者产出。且规制政策属于公共政策的范围,因而具有公共物品的特征,政策往往还具有长期和短期利益的矛盾,规制政策的社会效果难以被直接测量。如清洁能源市场的准入规制,一旦放松,就会造成大量的相关清洁能源企业涌入市场。从短期看,进入市场的企业因为有利可图才会进入,但长期来看,准入的门槛低,产品的安全质量无法能够得到保障,一旦出现问题,事后的安全质量规制成本就会更高,且会威胁社会经济的可持续发展和消费者的长远利益,最终规制代价比短期利益来得大。不但如此,由于规制机构和企业相互存在着信息不对称,衡量规制失灵时,成本和收益的真实性无法判定,因此,运用成本收益的方式判定规制失灵时,具有一定的局限性。

尽管成本收益分析的方式具有一定的局限性,但并不意味着对政策的规制政策分析不可运用此方式。本文结合规制工具的选择和规制主体的互动分析,共同构建出清洁能源产业规制分析的 STC 框架,在此基础上综合判定清洁能源产业规制政策的效用,可从一定程度上降低单纯成本收益分析的局限,因而具有可行性。

规制失灵从定量上可以通过成本收益分析判断。从定性角度观测,规制失灵的表现形式主要包括:一是规制机构的规制缺位或者规制能力不足,无法纠正产业市场失灵现象,如垄断依然存在,环境依然在不断恶化;二是规制弥补了市场失灵,但存在低效率、无效率或高成本现象,如市场准入规制太高限制了市场的门槛,阻挡了部分有意愿进入的企业,同时降低了行业内的竞争程度,使得既存企业降低了创新和提高生产率的积极性,社会福利值也会降低;三是规制机构存在规制越位或规制过度的现象,通过规制虽然超出了纠正市场失灵的范围,但是却限制了市场经济中正常的竞争机制,造成了资源不合理配置,消费者剩余和社会福利值降低;四是规制滞后造成的消费者和企业的损失,规制政策的制定要考虑信息收集、听证、审批等行政程序需要花费时间,具有一定的滞后性,但市场是瞬息万变的,这种政策滞后于市场变化往往会给企业和消费者带来损失;五是寻租现象,规制机构具有一定的自由裁量权从而给了企业寻租的机会,利用规制机构的相关决策权为自身寻求利益,保住市场中的垄断地位。

6.4.3 规制失灵的原因

规制失灵可从政治和经济两方面寻找原因。从经济上看,由于信息不对称带来的有限理性导致了规制失灵,具体表现为:其一,由于缺乏市场信息传递的渠道,规制机构难以准确了解企业的成本和需求结构,因而无法制定出合理资源配置的指导性规制价格;其二,规制机构对企业真实成本的掌握有限,规制机构通常通过审计部门了解企业成本信息,但其中会涉及审计部门和企业可能存在的合谋;其三,企业存在利益趋向性,因而不会主动告知规制机构其真实成本,不能排除会为了获取更高的利益提供虚假信息,阻碍了规制机构的决策;其四,在缺乏激励机制的推动下,规制机构缺乏主动了解企业真实性状况的积极性。上述原因共同制约了规制机构的决策,导致了经济效率的损失、规制的失灵。

从政治上看,第一,根据公共选择理论得知,规制机构的公众利益性和"理性经济人"的规制者之间存在矛盾。政府规制政策代表的是公众利益,但规制机构的组成成员却是"理性经济人",他们在追求自身利益的同时有可能损害了公众利益,在规制者自身的责任重大但收益没有增加时,极有可能做出很多无效率却对自身有利的决策。第二,任何规制制度都是一种资源的再分配,规制机构的强制性和同质性,很大程度上导致规制制度对资源的不合理配置和寻租现象的发生,如有人利用高价收购政府限价的资源,对官员进行寻租行为使其可以自由地在市场上买卖高价资源,获得超额利润,同时也使得规制效果与公众目标偏离。第三,对规制者行为的监督存在制约机制不完善的问题,政府的目标函数是多元的,在维护市场秩序的同时要提高经济效率和社会福利值,还要维持社会稳定,这就使得规制者为了完成某方面的要求而挪用其他方面的资源为自身"套利",对此种行为的监督很困难,这就形成了规制失灵的孕育环境。第四,由于政府管理角色错位与缺位导致的规制失灵,政府职能交叉、角色重叠。规制的主管机构是发改委,但每个产业又有部门主管,如能源局、工信部等,而对于自然垄断产业来说,政府既是产业的规制者同时还是企业的管理者,这正是行政垄断存在的内在原因。

6.5 我国清洁能源产业政府规制的成本收益分析

虽然通过理论从定性的角度演示规制的成本与收益的构成,但将成本收益分析方式应用到我国清洁能源产业的规制中,通过界定我国清洁能源产业政府规制政策的成本构成和取得的收益来最终判定我国清洁能源产业规制政策的现状,是首次尝试。在此次尝试中需要一一对应地找准、找全我国清洁能源产业中成本及收益的构成要素,且这些要素必须具备数据的可获取性。在满足这些条件后,才能通过实证数据来验证规制的最终效果是否存在失灵的现象,并针对性地解决这些清洁能源产业中的规制失灵问题。

6.5.1 清洁能源产业政府规制的成本收益分析的必要性

成本收益分析将经济学中市场配置资源的方式作为规制政策的约束条件,目标是达成成本最低和收益最高。通过对清洁能源产业规制政策的成本和效益进行比较,可以提供一个明确的产业规则路线:如果通过清洁能源产业的规制根本没有带来社会净效益,表明政府规制清洁能源产业的必要为零。建立在这个思路上的清洁能源产业政府规制的成本效益分析事实上可从两个方面概括:一方面通过对清洁能源产业规制成本与收益的科学量化分析,在降低或防止清洁能源产业的规制效果不达标、效益不高或负收益现象的基础上,通过提高政府规制自身效率的方式来保障清洁能源产业规制的有效贯彻和执行,满足市场经济体制下我国的规制机构应担负的管理职责;另一方面通过确定清洁能源产业的规制方案措施可以确定产业的规制标准,这种规制标准为规制机构预测和评估清洁能源产业的规制效果提供了一套可量化、可操作的具体方案,同时又可限制规制机构滥用自由裁量权对清洁能源市场的过度干预,防止设租、寻租、抽租等一系列问题的出现,既提高了我国清洁能源产业的规制效率同时也减小了清洁能源产业规制失灵的发生概率。

在进行此规制思路的建设中值得注意的是,预防规制机构的寻租及其他违规行为制定规制政策时不应该从规制机构的自身利益入手。比如发改委下达清洁能源产业的某项规制政策后,要考虑地方能源局执行或实施该规制政策是否有困难,被规制的清洁能源企业遵守此项规制政策有多大概率、不遵照规定的概率有多大等,以及该项清洁能源规制政策在实行的过程中耗费了多少监督成本等问题。要做到上述事项的综合考量,最终使得规制政策的制定与执行、监督保持同步与协调。做到上述要求的清洁能源产业政府规制的成本效益分析才是做到了理论意义和实践意义的结合,因此也成为我国清洁能源产业的政府规制的 SCT 框架的重要组成部分。

本节将详细分解清洁能源产业规制政策的成本构成要素和收益的组成成分,首先将清洁能源规制制度的成本构成分为直接成本和间接成本,并选取合适的指标量化成本;然后讨论清洁能源政府规制的收益,将其分为消费者收益、生产者收益和制度收益三个方面;并与文章的实证部分相呼应,选取适合变量并结合江苏省清洁能源产业发展的具体数据来量化分析政府产业规制政策的成本和收益。

6.5.2 我国清洁能源产业政府规制成本的确定

成本界定的方式多种多样,既可从偏重于价值利益方面进行定义,将成本理解为一种可以用价格来衡量的投入和损失,也可以从是否自身经历来界定,将成本定义为当事人为获取某种所得而付出的代价。结合清洁能源产业规制的现状,将规制的成本理解为:清洁能源规制机构为了获得规制制度收益或得到清洁能源产业发展的满足所实际花费的或预期将会付出的代价和损失。清洁能源产业的政府规制是清洁能源规制机构依据清洁能源的法律法规对清洁能源企业的行为进行的直接行政干预。规制作为经济系统的内生变量,也是有成本的。

从激励性规制的角度理解清洁能源产业的政府规制成本就是规制机构以清洁能源产业

整体福利最大化为规制出发点。本文采用的是美国国会会计总署（GAO）的分类方法,将清洁能源产业的规制成本分为直接成本和间接成本。清洁能源产业政府规制的直接成本是指清洁能源的规制实施过程中的组织成本,间接成本则可理解为是在清洁能源产业的规制实施后所造成的效率损失。需要强调的是这里所说的所有成本都是机会成本,它包括实际成本和隐性成本。实际成本一般比较容易获得,各类年鉴数据和政府网站数据都有记录,然而,由于隐性成本还要考虑到与被规制的清洁能源企业生产经营活动相关的其他因素,如清洁能源消费者、清洁能源企业的生产效率、能源资源的转移等,因此,隐性成本复杂且较难获得,需要仔细思索。

（1）清洁能源产业政府规制的直接成本

清洁能源产业政府规制的直接成本指的是规制机构对清洁能源产业规制的过程中实际花费的各项开销,具体可细分为清洁能源规制政策的制定成本和规制政策的运行成本两大类。

① 清洁能源规制政策的制定成本

清洁能源产业的政府规制政策制定与执行是一个动态的过程,这个过程可具体分解为对清洁能源产业信息的收集、分析、整理过程、规制政策制定过程、规制政策执行过程等。如果清洁能源产业的政府规制作为一种政府对清洁能源产业供给的正式制度安排存在,其供给成本至少包含清洁能源产业规划、清洁能源产业设计与组织实施的费用、消除既存的旧清洁能源制度的费用、消除旧制度变革阻力的费用、清洁能源制度变革造成的损失、新清洁能源制度的实施成本等。上述所有考察的成本,一般情况下都发生在清洁能源规制制度制定的初始阶段,因此,对于这些动态规制过程的成本较难进行准确的衡量,但是有学者认为可以采取年金终值的估量方法来进行大体计量。相当于把清洁能源产业的规制制定成本平均分摊到规制制定后的每一年中,并且不忘时间对规制的影响,将清洁能源产业规制后所发生的成本全部以年金终值的方式进行统一计算。但这种计算方式也要注意面临的三个困境：一是规制年限 n 的确定,各年限是建立在清洁能源规制政策的客观实施效果结合主观评价基础上的,因此不同认定方式得出的结果会出现较大差别；二是年金终值法中出现的利率,因为对时期认定的方式不同,不同时期的利率也不尽相同；三是估算确定规制成本的方式,并不能精确地表示对清洁能源产业的所有规制成本。综合考虑上述三个问题后,可以给出年金终值的公式,即：

$$F = A \cdot [(1+i)n - 1]/i$$

式中,F 为年金终值；A 为划分到年的规制等额,也就是规制的总费用除以规制的年限 n；i 为年限中的即时利率。

② 清洁能源规制政策的运行成本

任何一项政策的运行成本都由机构的运行成本和保持政策有效运转的必须开销共同构成。清洁能源产业的规制政策的运行成本组成方式也一样,所以清洁能源产业规制政策的运行成本也由两部分构成：一部分是维持清洁能源产业规制机构正常运转所花费的成本；另一部分则被称为规制的事中成本,是指清洁能源规制文件的处理成本以及清洁能源规制机构的行政裁决成本等。不能忽略的是清洁能源产业规制的事中成本数额是十分巨大的,这是因为制定、执行新的清洁能源规制政策需要投入大量的人力和非人力资本,并且这些资本的投入对清洁能源产业的规制效果影响巨大。比如风电产业的规制中,规制机构不仅需要对风能发电站建设的费用进行投资,还需在风电站投入使用过程中对其进行管护性投资。同时,规制机构为了激励风电产业发展,对风电产业进行财政税收减免、金融贷款补贴等;为了确保风电产业的规制政策能够有效运行,规制机构还须对被规制的风电企业进行监督,这些费用都属于风电产业规制的运行成本。

在清洁能源政府规制中,上述制定成本和运行成本都是可以量化并直接衡量的,是直接成本,但间接成本的量化与衡量却较为困难。

(2) 清洁能源产业政府规制的间接成本

清洁能源产业政府规制的间接成本包含清洁能源规制政策实施后对产业或企业造成的效率损失,这种效率损失由效率成本和寻租成本两部分构成,下文分别进行定性描述。

① 效率成本

效率成本,从经济学角度可理解为在清洁能源规制机构规制后造成的生产者剩余和消费者剩余的净损失,它表明了执行规制政策后对产业所造成的经济效率损失。清洁能源产业的政府规制,一方面是为了保证清洁能源相关产品的供应,并且尽量提升其生产效率,避免产生企业内部的低效率;另一方面,还要保证产业内部资源的有效配置,避免由于过度竞争等情况导致资源配置低效率等问题。但是在这些规制政策的实施过程中,有可能会产生一些由于政府规制机构自身或者规制措施等原因而引发的效率损失问题。比如对清洁能源企业的市场准入规制,规制清洁能源企业从申请市场进入、规制机构审查到认可、批准企业进入清洁能源市场需要一定的时间,对于规制滞后及相关问题,Vickers 和 Yarrow 做过调查和研究,[1]他们的研究结果表明:规制滞后时间的延长,会使得企业蒙受一定的损失,规制滞后是造成清洁能源企业效率损失的一种原因。

除此以外,由于规制机构对清洁能源产业采取的是以激励性规制为主的规制政策,势必会有一系列的政策倾斜,这种倾斜性的规制政策实际上对分配效率产生了负面影响。在清洁能源产品的生产与经营过程中,由于符合对生态效益的需求和可持续发展的总体目标,政府会对清洁能源产业进行价格补贴及其政策优惠。然而,规制机构必须提高其他方面的税收才能提供足够的资金来补贴清洁能源产业,这些被提高的新税收势必带来了新的效率损失,且损失可能会比规制政策所弥补的生产效率损失要大,这就是分配效率的负面影响。这种负面影响是因补贴清洁能源产业却损害了与国民经济有关的其他部门而产生的,因而也可算作清洁能源产业发展的效率成本的一部分。

② 寻租成本

戈登·塔洛克提出了寻租理论。寻租重要的衡量标准是投入资源者在获取收益的同时是否损害了他人的利益。[2] 规制机构会出现寻租行为是因为规制机构拥有一定的自由裁量权,而被规制涉及的相关利益集团便会对政府规制机构施加自身的影响力,使规制机构制定

---

[1] Yarrow V G. Privatization: An Economic Analysis[M]. Cambridge(MA): The MIT Press, 1988: 55-88.
[2] 胡薇薇. 戈登·塔洛克寻租理论述评[J]. 云南财贸学院学报, 2002, 8(4): 18-19.

的规制政策对自己有利。只要政府规制存在,寻租行为就有了一片乐土,寻租过程中付出的租金就是寻租成本。详细来说,就是被规制的利益集团为了从规制中获得利益,要通过租金打通政治市场或政府机构获取特许权,或者尽可能地减少由于违反规制而被处罚的成本,以求可以继续获得"超额"利润,在这一过程中寻租者必须为此支付一定的成本。

实际上寻租成本是获取财富转移的一切私人和社会成本的总和,是一种财富的浪费。规制机构为预防和彻查规制制定执行过程中可能出现的寻租、创租、抽租和护租行为付出的代价,也就是规制机构的反腐败成本其实是由社会大众共担的,这部分成本将会从社会福利中扣除,所以也是寻租成本的一部分。可将寻租成本分为三类:一是利益集团为促进财富转移花费的成本;二是利益集团为阻止财富转移所花费的成本;三是利益集团由于寻租享有的特权导致的资源利用扭曲成本。[①] 这三类寻租成本中的前两类还可以再进一步划分为两类。利益集团为促进财富转移的成本可分为:利益集团为获取特权促进财富转移所花费的稀缺资源成本,以及为掩盖寻租目的而被迫采用的非效率的生产方法促进财富的转移,非效率的方式引起了社会资源的浪费,因而属于寻租的成本。第一类和第二类的寻租成本并不一定造成实际的财富转移,比如在政策制定过程中跑关系、政策出台前的黑箱活动等,但仅仅是财富转移的可能性就将使利益集团投入资源去促进或阻止这种可能的发生。第三类由特权导致的资源扭曲成本,主要由用于寻租的资源原先可带来的收益损失和受寻租影响而导致的收益损失,而最终结果是由效率或福利的损失这两部分构成。所以,考虑量化寻租成本时会发现寻租活动成本不是社会生产的函数,而是被规制者自身特质、政府特许权估价、政府相关体制等自变量的函数,因而才得出寻租成本量化困难的结论。

回到清洁能源产业中,寻租行为的发生也是不可避免的,因而寻租成本也就必然存在。例如国家发改委进行的风电特许权招标项目,使相关的风电企业领悟到投资风电和支持风电发展将带来巨大的政策性收益,并可享受国家的后续政策支持和税收减免,因此在招标初期,相关生产经营单位为了获取本部门更大的经济利益,而又想尽可能地避免由于达不到规制要求而被处罚的成本,因此就会产生寻租行为,从而继续获得"超额"利益。在项目建设实施过程中也存在这样的情况,经营者为了减少经营的成本,往往在技术研发措施、人员应用措施等方面减少投入,以期获得"超额"利润,那么在这一过程中经营者必须为此支付一定的寻租成本。

事实上,政府对清洁能源产业规制的影响不仅如此,政府对清洁能源产业规制产生的成本很高,甚至包含消除原先产业规制政策的费用、消除政策变革阻力的费用、政策变革造成的损失费用、新的清洁能源规制政策的实施成本等。不过由于有些成本有着天然的不可测量性,只能在理论层面上加以讨论和分析,比如清洁能源产业的寻租成本等,这些成本无法付诸实证进行详细而深入地研究,也是本书不够完善的一个缺点。

6.5.3 我国清洁能源产业政府规制收益的确定

清洁能源产业政府规制的收益是指清洁能源规制机构通过相关的法律法规实现清洁能源产业权利资源的最优配置,进而实现该产业权利资源使用价值质上的极优化程度和量上

---

① 胡薇薇.戈登·塔洛克寻租理论述评[J].云南财贸学院学报,2002 年 8.18(4).

的极大化。清洁能源产业规制收益的直观衡量标准是产业规制后清洁能源产业及企业产出与投入的比例。换句话说就是以最小的能源资源消耗来达到同样的高效(在产出给定的情况下投入越少即效益越高),或用相同数量的能源资源消耗来达到更佳的效果(在投入给定的情况下,产出越多,效益越高)。上述两种方式都是规制收益的量化衡量方式。清洁能源产业的规制收益还有一个深层次的衡量标准,就是根据预期目的对能源资源配置和利用的最终结果给出一个社会公众的集体评价,规制后对社会资源的重新配置使得越来越多的公众正向改善了生活境况,这就意味着通过清洁能源产业的政府规制政策,产生了规制收益。

政府的产业规制政策作为一种资源再配置的方式,只要是资源的优化配置就会带来相应的收益。所以衡量清洁能源产业政府规制的收益标准就是观测规制前后的清洁能源资源配置效率的高低对照,而清洁能源的资源配置效率又可以用清洁能源产业的消费者剩余和生产者剩余的净增量来衡量。所以可以将清洁能源产业的政府规制的收益理解为:政府规制实施后给被规制的清洁能源企业及整个清洁能源产业的总体社会福利带来的净增加量。在本章中,将清洁能源产业的政府规制的收益分为生产者收益、消费者收益和制度收益三个方面。

(1) 生产者收益

清洁能源产业的激励性规制可为清洁能源相关企业带来以下收益:一是通过清洁能源规制机构的政策扶持与激励带来直接收益,包括清洁能源产品价格补贴、产品售出的直接收益等,这种收益可以马上得到;二是投资清洁能源产业带来的长期政策性补贴收益,由于清洁能源是国家大力发展的新能源产业,大规模投资清洁能源产业会获得国家政策的长期支持和激励,这种收益不是立即获取的,需要考虑时间坐标;三是投资清洁能源产业而扩大的清洁能源企业规模,比如各大核电企业,通过企业规模的扩大将增加企业在本产业中的话语权,改善企业的政治资本,这种收益通过简单的量化指标不好衡量,但是显而易见;四是在清洁能源产业所有具有垄断效应的企业竞争中,自身投资清洁能源可以避免因未投资而带来产业的相对劣势,这种收益也不好通过量化指标衡量,但同样可见。上述收益都属于规制政策执行后的生产者收益,由于生产者收益的存在,加上清洁能源企业受人、财、物等资源的柔性约束,因此具备条件的企业纷纷投资清洁能源产业也是符合环境友好型社会建设的合理性选择。

清洁能源产业的政府规制可以使生产者的利益得到保护,使其生产经营活动更加合理、有序,产出更多的产品或服务,从而使其生产经营活动更加有效或者达到一种可持续经营的状态。

对于清洁能源的生产来说,政府直接投入增加,用于技术开发、生产经营、市场开拓等方面的资金就会有所增加,进而带来清洁能源相关产品质量的改善,从而获得更多的新能源产品。对清洁能源企业的生产经营来说,现行的对清洁能源产品的税收补贴和政策支持,可以对企业的产品更新换代和外部性进行补偿,从而保证了其生产经营者的利益,这些都是政府规制给生产者所带来的收益。

(2) 消费者收益

对清洁能源产业的规制,可以保障清洁能源产业产出的产品或服务的质量与供给,使产品或服务满足经济社会发展、人民生活对产品的需求,使经济增长率得到提高,维护了经济发展与社会稳定。从清洁能源产品的公益性生产来讲,从政府规制所产生的直接产品带来的就是生态效益和可持续发展,包括风能、水能、核能、太阳能发电、生物质能的二次利用,以及其他清洁能源产品的二次利用等。这些方面的作用都可以转化为经济利益,也就是政府对清洁能源产品的生产规制所产生的效益。

从消费者的角度来看,政府规制清洁能源产品的质量、技术、价格,保障其生产产品使用的安全性和可持续性,就可以满足人们对清洁能源产品的需求,并且可以有效地促进清洁能源产业的发展,同时对于人类可持续发展的总体目标也能产生正面效应。

在清洁能源产业中,尤其是在清洁电力能源产业中垄断经常存在,具有垄断特征的清洁电力能源企业会本能地寻求自身利益的最大化。如果放任这些垄断清洁电力能源企业独立核算和定价,就会出现远高于边际成本定价的垄断高价,这不但会破坏整个清洁能源产业的经济效率,也会损害社会的公平正义。比如说在风电产业中,垄断经营者为了获得高额利润制定高额的电价,因此,政府对风电价格的规制可以很好地解决这一问题,那么这部分可能由垄断企业自行制定的高价减去政府规制所要求的价格部分就是消费者收益。

(3)制度收益

清洁能源的扶持和激励所产生的制度效益可以从对2020年能源供应总量和环境效益的变化预测中看出,具体见表6-3、表6-4。

表6-3 2020年中国可再生能源利用的能源供应总量

项目(折合单位:万tce)			常规发展方案		积极推进方案	
			2015年	2020年	2015年	2020年
中国可再生能源利用	水电		30 625	37 620	30 625	37 620
	风电		4 488	7 820	5 100	9 724
	太阳能利用	太阳能光伏	276	1 107	276	1 107
		太阳能热利用	6 126	9 012	7 028	11 601
	生物质能利用	畜禽粪便	1 800	3 292	1 800	3 292
		生活垃圾	864	2 016	864	2 016
		秸秆	1 751	4 961	2 260	6 805
		蔗渣发电	122	122	124	124
		燃料乙醇	292	1 350	292	1 350
		生物柴油	134	268	134	268
	其他可再生资源	地热能	464	637	464	637
		海洋能	0	1.475	0	1.475
总计			46 942	68 206	48 967	74 545

资料来源:《可再生能源规模化发展战略与支持政策研究》,2012年版,第71页。

表 6-4 2020 年中国可再生能源利用带来的环境效益

项目(折合单位:万 t)		常规发展方案		积极推进方案	
		2015 年	2020 年	2015 年	2020 年
减排二氧化碳量	水电	88 873	115 789	88 873	115 789
	风电	13 407	23 361	15 236	29 049
	太阳电	16 790	26 587	19 235	33 602
	生物质能	9 907	22 791	11 037	25 684
	其他可再生能源	暂不统计	暂不统计	暂不统计	暂不统计
	总计	128 977	188 528	134 381	204 124

资料来源:《可再生能源规模化发展战略与支持政策研究》,2012 年版,第 71 页。

任何一项制度的产生与完善都是在具体实践中通过不断的探索而完成的,因此制度本身的形成与完善也是其运行过程中的一个收益。清洁能源产业的政府规制制度也不例外,也是通过在实践中摸索,才逐渐形成了适合我国清洁能源产业发展的制度体系,如《可再生能源法》的颁布,清洁发展机制的实施,国家能源科技"十二五"规划的出台等。虽然这些制度本身可能还有其不完善的方面,但也是在政府规制实施过程中逐步摸索出来的,而且这些制度很可能会继续实施下去,只不过制度应在实施的过程中被逐步完善。

显然,政府对清洁能源产业进行规制所获得的收益并不仅仅包括上述内容,还可能包含社会公众的支持、依靠社会基础设施的完善而提升了区域经济地位、招商引资、政府政绩等。但这些方面的相关收益并不能通过简单的定量数据予以体现,所以也只能进行理论分析。

6.6 本章小结

本章的分析路径沿着政府规制的成本收益基础展开,以科斯的交易成本理论为核心概念,探讨了规制政策的成本收益分析的理论衡量标准和内在动因。由于存在着成本大于收益的规制失灵现象,因此运用成本收益的方式分析是必要的。接着本章还探讨了规制政策的成本和收益的分类、构成和估算方法,并对我国清洁能源产业进行成本收益的划分。以直接成本和间接成本的方式划分我国清洁能源产业的政府规制的成本,并将该产业的规制收益划分为生产者收益、消费者收益和规制制度收益。当规制成本大于收益时,便出现了规制失灵,其原因大体可概括为:规制机构的有限理性、强制性和同质性、对规制机构的监督漏洞以及规制机构设置的错位和缺位等。通过本章的分析为下文实证分析我国清洁能源产业规制的成本和收益奠定了理论基础,同时本章也是我国清洁能源产业规制的 STC 分析框架的重要组成部分。

7 我国清洁能源产业发展政府规制的实证分析

本书的第四、五、六章从理论上阐述了清洁能源政府规制的 STC 分析框架,本章将运用此分析框架分析我国清洁能源发展的政府规制现状。首先通过建立博弈模型的方式解释清洁能源产业规制主体间的互动,接着运用前文介绍的激励性价格规制工具对清洁电力能源产品进行价格诱导性设计及清洁能源产业的激励性机制设计。最后比较江苏省清洁能源产业的成本收益,分析得出目前规制的现状。

7.1 我国清洁能源产业规制主体的互动博弈分析

在了解我国清洁能源产业的规制主体与规制工具运用后,本节将运用博弈模型分别讨论中央和地方政府对清洁能源产业发展的规制目标选择以及地方政府和企业对清洁能源产业市场进入博弈和产品质量安全博弈,通过上述博弈模型的建立探讨清洁能源市场规制主体互动的现状。目前我国清洁能源市场规制的工具主要属于激励性工具,本节将运用前文提及的激励性规制工具对清洁能源产品进行诱导性定价并对清洁能市场进行激励性机制设计。在此基础上,选取清洁能源发展较快且经济较为发达的江苏省为例,对清洁能源的政府规制做成本收益分析。

清洁能源产业的规制主体包括清洁能源的规制机构以及清洁能源企业,它们的互动可具体分为中央和地方规制机构间的互动和规制机构和企业间的互动。从中央政府确定清洁能源的规制目标时,地方规制机构和中央规制机构便开始了博弈;而地方政府不仅与中央政府有利益冲突,还与清洁能源企业存在着关于清洁能源市场进入以及清洁能源产品质量安全方面的冲突,本节将围绕上述关系通过博弈模型一一加以分析。

7.1.1 清洁能源产业规制机构间的博弈分析

清洁能源是国家倡导重点发展的对象,《可再生能源法》的颁布及国家发改委出台的一系列清洁能源特许招标项目,使得江苏省政府意识到投资清洁能源产业和支持清洁能源发展将带来巨大的政策性回报。如果可以形成迅速发展的趋势,清洁能源产业将迎来规模化发展,也可申请成为全国的清洁能源发展基地,享受国家对该产业的政策支持和财税减免,还可吸引清洁能源产业链中的上游和下游企业、机构进驻,从而刺激经济的再次发展,为江苏省带来一系列丰厚的收益。有了激励动机,地方政府发展清洁能源的热情空前高涨,其结果就是地方的清洁能源超前发展、快速发展。

在中央规制机构的规制政策中,制定产业发展目标是激励地方清洁能源产业发展的必要措施,因此中央政府的规制目标对全国各地清洁能源的发展都具有重要的导向作用。因此,必须基于本国的能源资源禀赋和能源技术条件现状选择合适的清洁能源发展模式,实现清洁能源产业规模的增长,同时迎来清洁能源发展获得的经济效益。在中央政府对清洁能源产业制定激励性规制目标后,地方政府的执行措施就是大力发展清洁能源,迎来地方清洁能源产业超前、快速发展。从中央政策制定到地方的政策执行是一个动态的过程,这个过程在中央和地方规制机构的互动中实现,我国清洁能源产业规制机构的互动则主要表现为通过中央和地方政府之间的博弈不断调整清洁能源规制政策的目标。在官员晋升、财政税收等多重目标推动下,清洁能源产业的地方规制机构会采取的举动是大力推动地方的清洁能源发展,使得中央规制机构在制定产业目标时,不得不一再提升发展标准。若规制目标严重脱离实际,无法在现行的技术和经济发展状态下实现,将带来地方清洁能源资源浪费的风险。以下分析将以清洁能源发展目标作为央地规制机构博弈的标的,通过动态博弈分析的方法构建中央和地方规制机构在清洁能源产业规制目标制定中的互动过程,以此探索规制机构之间的互动关系。下文首先对中央和地方规制机构的规制目标博弈模型进行分析。

中央和地方规制机构规制目标博弈模型的前提假设如下:

(1)此博弈过程为完全信息博弈,博弈双方不考虑由信息不对称带来的道德风险和逆向选择问题,将博弈问题简单清晰化,主体分析双方在规制目标下的行为选择。

(2)中央和地方规制机构均视为理性行为人,追求利益最大化和效用最大化,且考虑双方的偏好选择。

(3)中央和地方规制机构的选择符合博弈中单一规则原则,中央和地方规制机构在若干轮博弈中的选择受双方得益矩阵的影响,得益不变选择也不变。

(4)存在 n 个规模相同(相似)、偏好相同(类似)、行为一致(类似)的地方政府规制机构,中央规制机构的清洁能源产业总收益是各地方规制机构产业收益之和。

(5)地方规制机构"认真完成"中央清洁能源产业的规制目标时社会成本为零,而"超额完成"产业规制目标时产生社会成本。社会成本由无规划、无准备情况下发展清洁能源的技术成本、管理成本、机会成本及造成的环境破坏成本等构成。

分析该博弈发现,中央和地方规制机构关于清洁能源规制目标的博弈主要分为两轮展开:

在首轮博弈中,中央规制机构首先提出全国性的清洁能源产业规制目标,地方规制机构预测发展清洁能源可给地方规制机构带来若干好处中,因而面对中央规制目标有两种选择,分别为"认真完成"和"超额完成"中央的产业规制目标。假定地方规制机构选择"认真完成"规制目标,可以预测得知地方投资清洁能源的收益将带来往后若干期等值的收益流,因而可通过该收益流的贴现值大体估算出地方用于清洁能源产业投资获取的总收益。地方规制机构"认真完成"清洁能源产业的规制目标的成本包括出清洁能源投资成本和相关时间成本(从清洁能源项目投资时到项目带来支持晋升的效益时的总时间)。依据上述条件,可设定由当期清洁能源投资额 A(定值)、利率 r 和投资成本 C 为指标,表示出地方规制机构"认真完成"规制目标的效用函数 U_1:

$$U_1(A,r,C) = Ae^{-rt}(1+r)^{n-1} - (C+C_t) \tag{7-1}$$

式(7-1)中,时间成本用 C_t 表示。如果地方规制机构产生了额外收益,可用 ΔT 来表示。付出的成本中就无时间成本,但增加"超额投资"的成本,用 ΔC 表示。地方规制机构"超额完成"产业规制目标时,其效用函数 U_2 可表示为:

$$U_2(A,r,C) = [Ae^{-rt}(1+r)^{n-1} + \Delta T] - (C+\Delta C) \tag{7-2}$$

首轮博弈结束。进入第二轮博弈,首先考察中央规制机构在清洁能源产业规制中的收益,应包括两部分:一是地方规制机构发展清洁能源时承担的社会成本;二是地方规制机构发展所得的收益。两个部分都应视为中央规制机构的收益。当地方规制机构选择"认真完成"中央规制机构的产业规制目标时,中央规制机构的效用函数 U_3 为:

$$U_3(A,r,C) = N[Ae^{-rt}(1+r)^{n-1} - C] \tag{7-3}$$

式(7-3)中无时间成本,因为中央规制机构不需要考虑因等待晋升而付出的时间。当地方规制机构"超额完成"中央规制机构的清洁能源产业规制目标,此时中央规制机构的效用函数 U_4 为:

$$U_4(A,r,C) = N\{[Ae^{-rt}(1+r)^{n-1} + \Delta T] - (C+\Delta C)\} - S_c \tag{7-4}$$

式(7-4)中的 S_c 表示社会成本,由于地方规制机构未按规制目标发展清洁能源因而带来了社会成本,而此成本需要中央规制机构来承担。

现在来分析第二轮博弈,当地方规制机构"认真完成"清洁能源产业的规制目标时,中央规制机构对应的选择有两种,分别为"主动改进"产业规制目标和"不改进"规制目标,如果目标不被改进则博弈结束。根据博弈初始假设中的单一行为规则,地方规制机构在中央规制机构的新清洁能源规制目标制定后的下一轮新博弈中依然会选择"认真完成"产业规制目标。这样清洁能源的规制目标在未出现矛盾的情况下逐步完善,是最优状态。但当地方政府出现了机会主义行为,选择"超额完成"中央的清洁能源产业规制目标时,中央规制机构可通过衡量地方规制机构的收益值而采取相应措施对其做出惩罚或自身"被动改进"产业规制目标的两种应对方案。如果中央规制机构对地方的"超额完成"采取惩罚措施,会改变地方规制机构"超额完成"带来的收益矩阵,迫使地方规制机构的行为从"超额完成"变回了"认真完成"中央规制目标,博弈也由此结束。中央的清洁能源规制目标恢复正常,再进入新的博弈中循环。如果中央规制机构采取"被动改进"规制目标的方式应对地方的"超额"行为,中央的清洁能源发展规制目标相应地会被动提升,由此带来新的社会成本 S_c。这些社会成本又被动地降低了中央规制机构的总收益值,从而导致中央规制机构进一步对地方规制机构采取惩罚措施。通过惩罚改变地方的得益矩阵,最终也使得清洁能源规制目标趋于合理,博弈完毕。

如果以博弈树的形式展现,用空心点表示中央规制机构的行为,实心点表示地方规制机构行为,则规制清洁能源产业发展目标中的互动行为可以由图 7-1 看出。

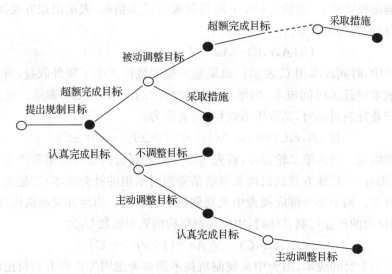

图 7-1 中央和地方规制机构博弈过程

从上述的分析过程可见,从中央规制机构对清洁能源产业规制目标的制定到地方规制机构的执行是一个动态的过程,因此中央和地方规制机构间的博弈是一个动态博弈,可详细描述此动态过程为:

第一轮博弈始于中央规制机构提出清洁能源产业的规制目标后,地方规制机构比较"认真完成"和"超额完成"清洁能源的产业规制目标后的净收益值,选择收益值大的结果。也就是将 U_1 和 U_2 的数值进行比较,选择较大值,可以通过比较发现,U_1 和 U_2 的大小由超额成本(ΔC)与额外收益(ΔT)及时间成本(C_t)的比值决定。

如果 $\Delta C > C_t + \Delta T$,地方规制机构将选择"认真完成"清洁能源产业规制目标,也就是当地方规制机构进行大量清洁能源项目投资所投入的成本大于其可能获得的收入增项与"认真完成"产业规制目标付出的时间成本之和时,地方规制机构才会选择"认真完成"中央的产业规制目标;只要 $\Delta C - \Delta T < C_t$ 时,地方规制机构就会选择"超额完成"中央对清洁能源产业的规制目标。"超额"也对应着两种情况:第一种是超额成本小于额外收益;第二种是在超额成本大于额外收益的情况下,即便有差额地方规制机构仍会选择"超额完成"中央的产业规制目标。

在此轮博弈中,如果地方规制机构选择的是"认真完成"中央的产业规制目标,中央可相应地选择"主动调整"自身最初设定的清洁能源产业规制目标和"不调整"产业规制目标,两种应对的方案都不会产生额外的社会成本。当然前提假设是这两种情况都不会对清洁能源产业发展带来负面影响。在中央和地方规制机构的博弈中,由于地方规制机构的机会主义行为会对当地清洁能源产业的发展产生巨大影响,这种影响无法消除,因此下文将集中分析地方政府"超额完成"中央产业规制目标时两者发生的互动状况。

进入该博弈的第二轮,此轮博弈重点考察地方规制机构"超额完成"中央的清洁能源产业规制目标的情况,此时中央规制机构则会进行利益权衡,分别比较地方规制机构"超额完成"与"认真完成"规制目标的收益 U_4 和 U_3。如果 $U_4 < U_3$,则中央规制机构一定会采取措

施督促地方规制机构回归到选择"认真完成"中央的规制目标行为中去;如果$U_4>U_3$,中央规制机构则不会采取任何措施,而是选择自身"被动调整"产业的规制目标。中央规制机构采取措施的前提是地方的"超额"行为会带来极大的社会成本,大到不得迫使中央采取措施纠正地方的行为。

在此轮博弈中,会出现两种情况。情况一是:当$U_4<U_3$时,$S_c>N(\Delta T-\Delta C)$。即地方规制机构一旦选择"超额完成"中央的清洁能源产业规制目标,此时所产生的社会成本会大于地方增加当期清洁能源投资所取得的净收益值。所以,当地方规制机构的机会主义行为产生的社会成本是中央规制机构无法自行消化时,中央规制机构一定会采取措施迫使地方规制机构回归到"认真完成"中央的初始规制目标中。情况二是:当$U_4>U_3$时,$N\Delta T>N\Delta C+S_c$。这可以理解为只要地方规制机构选择"超额完成"中央的清洁能源产业规制目标,中央规制机构就会"被动调整"当初制定的规制目标,而不是采取措施使地方政府回归"认真完成"目标的行为。因为地方规制机构增加当期清洁能源投资将产生一定的社会成本,同时,当期所获得的收益也可以弥补增加的清洁能源投资成本和社会成本,不但有利于地方规制机构自身也有利于中央规制机构。因此,中央的选择就是根据地方的现期目标加总来调整原先自身制定的对地方的下一期清洁能源产业规制目标。随着产业规制目标的不断累积和增加,地方规制机构不断"超额完成"中央的产业规制目标所带来的社会成本也在不断增加,只要增加的社会成本等于或大于地方发展清洁能源产业带来的当期收益值,中央规制机构就会改变措施,选择采取方法阻止地方的继续"超额完成"产业规制目标的行为,重新回到"认真完成"清洁能源产业规制目标的博弈中去。

经过比较发现,在第二轮博弈中,只要地方规制机构选择"超额完成"中央的产业规制目标,不论中途出现了多少状况,最终都以中央规制机构采取措施迫使地方回归"认真完成"目标的方式来最终结束博弈。而中央规制机构一旦采取措施,途径就是改变地方的收益矩阵来实现最终的目标,也就是降低地方"超额完成"规制目标的净收益值,或者是提高地方"认真完成"规制目标的净收益值这两种方式。

中央降低地方规制机构"超额完成"规制目标的净收益可以通过提高地方的机会主义行为被发现的概率以及提高未"认真完成"规制目标的惩罚力度来实现。具体来说,就是通过税收惩罚、征收过度发展税、提高信息透明度等方法来降低地方规制机构超额发展清洁能源的净收益。而中央规制机构提高地方规制机构"认真完成"规制目标的净收益值则可以通过税收返还、奖励、财政补贴等规制手段实现。当然,中央规制机构也可以通过两种方式共同使用的方案来约束地方规制机构,这样既降低地方规制机构"超额完成"中央规制目标的净收益,同时也提高了地方规制机构"认真完成"中央清洁能源产业规制目标的净收益值。

从上述中央和地方规制机构的两轮博弈中可以看出,在中央规制机构提出清洁能源发展的规制目标后,地方规制机构若选择"认真完成"中央的产业规制目标,则不产生社会成本。此时的中央规制机构也可结合实际,主动改进清洁能源规制目标。但是,不能忽略的是,由于中央规制机构存在信息上的劣势,对地方的实际情况无法实时把握,其制定的规制目标可能会出现与地方的实际需要不符的情况。而解决中央规制机构的信息劣势的方法就是与地方规制机构进行有效的互动。因为中央规制机构的优势是统筹管理以及优化分配全国的清洁能源资源和制定国家对于清洁能源的整体发展规划。当地方规制机构一旦选择"超额完成"中央的产业规制目标时,中央规制机构通过衡量产生的社会成本以及自身收益值等因素,选择合适的时机,采取措施迫使地方回归到"认真完成"中央规制目标。如果地方"超额完成"中央的清洁能源产业规制目标所产生的社会成本可以在全国范围内被消化,中央规制机构会选择被动改进规制目标,否则中央将选择通过采取措施提供财政补贴或收取惩罚金等方式迫使减少地方规制机构的收益,最终还是归于"认真完成"中央的清洁能源产业规制目标。用表7-1可以表示中央和地方规制机构互动博弈下我国的清洁能源产业发展矩阵。

表7-1 中央和地方规制机构互动博弈下的清洁能源产业情形

情形	中央规制机构收益	地方规制机构收益	满足条件
地方政府"认真完成"规制目标	$N[Ae^{-n}(1+r)^{n-1}-C]$	$Ae^{-n}(1+r)^{n-1}-(C+C_t)$	$\Delta C > C_t + \Delta T$
地方政府"超额完成"规制目标,中央政府被动改进	$N\{[Ae^{-n}(1+r)^{n-1}+\Delta T]-(C+\Delta C)\}-S_c$	$[Ae^{-n}(1+r)^{n-1}+\Delta T]-(C+\Delta C)$	$N\Delta T > N\Delta C + S_c$
地方政府"超额完成"规制目标,中央政府采取措施	$N[Ae^{-n}(1+r)^{n-1}-C]$（注明：奖金、罚金独立于清洁能源产业）	$Ae^{-n}(1+r)^{n-1}-(C+C_t)+\Delta U_3$ 或 $[Ae^{-n}(1+r)^{n-1}+\Delta T]-(C+\Delta C)-\Delta U_4$	$\Delta U - C_t > \Delta T - \Delta C$ 或 $\Delta T - \Delta C + C_t < \Delta U_4$

从表7-1中可以看出,中央和地方规制机构的互动博弈总共会出现三种情形。第一种情形是地方规制机构"认真完成"中央的规制目标,此时无社会成本,因而在全国层面来说是最优状态。第二种情形是地方规制机构"超额完成"目标,虽然从地方层面上是促进了当地清洁能源产业的发展,但从全国层面来说,由于产生了因不按规制发展而带来的额外成本,因此社会成本增加了。此外,由于超出总体规制目标、过快发展,会造成大量重复建设以及资源浪费的沉淀成本,尤其是当前清洁能源技术发展日新月异,一次性投资过多,挤占了未来高新技术开发清洁能源的发展空间,长远来看对清洁能源产业有害无利。第三种情形是,中央规制机构采取了如提供补贴或征收罚金的方式来纠正地方规制机构行为等措施,迫使地方规制机构回归"认真完成"中央清洁能源产业规制的目标。在央地规制机构的互动博弈中,前提假设是完全信息状态,因此地方规制机构会考虑选择"超额完成"目标将面临惩罚的威胁,在博弈的初始就会选择"认真完成"的方式。但在现实中,由于地方规制机构存在机会主义的倾向,因此对中央规制机构是否一定会采取措施抱有侥幸心理。一旦其选择了"超额完成"目标并且实际发生了,就会带来社会成本。中央规制机构面临足够高的社会成本时也采取了相应措施,虽然带来了清洁能源产业的超速发展,且中央规制机构的最终收益与第一种情形相同,但是产生了比第一种情形更多的清洁能源产业管理费用和社会成本。这是中央规制机构支付的,所以第三种情形只能算是清洁能源产业发展的次优选择。

7.1.2 地方清洁能源规制机构与企业的动态博弈分析

在新规制经济学的论述中,博弈双方存在着由信息不对称带来的逆向选择和道德风险问题,由此建立的经济学模型称为委托-代理模型。清洁能源产业的规制也符合委托-代理理论的框架,在清洁能源规制机构与清洁能源企业的委托-代理关系中,由于存在信息不对称,理性的清洁能源企业可以利用其信息优势谋求规制中的自身利益,从而发生产业规制后和规制前的逆向选择和道德风险行为。清洁能源规制机构的各项规划往往会实现公布。即便未公布,清洁能源企业也会通过信息渠道去设法了解。一个理性的清洁能源企业通常可以按照规制机构的规制方案采取对自己有利的行动。下文将具体分析清洁能源市场规制机构与相关企业的动态博弈。地方政府和清洁能源相关企业在互动的领域中会出现两次博弈。首先在市场的进入领域双方会发生博弈,其次一旦企业选择了进入市场,其生产出的产品的安全质量将会受到当地政府规制机构的监督,双方也会就此发生博弈。

(1) 清洁能源市场进入规制博弈模型分析

有意向的清洁能源企业在考虑自身发展时面临两种战略选择:一是突破清洁能源市场壁垒进入清洁能源市场;二是充分考虑市场壁垒带来的损失,退出清洁能源市场。清洁能源产业的地方规制机构对应地有三种态度:不予规制、反对阻碍有意向的清洁能源企业进入清洁能源市场、鼓励进入清洁能源市场。由表7-2可见博弈双方的支付矩阵。

表7-2 规制机构与企业在市场进入领域的博弈

	规制机构态度 P_1	规制机构态度 P_2	规制机构态度 P_3
反对阻碍	鼓励进入	不予规制	
企业选择进入	$(r+C_2, R-C_1-C_2)$	$(r+C_3, R-C_1+C_3)$	$(r, R-C_1)$
企业选择不进入	$(-C_2, 0)$	$(-C_3, 0)$	$(0, 0)$

表7-2中,R 和 r 分别表示清洁能源企业进入市场给企业和政府带来的收益值,$R \geq 0$,r 的值无法确定,下文将具体分析。C_1 表示企业进入市场时的支付值;C_2 表示企业面临规制机构反对阻碍态度时为进入清洁能源市场而支付的博弈费用;C_3 是 C_1 的一部分,表示地方规制机构鼓励企业进入清洁能源市场时的自身支付值。此矩阵的前后数值分别表示地方清洁能源规制机构的支付和清洁能源企业的支付。假设规制机构反对、鼓励和不予规制的三种态度选择概率分别为 P_1、P_2 和 P_3。对于规制机构是何态度,清洁能源企业未知,只能根据经验推断,但只能是这三种态度,则 $P_1+P_2+P_3=1$。

观察表7-2,当 $P_1 \cdot (R-C_1-C_2)+P_2 \cdot (R-C_1+C_3)+P_3 \cdot (R-C_1)>0$,化简可得,$(R-C_1) \cdot (P_1+P_2+P_3)>P_1C_2-P_2C_3$,且 $P_1+P_2+P_3=1$,因此可得:$R>C_1+P_1C_2-P_2C_3$。这意味着当利润 R 的取值满足上述条件时,企业的战略选择是进入清洁能源市场。R 的值越大,企业对市场的盈利预期就越高,规制机构就越趋于鼓励支持,企业进入市场的积极性也就越高。因此,规制机构应当适当降低市场进入壁垒,为企业提供良好的政策扶持和外部环境,吸引企业进入。尤其清洁能源市场,本身处于发展的初期阶段,由于自身商化能力不足、产业链配套尚不完善、市场需求与消费处于新生期,政府的介入和大力扶持促进很有必要,且清洁能源市场有其自身的特殊性,对人类的可持续性发展和环境的保护都具有正外部性效应。各地方的清洁能源规制机构更应当给予政策的扶持和激励,提高清洁能源生产相关企业的积极性,从而产生更大的经济效益、生态效益和社会效益。

(2) 地方规制机构和清洁能源企业产品安全质量博弈模型分析

从中央和地方规制机构的清洁能源产业规制目标博弈中得出地方规制机构为了政绩,通常是鼓励并支持清洁能源产业发展,因而带来大量清洁能源企业的市场进入,使得清洁能源产品的质量安全问题无法得到保障。清洁能源产品要求是技术含量高、产品质量安全要求高的双高产品,比如清洁电力能源产品等,所以这里重点分析清洁能源产品质量安全博弈。

为了方便分析理解,选择太阳能光伏产业的产品生产安全(质量)规制为例进行分析。前提假设:只有一个地方规制机构与一个生产经营者进行单阶段静态博弈。双方在此博弈中的策略分别是:地方规制机构对太阳能光伏企业的行为进行安全质量规制和不进行安全质量规制;太阳能光伏企业对应为生产的产品安全合格和不合格。

前提假设1:规制机构对太阳能光伏企业进行规制的成本为C,规制的概率是θ,不进行规制的可能性为$1-\theta$,规制机构不对企业进行规制时承担的成本为C_1,成本C_1包含中央规制机构对地方规制机构的惩罚以及地方规制机构自身政绩减少等因素。

前提假设2:被规制的太阳能光伏企业生产经营中的产品安全如果不合格,获得的额外收益为R;企业生产的产品安全合格的概率为γ,不合格的概率为$1-\gamma$,地方规制机构对产品生产安全不合格的企业的处罚为P。

按照上述表示可以得出博弈双方的收益矩阵,如表7-3所示。

表7-3 太阳能光伏产品生产过程中安全质量规制博弈

	合格	不合格
规制	$(-C, 0)$	$(P-C, R-P)$
不规制	$(0, 0)$	$(-C_1, R)$

对上述博弈可以看出,由于存在着参与人以一定概率选择某种战略的情况,因此从满足所有参与人效用最大化要求的战略组合角度看,属于混合策略纳什均衡。要解出这个混合战略纳什均衡就要分别表示出地方政府规制机构和企业的期望效用函数,假设分别用U_g和U_q来表示。

地方规制机构的期望效用函数$U_g(\sigma_g, \sigma_q)$为:

$$U_g(\sigma_g, \sigma_q) = \theta[\gamma(-C) + (1-\gamma)(1-\theta)] + (1-\theta)[\gamma \times 0 + (1-\gamma)(-C_1)]$$
$$= \theta[P + C_1 - C - \gamma(P + C_1)] - C_1(1-\gamma)$$

对上述效用函数求微分,得到规制机构最优化的一阶条件:

$$U'_g = P + C_1 - C - \gamma(P + C_1) = 0$$
$$\gamma^* = 1 - C/(P + C_1)$$

企业的期望效用函数$U_q(\sigma_g, \sigma_q)$为:

$$U_q(\sigma_g, \sigma_q) = \gamma[\theta \times 0 + (1-\theta) \times 0] + (1-\gamma)[\theta(R-P) + (1-\theta)R]$$
$$= R - \gamma(R - \theta P) - \theta P$$

对上述函数求微分,得到企业最优化的一阶条件:

$$U'_q = \theta P - R = 0$$

$$\theta^* = R/P$$

因此,可以求出该博弈的混合战略均衡解为 $\gamma^* = 1 - C/(P+C_1)$ 以及 $\theta^* = R/P$,也就是企业选择产品生产安全质量合格的概率 $\gamma = 1 - C/(P+C_1)$,规制机构选择对产品进行规制的概率 $\theta = R/P$。

对此博弈的结果进行详细的分析,可以得出哪些因素会影响企业的产品安全质量合格率以及影响规制机构的规制概率。

首先看企业产品合格率高低的影响因素。通过对此混合战略博弈的求解,求出概率 $\gamma = 1 - C/(P+C_1)$。所以企业生产产品的合格率三个因素有关,分别是地方规制机构的规制成本 C、规制机构不规制时承担的成本 C_1 和地方规制机构面临企业产品不合格时的惩罚金 P。若 P 和 C_1 不变,则能得出地方规制机构的规制成本越高,企业生产产品的安全质量合格率则越低;若在规制成本 C 一定的条件下,规制机构对企业生产产品不合格的罚金越高,且规制机构对企业不规制所承担的所有成本 C_1 越高,则企业生产产品的安全合格率就越高。

对于政府规制机构来说,影响其规制概率的因素可从政府的规制概率 $\theta = R/P$ 看出。影响 θ 的因素包括地方规制机构对企业产品不合格的惩罚金 P 和企业的额外收益 R。若 P 不变,企业的额外收益 R 即企业进行生产产品不合格所获得的收益越大,则政府规制的概率就越大;若 R 不变,政府规制机构对企业安全不合格产品处以的罚金越高,企业生产出的产品安全合格率就越高,政府规制的概率也相应越小了。

以上是从完全信息静态博弈的视角对规制机构和企业的关系进行了分析,但在规制机构与企业的博弈过程中,从政企互动的动态视角观察也是十分重要的,以下分析将围绕政企互动展开完全信息动态博弈。

首先假设清洁能源产业的相关政府机构与企业处于规制过程中,规制机构对被规制者进行检查的概率为 θ_1,不检查的概率为 $1-\theta_1$。清洁能源企业会根据地方规制机构的检查力度大小决定自己的行为方式,若政府检查力度大,则企业生产经营将更加符合安全标准;反之,政府疏于检查,企业则会抱有侥幸心理,可能会因利益的驱使而违反规制机构的安全标准。如果企业按照规制机构的规制要求进行生产经营活动只能获得正常范围内的利润,为方便分析假定为 0,而违反规制机构的要求则可以获得超额利润 $R(R>0)$。

在这样的前提假设下,如果太阳能光伏企业违反了规制要求,并被规制者所查处,根据公共选择理论的观点,企业会想尽一切方法逃避处罚,想方设法贿赂规制机构。规制机构作为"理性经济人"也会谋求自身利益的最大化,会利用自身资源和权力实施设租、寻租等行为,与被规制的太阳能光伏企业合谋,接受其贿赂,从而放弃规制机构原先制定的安全标准,致使企业生产出的不合格产品流入市场,造成一系列后果。假设该太阳能光伏企业用于贿赂的金额为所获利润的 n 倍,只要处于 $0<n<1$ 的范围内,企业就有动机贿赂规制机构。但与此同时,规制者也是"理性人",会考虑到由于发生违规活动受到上级规制机构惩罚的可能,从而拒绝合谋与贿赂。如果规制机构拒绝了企业的贿赂,那么会对企业处以罚金 P;如果没有拒绝贿赂,规制者因违规活动被发觉会受到惩罚 C(此惩罚包括货币形式、规制者自身地位和声誉损失),接受贿赂被发觉而受到惩罚的概率为 $\gamma_1 (0<\gamma_1<1)$,未被惩罚的概率

为 $1-\gamma_1$。那么政府规制机构与被规制的太阳能光伏企业的互动可通过下方的博弈树图表示出来,如图 7-2 所示。

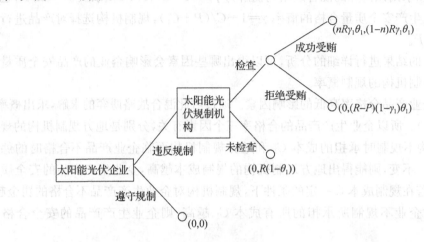

图 7-2 规制机构与被规制太阳能光伏企业的互动博弈图

图 7-2 是一个两阶段动态博弈模型,从图中可以看出,该收益组合由规制者的收益和被规制企业的收益组成,前一项表示规制者的收益,后一项代表企业收益。由于违规企业和规制者双方进行的是多期动态博弈,因此可将双方的预期收益值 U_1(规制者)和 U_2(企业)表示如下:

$$U_1 = (1-\gamma_1)nR\gamma_1\theta_1 - C\gamma_1$$
$$U_2 = (1-n)R\gamma_1\theta_1 + (R-P)(1-\gamma_1)\theta_1 + R(1-\theta_1)$$

分析此博弈,被规制的太阳能光伏企业如果不违反规制机构的规制要求其收益值为 0,违反规制的期望收益就是 U_2,因此只要 $U_2>0$,该光伏企业就产生违反规制要求的动机。所以对于规制机构来说,如果规制机构受贿但被惩罚的概率 γ_1 很小的话,那么规制机构的预期收益值 $U_1>0$,规制机构则很有动机受贿。这就要求在规制的过程中,除了对被规制的太阳能光伏企业违规要采用强干预行为,同时对规制机构自身的惩罚力度也需要很大,这样才能极大程度地防止规制被俘获从而导致规制失灵的情况。

从上述被规制的太阳能光伏企业与地方规制机构的博弈模型分析中可以得出,由于政府规制中的监督管理有强弱之分,所以如果规制机构采取强干预行为,加大对清洁能源企业违规的处罚力度,企业顾虑到生产经营成本增加而导致等于或接近其收益时会无利可图,就会放弃降低产品质量安全的违规行为;若规制机构使用的是弱干预政策,对于以利润衡量一切的清洁能源企业来说在比较两种状态的收益值时,不可避免地会采取不遵循政府规制的策略。

7.1.3 清洁能源产业规制主体互动博弈分析之总结

对影响清洁能源产业发展的各规制主体进行了详细分析后,可以发现,要提高地方政府规制的效率,规范政府及企业的行为,可以采取以下措施:

第一,要规范清洁能源发展相关法律法规体系建设,明确各地方政府职责,规范地方政府行为,确定地方违规、盲目发展清洁能源的惩罚措施并严格执行。对于清洁能源发展明显超出地方经济需要,存在盲目追求高产量、产品质量不过关的征收惩罚金,作为全国发展清洁能源的补贴资金。

第二,提高中央规制机构制定合理发展规制目标的能力。要基于全国清洁能源产业技术、人才、产业链等支持力量,统筹清洁能源资源分布与产业分布的关系,协调清洁能源发展的速度,结合国际清洁能源发展的经验教训,制定清洁能源发展规划。既要满足本地的经济发展需要,同时也要避免其他各省一哄而上的现象出现。

第三,要加强清洁能源发展各利益主体之间的协调。地方规制机构作为当地清洁能源发展的主要推动力,要牵头涉及的相关企业在内的各种利益主体,共同研究清洁能源项目的建设、实施和运行方案,提出科学、可行的规划并上报中央规制机构,由中央规制机构对各地方规制机构的提议进行全盘统筹,通过反复协调修正促使清洁能源发展目标合理化。

第四,在地方规制机构和企业的互动博弈中,要使得企业遵守规制机构的要求,地方规制机构制定对企业违规的惩罚力度要把握到位,同时为防止规制者自身的寻租行为也要对规制者施行强有力的惩罚措施。

在研究了规制主体的互动博弈后,提出了上述措施以促进规制更好地实施与执行。在上述措施的共同作用下,规制的实施效果才能够初步得以体现,清洁能源产业的发展也才能得到更好的保障。

7.2 我国清洁电力能源产品价格规制的诱导性设计

前文将清洁能源产业分为风电、核电、太阳能、生物质能四个主要产业,分别分析了各产业使用的规制工具及政策。通过分析可以看出规制机构对清洁能源产业主要采取的是经济性规制,使用的工具大多为激励性经济性规制工具,这些经济性规制工具中较常用的包括价格规制、制度设计等。本节将尝试使用前文介绍的激励性规制工具对清洁电力能源产品定价进行诱导性设计以及对清洁能源产业的规制进行激励性机制设计。

传统规制经济理论告诉我们,要实现帕累托最优,必须按照边际成本定价,但是现代激励性规制理论研究了现实中存在的信息不对称现象以及导致的逆向选择和道德风险,所以边际成本定价只是美好的理想。清洁电力能源市场具有同样的问题,所以退而求得次优定价方式。下面将运用前面介绍的价格规制工具来探讨适合清洁能源市场电力产品定价的几种诱导性设计方案。

7.2.1 我国清洁电力能源产品价格诱导性方案尝试

尝试一:平均成本定价的约束机制。

由于边际成本定价只是理想状态,所以希望通过约束机制诱导清洁电力能源企业按照拉姆齐定价方式对其产品进行定价。政府可以规定生产多种(n 种)产品的清洁能源电力企业将产品的平均价格定在低于某个价格水平 P_t 的价格上,即:

$$\sum_{i=1}^{n} W_i P_i \leqslant P_t$$

式中，W_i 表示清洁电力能源产品价格的权数，企业在此约束下的最大化利润为 $\pi(p)$。从上式可以看出权数 W_i 和限制价格 P_t 的选择十分重要。假设选择一个特定的 W_i 和 P_t 使得被规制的清洁电力能源企业收益等于成本，并且对其成本和需求状况做出给定，就可以证明被规制的清洁电力能源企业在上述给定的诱导下，会自觉采取拉姆齐定价方式。

但是在现实社会中，这种按照平均成本定价的约束机制存在一个问题，就是导致拉姆齐定价的 W_i 和 P_t 所需要的有关清洁能源企业的成本和需求信息，不一定能被规制机构准确掌握。其原因是企业追求利润最大化会隐藏真实成本信息，并且由于跨期套利等原因，企业的真正需求曲线很难找到。

尝试二：对清洁电力能源企业征收价格变化税。

这种方式实际上是参考了激励性规制理论中拉丰和梯若儿设计的征收价格税的方式，目的就是为了引导清洁电力能源企业采取拉姆齐定价。前面一节介绍了沃格尔桑-芬辛格动态定价法（V-F 机制），假设对清洁电力能源企业征收价格税与 V-F 机制有一个共同的优点，就是这是一个负价格激励机制。一旦清洁电力能源企业提高产品价格，就会受到规制的处罚，可以使规制机构对价格的变化进行规制，从而实现产期利润。运用拉丰和梯若儿的方式，假定在一段时期 t 中，对清洁电力能源企业征收价格税的大小为：

$$T(p_t, p_{t-1}, q_{t-1}) = \frac{(p_t - p_{t-1})q_{t-1}}{(1-\delta)(1+\lambda)}$$

式中，$q_{t-1} = Q(p_{t-1})$，表示在 t 期上一期的清洁电力能源产品销售量，λ 表示为公共资金影子成本，[①]δ 是贴现因子。[②] 对于相关企业来说，其目标函数为：

$$\max \sum_{t=0}^{\infty} \delta^t \{b_t[p_t Q(p_t) - T(p_t, p_{t-1}, Q(p_{t-1})) - (\beta - \varepsilon_t)Q(p_t)] - \psi(\varepsilon_t)\}$$

式中，b_t 为相关企业激励方案的斜率，当地方政府制定的激励方案保持不变时，斜率 b_t 不变。此时清洁电力能源企业在地方政府规定的价格税下做出反应，选择适合的价格水平，但做不到最优。只能求得长期的价格会收敛于拉姆齐价格，企业的绩效求得次优，效率固定为 b，用上式对价格 p_t 求一阶导数，得到：

$$(p_t - c_t)Q'(p_t) + Q(p_t) - \frac{Q(p_{t-1})}{(1-\delta)(1+\lambda)} - \frac{\delta((p_{t+1} - p_t)Q'(p_t) - Q(p_t))}{(1-\delta)(1+\lambda)} = 0$$

式中，$c_t = \beta - \varepsilon_t$。刚才说过对于清洁能源企业来说只能求得长期的次优定价，在长期稳定状态时，t 时期的价格 p_t 与前一时期和后一时期的价格 p_{t-1} 和 p_{t+1} 相等，带入上式可得到：

$$(p-c)Q' + \frac{\lambda Q}{1+\lambda} = 0$$

这就是政府清洁电力能源企业最优的定价政策。但拉丰和梯若儿设计的通过征收价格

---

① 影子成本：其他条件不变，用 λ 表示改变第 i 种指标引起总成本的改变量与第 i 种指标的改变量比值，等于拉格朗日乘子。

② 贴现因子：将来的现金流量折算成现值时介于 0~1 之间的一个数。Gibbons 将贴现因子定义为货币的时间价值，实际上就是贴现率=1/1+r。

变化税的方式对清洁电力能源企业进行价格规制也有局限性。因为此方式只适用于价格不断上涨的自然垄断企业,而对价格不断下降的或引入竞争机制的垄断产业则不适合。比如太阳能光伏产业和风电产业,由于技术的不断成熟和竞争的日益激烈,此类清洁电力能源产品的成本在不断下降,如果对其征收价格税,会对此类企业产生一种减缓降低价格的错误激励。在此基础上,综合前面的定价模型做出大胆假设,对清洁电力能源产品定价设计一种同时征收价格税和成本税的次优模型。如果企业将成本高报则征收较高的成本税;如果成本申报较低,则相应的成本税也低,这就避免了只征收价格变化税带来的错误激励。

尝试三:对清洁电力能源企业同时征收价格变化税和成本变化税。

清洁电力能源产品价格变化税模型为:

$$T(p_t, p_{t-1}, q_{t-1}) = \frac{(p_t - p_{t-1})q_{t-1}}{(1-\delta)(1+\lambda)}$$

同时对其征收成本变化税,模型建立为:$T(C) = a(\beta - \varepsilon_t)Q(p_t)$,多了一重约束条件,依然可以求得此时该企业所追求的目标函数:

$$\max \sum_{t=0}^{\infty} \delta^t \{b_t[p_tQ(p_t) - T(p_t, p_{t-1}, Q(p_{t-1})) - (1+m)(\beta - \varepsilon_t)Q(p_t)] - \psi(\varepsilon_t)\}$$

算法与前面是一样的,在长期激励方案中的斜率是不变的,依然有 $b_t = b$,用上式对 p_t 再求一阶导数:

$$(p_t - c_t)Q'(p_t) + Q(p_t) - \frac{Q(p_{t-1})}{(1-\delta)(1+\lambda)} - (1+a)(\beta - \varepsilon_t)Q'(p_t)$$

$$-\frac{\delta((p_{t+1} - p_t)Q'(p_t) - Q(p_t))}{(1-\delta)(1+\lambda)} = 0$$

同样令长期价格保持稳定不变为 p_t,可以将上式化简为:

$$[p_t - (1+a)(\beta - \varepsilon_t)]Q'(p_t) + \frac{\lambda Q(p_t)}{1+\lambda} = 0$$

我们将其变形为价格 $p = (1+a)(\beta - \varepsilon_t)\frac{(1+\lambda)\eta}{(1+\lambda)\eta - \lambda}$ 的形式,其中 η 为需求弹性。此时的价格 p 就是清洁电力能源产品在地方政府规制下的最优定价,这种方式避免了企业采取策略性的措施变相增加自身成本而规制机构不知情从而导致的规制定价不合理状况。

需要指出的是上述诱导型设计也不是完美的,因为没有考虑到技术进步,是一种静态的产品定价方式。如果是一种动态的定价,那么前面所假设的激励方案的斜率 b_t 就会随着时间的变化而改变,情况更为复杂,这里就不再讨论了。

7.2.2 我国清洁能源产业发展的激励型机制设计

上一节对清洁电力能源产品的价格规制做出了诱导性设计,这一节依然使用拉丰和梯若儿的激励型规制理论对清洁能源市场进行制度设计。由于清洁能源市场具有外部性效应,因此需要设立一个专门提出并实施清洁能源行业规制和激励的政府机构,制定适合清洁能源市场发展的产业政策,并就政策如何对产业进行规制与激励、支持与激励持续的时间等问题做出对应的规定。

设计我国清洁能源产业发展的激励性机制需要从地方和中央两个规制层面进行考量。

对地方规制机构来说,一方面要对大力扶持清洁能源企业,保证企业有利可图,可以模仿一些国家通过对具有巨大技术溢出效应的清洁能源行业提供补贴的方式进行激励设计,对地方上具有相同属性的清洁能源企业提供更多的鼓励和资金的补贴;另一方面,地方规制机构希望清洁能源企业实现技术创新与管理创新从而获得长足发展,实现清洁能源产业的规模优势以降低企业的实际成本。而在清洁能源市场信息不对称的情况下,在市场交易前后可能发生"逆向选择"和"道德风险"两种状况,从而使得地方规制机构对清洁能源产业的规制达不到其预定目标。在这种情况下,规制机构的解决方法就是在对清洁能源企业进行价格规制和利润规制时允许当地的清洁能源企业以更高的利润形式从降低成本中换回一些收益,通过合理的价格规制将清洁能源产品定价调整得比企业边际成本高一些。满足上述条件后,企业才有降低成本的激励和披露真实成本的可能。

从中央规制机构层面进行激励性设计则需要从宏观的视角考量全国清洁能源产业的发展现状,制定出有利于我国清洁能源产业发展、促进清洁能源企业开展竞争,同时可以提高清洁能源企业效率又兼顾社会公平的规制政策。中央规制机构制定产业发展政策时需要制定好清洁能源的行业标准,好的标准是动态发展的。[①]

需要指出的是,清洁能源产业发展中的外部性效应,前面的章节已经说明了具有的正向外部性溢出效应,对此地方规制机构可以不采取传统的约束行为,而是替代以清洁能源市场为基础的扶持政策,向当地清洁能源企业提供符合产业效率和社会效率的激励。规制机构可以向有正外部性的清洁能源企业活动提供补贴促使其外部性效应内在化。但是这种为弥补正外部性的利益补贴改变了原有的市场正常竞争模式,影响了人们的能源经济行为选择和其他相关能源产业的利益损失,这也是清洁能源产业发展的代价。[②] 举例来说,碳税会增加所有开车人士的税收负担,而碳税筹得的收入可以用来支出规制机构对清洁能源产业的减税项目,如削减清洁能源产业发展的企业所得税等。简单来说就是规制机构在全国层面的总体税负维持不变的情况下,引导资源配置向社会最优水平移动,既解决政府为促进社会公平筹资的问题,又能鼓励人们更多地使用清洁能源弥补能源短缺和提倡节能环保,提高了经济效率,一举多得,对于各地方政府和个人都是益事。

7.3 我国清洁能源产业政府规制的成本收益分析——以江苏省为例

有了前面章节的分析,对清洁能源产业政府规制的成本收益分析获得了理论上的认识和数据上的准备。现在,我们要从实证上对此进行验证。前文提到了可以运用一种简单的计量方法衡量政府规制的收益,即通过计量实行政府规制后,消费者支出的减少数量和生产者因效率提高而增加收益的数量的总和来衡量政府规制收益。考虑到目前江苏省清洁能源

---

① 王延惠.微观规制理论研究[M].北京:中国社会科学出版社,2005:45-46.
② 李郁芳.体制转轨时期的政府微观规制行为[M].北京:经济科学出版社,2003.

产业的发展在全国处于领先地位,且江苏省经济较为发达,政府规制政策较为全面,因此我们选取江苏省清洁能源产业的规制进行成本收益分析。这里选择清洁能源所属的四个产业进行分析,分别为风电产业、核电产业、太阳能光伏产业和生物质能产业,并希望通过梳理江苏省这个在全国清洁能源产业的政府规制具有发展优势地区的现状再推及全国,总结出目前我国清洁能源产业规制中存在的主要问题。

7.3.1 江苏省风电产业规制的成本收益分析

江苏省拥有 954 km 的海岸线和约 65 万 hm^2 的沿海滩涂,平均风速 3.5 m/s,年有效风时 3 900 h,属于风能资源丰富地区。在风力发电方面,目前国家已在南通、连云港、盐城等地的沿海一线部署了三峡总公司、广东核电、国电龙源等多家公司的近百万千瓦风电场。截至 2018 年年底,江苏省已有风电装机容量 2 366.5 MW。江苏省的风力发电项目多是海上风电,而海上发电由于技术的复杂性等多方面原因,目前的标杆上网电价约为 0.98 元/(kW·h),大约是陆上风电价格的两倍。表 7-4 展示了江苏省截至 2018 年年底的主要风电项目的相关数据。

表 7-4 江苏省主要风电项目数据一览表

项目名称	项目开发商	装机容量/MW	投资成本/(元·W^{-1})	年平均上网电量/(kW·h)	二氧化碳减排量/(kg·W^{-1})
如东第一风电场	江苏联能风力发电有限公司	100	8.00	1.63	1.38
如东第二风电场	江苏龙源风力发电有限公司	250	9.60	2.28	1.90
东台风电场一期	国华能源投资集团公司	200	8.50	2.15	1.79
大丰风电场	中国电力投资集团公司	105	9.04	2.00	1.67
启东东元	江苏龙源风力发电有限公司	105	9.33	2.35	1.96
华能启东风电场	华能新能源环保产业公司	190	4.97	1.32	1.10
东台风电场二期	国华能源投资有限公司	201	9.68	2.00	1.66
射阳风电场	中国广东核电集团公司	200	10.00		
东凌风电场一期	江苏东凌风力发电有限公司	70.5	9.93	2.10	1.75
灌云风电场一期	连云港中能联合风力发电有限公司	100	11.00	2.00	1.67
响水风电场	长江开发有限公司	200	10.32	2.18	1.82
滨海发电场	华电国际电力股份有限公司	200	10.32	2.19	1.82
盱眙低风速风电示范项目	中国国电龙源集团公司	350	8.57	2.00	1.67

资料来源:根据江苏省人民政府网站 2019 年 3 月数据整理而得。

在进行江苏省风电产业的规制成本收益分析时,首先需要选取变量,比较成本的构成和收益的构成。这里采用的量概括为四个变量,分别为 C_g, C_c, C_f, R,下文将具体分析。

(1) 选取变量

选取四个变量 C_g, C_c, C_f, R 进行分析。C_g, C_c, C_f 为成本，分别表示政府部门规制费用、社会福利损失、被规制企业增加成本，R 表示进入规制收益。考虑到目前清洁能源产业发展政府规制的现状以及数据可得性的问题，选取 2015—2018 年的数据进行分析。这里的数据选择需要说明的是我国《可再生能源法》自 2006 年开始颁布实施后，江苏省积极地贯彻落实，相应地制定了一系列新能源和可再生能源地方政府相关扶持政策，但是政策的制定、颁布和实施是一个动态的过程，需要各级政府部门的配合、贯彻，所以经过一个循环的过程，江苏省开始真正大力发展清洁能源的时间是从 2008 年开始，这里的数据选择从 2015 年开始。

本节分析中所涉及的数据来自《中国能源统计年鉴》(2015—2018)、中国风能协会网站数据、《江苏省能源统计年鉴》(2015—2018)、江苏省能源局网站数据、《江苏省发改委及中国能源发展报告》(2015—2018)。

C_g 的估算：

在进行 C_g 的估算时，考虑到风电产业规制费用涉及的范围极广，无法完全做到所有数据的证实及全面的搜录与整理工作，本节依照学者于良春的方法[①]采用估值法：计算出相关年份我国行政成本[②]与当年我国国内生产总值的比值，然后以此为系数，乘以当年的江苏省风电产业收入作为当年风电产业规制费用 C_g 的估算值。

$$C_g = \frac{行政成本}{国内生产总值} \times 江苏省风电产业收入$$

按照上述公式，可以得出 2015—2018 年对江苏省风电产业的政府规制成本的估计值为 57.51 亿元（表 7-5）。

表 7-5　2015—2018 年江苏省风电产业政府规制成本　　　　单位：亿元

年份	2015 年	2016 年	2017 年	2018 年	2015—2018 年总和
国内生产总值	314 045.4	340 902.8	401 512.8	473 104.0	1 529 565.0
行政成本	9 795.92	9 164.21	9 337.16	10 987.78	39 285.07
江苏省风电产业收入	300	521.12	719	750	2 290.12
江苏省风电产业规制费用	9.36	14.01	16.72	17.42	57.51

资料来源：由《中国统计年鉴》(2015—2018)、《江苏省统计年鉴》(2015—2018)，江苏省能源局网站数据，国家统计局统计数据整理得出。

需要说明的是，这里是使用斯蒂格勒和弗兰德建立的一个古典模型来估算 C_c 和 C_f 的。此古典模型代表一个自然垄断行业获取垄断利润时的状况。在图 7-3 中，点 $A(P_m, Q_m)$ 表示的是垄断企业的垄断价格和对应的产量，根据斯蒂格勒和弗兰德的研究，[③]多数情况下政府进

---

① 于良春，丁启军.自然垄断产业进入管制的成本效益分析：以中国电信业为例的实证分析[J].中国工业经济，2007(1)：14-20.
② 此处的行政成本指的是国家统计局数据库中国家财政支出中的一般公共服务支出。
③ Stigler G J, Friedland C. What Can the Regulators Regulate: The Case of Electricity [J]. Journal of Law and Economics, 1962(5).

行价格规制后由于种种原因效果不明显,因而在估算 C_c,C_f 时,假定政府对风电产业的价格规制也基本无效,所以此时的点 $A(P_m,Q_m)$ 就可以表示政府进入规制时风电企业的实际价格和实际产量,由于规制的无效性,假定规制后风电企业的价格和产量不变;AC_1 表示没有规制时风电行业内潜在的最小平均成本曲线,与需求曲线 DD' 相交于 $F(P_1,Q_1)$,因此 F 点是无规制时生产和消费的均衡点,均衡点处是无规制的最优状况;AC_2 则表示政府进入风电产业规制后风电企业的成本增加,规制后的平均成本曲线与需求曲线 DD' 相交于点 $C(P_2,Q_2)$。观察图形可以看到,虽然图中 AC_2 表示政府进行风电产业规制后的企业平均成本曲线,但是规制后带来的社会福利损失大于 ABC 的面积,损失应对应原先风电企业的平均成本处开始计算的 AGF 面积,这里特别要注意的是成本增加引起的规制损失面积的确定。

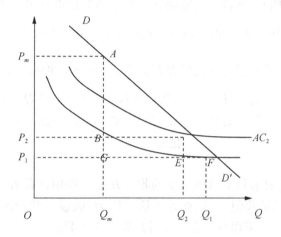

图 7-3 政府进入规制的成本和收益

C_c 的估算:

利用 Harberger 的计算方法,[①] $C_c = r^2 P_m Q_m \varepsilon_{QP}$,其中 r 表示产业潜在的利润率,$r = \dfrac{P_m Q_m - P_1 Q_1}{P_m Q_m}$($P_m Q_m$ 表示实际销售收入),ε_{QP} 表示点 A 到点 F 的需求的价格弹性的绝对值,在这里将其表示为 $\varepsilon_{QP} = -\dfrac{Q_m - Q_1}{P_m - P_1} \times \dfrac{P_m}{Q_m}$。

考虑到风电产业在全国发展的总体状况以及风电产业数据的获得性问题,文中选择了全国风电产业发展相对较为成熟的内蒙古自治区风电产业的人均消费成本作为潜在的最小成本 P_1 的估计值,江苏省风电产业的均价即为实际价格 P_m。通过计算求得江苏省 2015—2018 年间风电产业的平均消费成本 P_m 约为 837.59 元/人次,内蒙古自治区的均值约为 523.87 元/人次。需要说明的是,为了使价格更具有可比性,在计算价格弹性的时候,不适合采用 Harberger 模型中的绝对价格,而是应采取相对价格,从而剔除经济发展程度对它的影响。2015—2018 年江苏省和内蒙古自治区的年人均 GDP 值分别为 49 849 元和 44 981 元,所以内蒙古相对的风电产业的人均消费为 $P_1 = 523.87 \times (49\,849/44\,981) \approx 580.45$ 元/人次,这

---

① Harberger A C. Mmopoly and Resource Allocation[J]. American Economic Review,1954(44).

时可以求出产业的潜在利润率 $r=\dfrac{P_m-P_1}{P_m}\approx 0.307$。

遵循 Harberger 在应用其公式估计福利损失时直接将价格弹性假定为1的方法,把江苏省风电产业的价格弹性假定为1,在必需品和奢侈品之间,即 $\varepsilon_{QP}=1$,在表 7-5 中可以得到 2015—2018 年江苏省风电产业收入的总和为 2 290.12 亿元,以此作为销售收入 $P_m Q_m$ 的估计值。那么,就可以得到社会福利的损失估计值:$C_c=r^2 P_m Q_m \varepsilon_{QP}=0.307^2\times 2\,290.12\times 1\approx 215.84$(亿元)。

C_f 的估算:

C_f 指的是被规制企业的成本增量,根据对它的定义和表 7-5 中的描述,可以对其进行估算:$C_f=Q_m\times(P_2-P_1)$。从江苏省能源统计年鉴的数据推算出 2015—2018 年江苏省风电产业的总利润约为 298.80 亿元,可以求出利润率大约为 $r_2=0.12$。又 $r_2=\dfrac{P_m-P_2}{P_m}$,因而推得 $P_2=0.88 P_m$,前面求出了行业的潜在利润率 $r=0.307$,根据公式 $r=\dfrac{P_m-P_1}{P_m}$,可求得 $P_1=0.693 P_m$,因为 $C_f=Q_m\times(P_2-P_1)$,所以求得 $C_f=0.241 P_m Q_m$,表 7-5 中已经进行了计算,求得 2015~2018 年江苏省风电产业的总产值,也就是 $P_m Q_m$ 为 2 290.12 亿元,所以最终求得 $C_f=0.241\times 2\,290.12\approx 551.92$ 亿元。

规制收益 R 的估算:

在这里借鉴学者于良春计算政府规制的收益方法,[①] 即用江苏省风电产业的固定资产投资额作为规制收益的估算值,使用此种方法是因为:假设无政府规制,风电产业的固定资产投资额就会因重复投资而翻一番。这种思路参考了目前学术界对此的理解以及国外市场发达国家多行业的现状,因而具有一定的合理性。根据《中国能源统计年鉴》的数据及江苏省能源局网站数据计算可得,2015—2018 年江苏省风电产业的固定资产投资额为 233.8 亿元。

(2) 江苏省风电产业规制的成本收益分析结论

分别估算 2015—2018 年间江苏省风电产业的成本和收益的数值,将计算数据进行汇总就可以得到江苏省风电产业的政府规制的成本收益分析综合表(表 7-6)。

表 7-6　2015—2018 年江苏省风电产业政府规制成本收益综合分析表　　单位:亿元

C_g	C_c	C_f	$\sum C$	R	$\sum C-R$	$\sum C/R$
57.51	215.84	551.92	825.27	233.8	591.47	3.52

观察表 7-6,江苏省风电产业政府规制成本高于其收益所得,政府规制的总成本约为收益的 3.5 倍,超出收益约为 591.47 亿元。需要指出的是,包括风电产业在内的清洁能源产业均属于自然垄断行业,具有很大的固定投资。这些固定投资会转变为沉淀成本,但同时也是未来收益的保障。结合江苏省风电产业的发展现状,从长远来看,由于风电属于清洁能

---

① 于良春,丁启军. 自然垄断产业进入管制的成本效益分析:以中国电信业为例的实证分析[J]. 中国工业经济,2007(1):14-20.

源,是相对于传统能源的新能源或可再生能源,引入我国的时间不长,整个清洁能源产业的发展还处于新生阶段,这是清洁能源产业发展的一个显著特征,在江苏省也是如此。一个新生的,但却是与能源发展和人们的生活密不可分的弱势产业,如何发展壮大就显得尤为重要。

针对上述现状,风电产业的发展需要政府进一步的扶持和规制,适当引入竞争机制和更加有效的激励机制,从而使规制更加有效。

可以说,政府规制的成本收益分析对于是否实行政府规制具有现实意义和重要的参考价值,但在实践中出于对政府机构活动的特性和规制行为的社会性考虑,要求估量者要准确了解企业和社会在规制前后的成本、收益状况。同时,规制者还应明确政府规制在成本收益方面存在着长期与短期的矛盾。因此,运用成本收益方法来分析政府规制需要全面动态地进行综合分析和估量。本小节中运用的具体量化方法具有实际意义。

7.3.2 江苏省核电产业规制的成本收益分析

江苏省目前拥有的核电站项目为连云港连云区的田湾核电站,该核电站的投资方为中国核工业集团公司、中国电力投资集团公司以及江苏省国信资产管理集团有限公司。管理方为江苏核电有限公司,江苏核电有限公司是中核集团下属的大型国有控股公司。因此,目前对江苏省核电产业规制的成本和收益主要与此核电站机器核电站的管理方——江苏核电有限公司的成本和收益密切相关。

与风电产业的分析方式一致,对江苏省核电产业的成本收益分析同样需要选择四个变量表示规制的成本和收益。

(1) 选取变量

选取四个变量 C_g, C_c, C_f, R 进行分析。C_g, C_c, C_f 为成本,分别表示政府部门规制费用、社会福利损失、被规制企业增加成本,R 表示进入规制收益。考虑到数据的可得性问题,只选取 2015—2018 年的数据进行分析。

本节分析中所涉及的数据来自《中国能源统计年鉴》《江苏省能源统计年鉴》和江苏省能源局、江苏省发改委以及清洁能源相关网站。

首先是江苏省政府对核电产业的规制成本 C_g 的估算:

与风电产业一致,依然是依照学者于良春的方法[①]采用大体估值法:计算出对应年份 2015—2018 年我国行政成本[②]与当年我国国内生产总值的比值,再乘以当年的江苏省核电产业收入作为当年核电产业的规制费用 C_g 的估算值。这里需注意的是,江苏省核电产业的收入估算主要是指江苏省核电有限公司管理下田湾核电站的收益值,与前文的风电产业估算略有不同。表 7-7 为江苏核电有限公司 2015—2018 年销售收入及利润汇总表。

---

① 于良春,丁启军. 自然垄断产业进入管制的成本效益分析:以中国电信业为例的实证分析[J]. 中国工业经济, 2007(1):14-20.

② 此处的行政成本指的是国家统计局数据库中国家财政支出中的一般公共服务支出。

表 7-7　2015—2018 年江苏省核电有限公司销售收入及利润情况表　　　单位：亿元

项目	2015 年	2016 年	2017 年	2018 年
营业收入	51.29	51.59	56.18	57.48
主营业务收入（电费）	50.98	51.52	55.80	57.11
营业成本	25.78	24.36	24.87	25.66
主营业务成本	25.31	24.28	24.72	25.43
净利润额	12.50	17.54	25.45	26.93
营业毛利率	49.74%	52.76%	55.73%	54.65%

数据来源：由江苏省核电有限公司 2019 年度第一期短期融资券募集说明整理而来。

根据上述资料，可以得出江苏省 2015 年至 2018 年的核电产业收入值，这里取核电有限公司的营业收入作为产业收入值，由此可以推断出 2015 年至 2018 年间江苏省核电产业的规制成本。依然是根据下列公式：

$$C_g = \frac{行政成本}{国内生产总值} \times 江苏省核电产业收入$$

按照上述公式，我们可以得出 2015—2018 年江苏省核电产业的政府规制成本之和的估计值为 5.62 亿元（见表 7-8）。

表 7-8　2015—2018 年江苏省核电产业政府规制成本　　　单位：亿元

年份	2015 年	2016 年	2017 年	2018 年	2015—2018 年总和
国内生产总值	314 045.40	340 902.81	401 512.80	473 104.05	1 529 565.0
行政成本	9 795.92	9 164.21	9 337.16	10 987.78	39 285.07
江苏省核电产业收入	51.29	51.59	56.18	57.48	216.54
江苏省核电产业规制费用	1.59	1.39	1.31	1.33	5.62

资料来源：由《江苏省统计年鉴》、《中国统计年鉴》、江苏省能源局网站数据、国家统计局网站数据整理得出。

估算出规制成本后，需要估算社会福利的损失 C_c 和企业因规制造成的损失 C_f。首先是 C_c 的估算。依然是利用 Harberger 的计算方法，[①]$C_c = r^2 P_m Q_m \varepsilon_{QP}$，$r$ 表示产业潜在的利润率 $r = \frac{P_m Q_m - P_1 Q_1}{P_m Q_m}$，$P_m Q_m$ 表示产业实际销售收入，ε_{QP} 表示点 A 到点 F 的需求的价格弹性的绝对值（见图 7-3），在这里我们将其表示为 $\varepsilon_{QP} = -\frac{Q_m - Q_1}{P_m - P_1} \times \frac{P_m}{Q_m}$。

考虑到核电产业在全国发展的总体状况以及核电产业数据的获得性问题，本文选择了全国核电产业发展相对较为成熟的浙江省核电产业的人均消费成本作为潜在的最小成本 P_1 的估计值，江苏省核电产业的平均成本即为实际成本 P_m。通过计算求得江苏省 2015～2018 年间核电产业的平均消费成本 P_m 约为 41.53 元/人次，浙江省核电的平均消费成本约为 21.25 元/人次。这里应该说明的是，为了使价格更具有可比性，在计算价格弹性的时候，

---

① Harberger A C. Mmopoly and Resource Allocation[J]. American Economic Review, 1954(44).

不适合采用 Harberger 模型中的绝对价格,而是应采取相对价格,从而剔除经济发展程度对它的影响。2015—2018 年江苏省和浙江省的人均 GDP 分别为 49 849 元和 49 051 元,所以浙江省核电产业的人均消费成本为 $P_1=21.25×(49\,849/49\,051)≈21.60$ 元/人,这时可以求出核电产业的潜在利润率 $r=\dfrac{P_m-P_1}{P_m}=0.48$。

仍然遵循 Harberger 在应用其公式估计福利损失时直接将价格弹性假定为 1 的方法,把江苏省核电产业的价格弹性假定为 1,在必需品和奢侈品之间,即 $\varepsilon_{QP}=1$。表 7-8 中我们可以得到 2015—2018 年江苏省核电产业收入的总和为 216.54 亿元,以此作为销售收入 P_mQ_m 的估计值。那么,就可以得到社会福利的损失估计值:$C_c=r^2P_mQ_m\varepsilon_{QP}=0.48^2×216.54×1≈49.90$(亿元)。

下一步是 C_f 的估算,与计算风电产业一样的算法,$C_f=Q_m×(P_2-P_1)$。由于江苏省核电产业的收入和利润都来自同一个企业,即江苏省核电有限公司,也是江苏省唯一的一个核电大型国企。所以计算的过程要简单很多,根据前文的数据可以计算出 2015~2018 年江苏省核电产业的总利润约为 82.42 亿元,总收入为 216.54 亿元,因而可以求出利润率约为 $r_2=0.38$。又 $r_2=\dfrac{P_m-P_2}{P_m}$,因而推得 $P_2=0.58P_m$,前面求出了行业的潜在利润率约为 0.686,根据公式 $r=\dfrac{P_m-P_1}{P_m}$,可求得 $P_1=0.314P_m$。因为 $C_f=Q_m×(P_2-P_1)$,所以求得 $C_f=0.266P_mQ_m$。表 7-8 中已经进行了计算求得 2015—2018 年江苏省核电产业的总产值,也就是 P_mQ_m 为 216.54 亿元,所以最终求得 $C_f=0.266×216.54≈57.60$ 亿元。

规制收益 R 的估算:

在这里借鉴学者于良春计算政府规制的收益方法,①即用江苏省核电产业的固定资产投资额作为规制收益的估算值,使用此种方法是因为:假设无政府规制,核电产业的固定资产投资额就会因重复投资而翻一番。这种思路参考了现有学术界对此的理解以及国外市场发达国家多行业的现状因而其有一定的合理性。根据《中国能源统计年鉴》。江苏省统计局的网站数据整理可得,2015~2018 年江苏省核电产业的固定资产投资额约为 41.02 亿元。

(2)江苏省核电产业规制的成本收益分析结论

分别估算了 2015—2018 年间江苏省核电产业的成本和收益的数值,将计算数据进行汇总就可以得到江苏省核电产业政府规制的成本收益综合分析表(表 7-9)。

表 7-9 2015—2018 年江苏省核电产业政府规制成本收益综合分析表　　单位:亿元

C_g	C_c	C_f	$\sum C$	R	$\sum C-R$	$\sum C/R$
5.62	49.90	57.60	113.12	41.02	72.10	2.76

观察表 7-9 可以看出,江苏省核电产业政府规制成本是高于其收益所得,政府规制的总成本超出收益约为 72.10 亿元,约为收益的 2.76 倍。核电产业与前文分析的风电产业同

---

① 于良春,丁启军.自然垄断产业进入管制的成本效益分析:以中国电信业为例的实证分析[J].中国工业经济,2007(1):14-20.

属于自然垄断行业,固定投资巨大,这些固定投资也会转变为沉淀成本,但同时也是未来收益的保障。与风电产业比较,江苏省核电产业的规制成本是收益的 2.76 倍,而风电产业规制成本却达到收益的 3.5 倍多,所以从规制的效益角度分析,核电产业比风电产业的效益值要高一些。而究其原因,与江苏省核电产业的状况有关,江苏的核电产业企业单一,规制的成本也相对低,因而比值也低,但是依然存在成本高于收益的状况,所以需要政府的进一步激励与扶持,并适当的引入竞争机制。在降低规制损耗与成本的同时,通过竞争与激励增大规制的收益值。以上是对江苏省核电产业的规制的成本收益分析,要了解清洁能源的整体产业状况,还需要对太阳能光伏产业和生物质能产业的规制进行计算,通过四个产业的规制现状总结出清洁能源产业规制存在的问题以及改进的措施和方式。

7.3.3　江苏省太阳能光伏发电产业规制的成本收益分析

截至 2018 年年底,江苏省太阳能光伏产业在全国处于领先地位,全省有 400 多家太阳能光伏企业,地区分布主要集中在苏南地区(图 7-4)。这里分析的数据是太阳能光伏发电产业的规制成本及收益,不包含太阳能光伏制造业的相关数据。太阳能光伏发电主要分为三类:第一类是地面并网电站;第二类是屋顶发电项目;第三类是建筑一体化并网电站。江苏省 2016 年、2017 年和 2018 年地面并网电站目标电价(含税)分别为 2.15 元/(kW·h)、1.7 元/(kW·h)和 1.4 元/(kW·h);屋顶目标电价(含税)分别为 3.7 元/(kW·h)、3.0 元/(kW·h)和 2.4 元/(kW·h);建筑一体化目标电价(含税)分别为 4.3 元/(kW·h)、3.5 元/(kW·h)和 2.9 元/(kW·h),其中屋顶和建筑一体化并网电站根据与建筑结合的特点、产品技术先进性等分类确定。为支持光伏产业发展,江苏省在对光伏发电进行政策扶持的基础上,制定出台《关于继续扶持光伏发电的政策意见》,实施新一轮光伏发电项目扶持政策,执行期限为 2015 年至 2018 年。对在此期间新投产的非国家财政补贴光伏发电项目,实行地面、屋顶、建筑一体化,每千瓦时上网电价分别确定为 2015 年 1.3 元、2016 年 1.25 元、2017 年 1.2 元和 2018 年 1.15 元。表 7-10 为截至 2015 年年底的江苏省主要光伏发电项目各项数据值表。

表 7-10　江苏省太阳能光伏发电项目数据一览表

项目名称	装机容量/MW	投资成本/(元·W^{-1})	年平均上网电量/(kW·h)	二氧化碳减排量/(kg·W^{-1})
江苏东台华电尚德太阳能发电一期工程	10	30	1.10	0.92
江苏东台华电尚德太阳能发电二期工程	20	25	1.14	0.95
国华一期光伏电站	20	25	1.14	0.95
中节能东台三期 30 MW 光伏电站、10 MW 光伏大棚电站	40	20	1.14	0.95
中节能一期光伏电站	30	20	1.14	0.95
徐州协鑫贾汪区青山泉光伏电站项目	20	22.5	1.30	1.08

(续表)

项目名称	装机容量/MW	投资成本/(元·W^{-1})	年平均上网电量/(kW·h)	二氧化碳减排量/(kg·W^{-1})
射阳县临港滩涂光伏电站项目	20	30	1.50	1.25
吉阳集团射阳大型光伏电站	30	—	—	—
尚德电力东台风电场光伏电站	10	30	1.10	0.92
中节能光伏电站项目	60	20	1.14	0.95
沭阳昆沭工业园屋顶发电项目	60	20	1.14	0.95
光大光伏能源镇江科技新城屋顶光伏发电项目	9.8	24.1	1.19	0.99
丰县晖泽光伏电站项目	23.8	25.2	1.16	0.97
江苏国信泗阳经济开发区屋顶光伏发电项目	9.8	17.35	—	0.91
光大光伏能源(宿迁)洋河酒业园区屋顶光伏发电项目	6.43	21.62	1.04	0.86
中节能太阳能发电江阴屋顶光伏电站工程	2	13.5	1.03	0.86
大丰港经济开发区屋顶光伏发电项目	5.8	27.59	1.07	0.89
阜宁屋顶光伏发电项目	3	33	1.12	0.94
常州科教城光伏与建筑一体化发电项目	1.1	—	1.01	0.84
中电投大丰光伏太阳能发电项目	20	17	1.14	0.95
中电投江苏建湖一期光伏电站	20	25	1.46	1.22
中电投江苏洪泽一期光伏电站	20	14.5	1.30	1.08
江苏新浦屋顶光伏发电项目	3.24	—	1.11	0.93
江苏国信尚德太阳能光伏发电项目	1.5	46.67	1.10	0.92
镇江新区地面光伏发电项目	3.5	21	1.14	0.95
宿迁屋顶光伏发电项目	1.85	28.5	1.19	0.99
尚德光伏产业园A区光电建筑应用工程项目	4.6	—	—	—
江苏荣威塑料工业有限公司光伏电站项目	3	—	1.12	0.94
姜堰市锦申机械有限公司光伏并网发电工程	2	—	1.37	1.14
江苏利布瑞服装有限公司厂区光伏电站项目	3.2	—	—	—
江阴市海港区国际物流有限公司屋顶光伏电站示范工程	2	20	1.03	0.86
洋口港非晶硅光伏并网电站	1	28	1.15	0.96

资料来源:根据江苏省人民政府网站2015年12月数据整理而得。

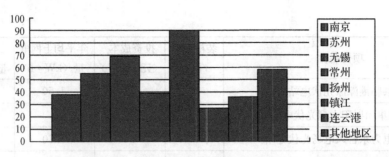

图 7-4 江苏省太阳能光伏企业分布图

资料来源:由《江苏省统计年鉴》、《中国统计年鉴》、江苏省能源局网站数据、国家统计局网站数据整理得出。

这里分析的是太阳能光伏发电产业的规制状况,考虑到数据的可得性,数据截止到 2018 年年底。下面将分别分析规制的成本与收益,首先依然是选择四个变量。

(1) 选取变量

选取四个变量 C_g, C_c, C_f, R 进行分析。C_g, C_c, C_f 为成本,分别表示政府部门规制费用、社会福利损失、被规制企业增加成本,R 表示进入规制收益。考虑到数据的可得性问题,选取江苏省太阳能光伏发电产业 2015—2018 年的数据进行分析。

本节分析中所涉及的数据来自《中国能源统计年鉴》(2016—2019)、《江苏省统计年鉴》(2016—2019)、江苏省能源局、江苏省发改委及中国能源发展报告(2016—2019)及江苏省光伏产业协会网站及相关资料。

首先是政府规制费用 C_g 的估算,依然采取学者于良春的方法[①]:计算出相关年份我国的行政成本[②]与当年我国国内生产总值的比值,然后以此为系数,乘以当年的江苏省太阳能光伏发电产业收入作为当年 C_g 的估算值。

$$C_g = \frac{行政成本}{国内生产总值} \times 江苏省太阳能光伏发电产业收入$$

按照上述公式,可以得出 2015—2018 年对江苏省太阳能光伏发电产业政府规制成本的估计值为 53.33 亿元(见表 7-11)。

表 7-11 2015—2018 年江苏省太阳能光伏发电产业政府规制成本　　单位:亿元

年份	2015 年	2016 年	2017 年	2018 年	2015—2018 年总和
国内生产总值	314 045.40	340 902.81	401 512.80	473 104.05	1 529 565.0
行政成本	9 795.92	9 164.21	9 337.16	10 987.78	39 285.07
江苏省太阳能光伏发电产业收入	225	300	596	1 050	2 171
江苏省太阳能光伏发电产业规制费用	6.98	8.10	13.86	24.39	53.33

资料来源:由《江苏省统计年鉴》、《中国统计年鉴》、江苏省能源局网站数据、国家统计局网站数据整理得出。

---

① 于良春,丁启军.自然垄断产业进入管制的成本效益分析:以中国电信业为例的实证分析[J].中国工业经济,2007(1):14—20.

② 此处的行政成本指的是国家统计局数据库中国家财政支出中的一般公共服务支出。

估算出规制成本后,需要估算社会福利的损失 C_c 和企业因规制造成的损失 C_f,首先是 C_c 的估算。依然是利用 Harberger 的计算方法[①],$C_c = r^2 P_m Q_m \varepsilon_{QP}$,$r$ 表示产业潜在的利润率 $r = \dfrac{P_m Q_m - P_1 Q_1}{P_m Q_m}$,$P_m Q_m$ 表示产业实际销售收入,ε_{QP} 表示点 A 到点 F 需求价格弹性的绝对值(见图 7-3),在这里将其表示为 $\varepsilon_{QP} = -\dfrac{Q_m - Q_1}{P_m - P_1} \times \dfrac{P_m}{Q_m}$。

考虑到太阳能光伏发电产业在全国发展的总体状况以及该产业数据的获得性问题,本书选取 2015—2018 年江苏省的数据进行分析计算。与风电产业和核电产业不太一样的是,江苏省太阳能光伏产业的发展状况在全国处于领先地位,因而这里不再需要选取一个发展处于领先地位的省份的人均消费成本数据作为最小成本 P_1 的估计值,江苏省太阳能光伏发电产业的人均消费成本可视为 P_1。因此,该产业的潜在利润率 r 的算法也与上述算法略有不同,产业的潜在利润率等于江苏省太阳能光伏发电产业的利润率,是该产业利润与产值的比值。所以求得利润率 r 约为 0.14。

仍然遵循 Harberger 在应用其公式估计福利损失时直接将价格弹性假定为 1 的方法,把江苏省太阳能光伏发电产品的价格弹性假定为 1,在必需品和奢侈品之间,即 $\varepsilon_{QP} = 1$,从表 7-11 中可以得到 2015—2018 年江苏省太阳能光伏发电产业收入的总和为 2 171 亿元,以此作为销售收入 $P_m Q_m$ 的估计值。那么,就可以得到社会福利的损失估计值:$C_c = r^2 P_m Q_m \varepsilon_{QP} = 0.14^2 \times 2\,171 \times 1 \approx 42.55$(亿元)。

下一步是 C_f 的估算,根据前文的模型中,企业因规制造成的成本增加是由于规制的不合理或规制带来的社会福利增加而损失,但这里我们认为江苏省太阳能光伏产业的发展是全国领先的,产业的人均消费成本和产品价格是最低的,也是前文模型中认为的最优状况,所以,这里风电产业和核电产业的计算方式都不一致。既然将江苏的状况作为产业的最优状况,因而,认为江苏省该产业的规制是不带来企业成本增加的,所以这里 C_f 取值为零,即 $C_f = 0$。

规制收益 R 的估算:

借鉴学者于良春计算政府规制收益的方法[②],即用江苏省光伏发电产业的固定资产投资额作为规制收益的估算值,使用此种方法是因为:假设无政府规制,光伏发电的固定资产投资额就会因重复投资而翻一番。这种思路参考了现有学术界对此的理解以及国外市场发达国家多行业的现状有因而具有一定的合理性。根据中国能源统计年鉴、江苏省统计局的网站数据及前文中给定的江苏省主要光伏发电站投建值加总可得,2015—2018 年江苏省太阳能光伏产业的固定资产投资额约为 180 亿元。

(2) 江苏省太阳能光伏发电产业规制的成本收益分析结论

分别估算 2015—2018 年间江苏省太阳能光伏发电产业的成本和收益数值,将计算数据进行汇总就可以得到江苏省该产业的政府规制的成本收益综合分析表(表 7-12)。

---

① Harberger A C. Mmopoly and Resource Allocation[J]. American Economic Review,1954(44).
② 于良春,丁启军.自然垄断产业进入管制的成本效益分析:以中国电信业为例的实证分析[J].中国工业经济,2007(1):14-20.

表 7-12 2015—2018 年江苏省太阳能光伏发电产业政府规制成本收益综合分析表　　单位：亿元

C_g	C_c	C_f	$\sum C$	R	$\sum C - R$	$\sum C/R$
53.33	42.55	0	95.88	180	−84.12	0.53

观察表 7-11 可以看出，江苏省太阳能光伏产业政府规制收益高于其成本，政府规制收益约为成本的 1.88 倍。这与江苏省自身大力发展光伏产业密切相关，但是必须指出的是，这种光伏产业发展一马当先的辉煌已经不复存在了。自 2012 年欧洲对我国出口的光伏产品采取了"双反"政策后，不仅是江苏，我国的太阳能光伏产业全都受到了巨大的打击。江苏省尚德集团破产以及一系列光伏企业倒闭，使得这种规制收益大于成本的现象不可复制，也不再重现。

这些光伏企业的破产重组除了受国际政策的影响外，最重要的原因还是政府的激励工具使用失当。政府过度激励，使得企业飞速发展，但其中存在很多问题，主要有：其一，让企业在市场中的竞争中缺失公平性；其二，政府替代企业进行战略决策，企业运营容易偏离市场规律，难以形成自身应对金融危机的反应机制，一旦经济环境有变，政府无力扶持则无法应对；其三，政府组成的个体本身就是"经济人"，在规制的过程中容易被利益集团所俘获，最终使得规制朝利益集团的方向倾斜，而偏离最初代表公众利益的本意；其四，政府由于有限理性、信息不完全及契约不完备，加上政府许诺能力有限，政府规制的效果将会偏离最优配置前沿而产生非效率。

以尚德为代表的太阳能光伏产业从规制俘获到最后的规制失灵其实是一个必然的过程。由于个人私利、部门利益、信息不对称等原因的综合作用，加上国际背景的变化、无力应对的大环境最终导致了尚德的破产、政府的规制失灵。这就引发了我们对规制的深层思考，在清洁能源产业发展中政府选择的是激励性规制，这在产业发展之初的作用是十分明显的。但是，随着产业的不断发展，以及规制者对被规制者的成本、技术等的了解远不如企业自身，以利润最大化为目标的企业会尽可能地高报成本、隐瞒实际成本，从而产生逆向选择问题。此外，政府关于被规制者努力程度的信息也不会比企业了解得多，这样政府更不知道究竟应支付或补偿多少才恰到好处。更重要的是这些变量只能观察却不能由法庭等第三方来验证，因此不能写入规制的相关契约中。任何一项规制都是有成本的，政府在信息不对称的情况下进行成本效益的分析，并制定能够克服信息不对称带来的道德风险、竞争不足及寻租问题的激励性契约是一个很大的挑战，但同时也是十分必要的。被规制的清洁能源产业的现状不断变化使得信息的积累、传播过程处于动态变化之中，往往会使被规制者的信息优势地位相应增强。因此，政府更需要设计出合适的、动态的激励契约，使得被规制者具有真实、及时披露相关信息，改进产品或服务的质量，提高努力程度等的动机。从尚德破产的案例中可以发现政府制定出的激励性契约无法应对"双反"政策下的经济环境变化，或者说面对经济环境发生的改变，政府的激励性规制并不一定会产生良好的激励效应。影响激励性规制的理由也值得我们深思。其一，规制承诺的可置信性。西方国家典型规制契约的期限都短于 5 年，即使是期限较长的价格上限契约一般也不会超过 5 年。制定期限较短的契约可以使政府规制更符合具体情况的变化，也更有利于政府在国家经济环境改变时及时地设置新的契约。而从尚德成立至今，政府的激励性规制有没有与时俱进值得反思。其二，公众、规制者与被规制者之间的博弈力量对比。在政府规制中，存在着双重的委托-代理关系，存在于规制者与被规制者、公众与规制者之间。在规制契约的制定与具体实施的信息方面，规制者比

7 我国清洁能源产业发展政府规制的实证分析

公众有信息优势,而被规制者则比规制者有信息优势。因此,被规制者和规制者对规制契约的具体执行有较大的自由选择权,并可能产生各种机会主义行为,如设租、寻租等。这些行为直接影响激励性契约的实施效率。在尚德的企业链条中存在着很多隐含问题,正符合上述原因。其三,规制者及其目标的多重性。规制者的多重性会使得政府与被规制企业存在多重的委托-代理关系,这一链条越长,出现契约的外部性问题就越多,造成监督和激励机制的效率就越低甚至无效率。

7.3.4 江苏省生物质发电产业规制的成本收益分析

生物质发电是指采用生物质原料,如农作物秸秆、林业加工的废料、生活污水、城市固体废弃物以及禽兽粪便等各种有机物为燃料,将其转化为电能的一种生活方式。江苏省生物发电主要集中在苏北产粮丰富地区,截至2018年年底宿迁、射阳、如东、洪泽等市(县)生物质发电项目已建成并投入运行的为22个,见表7-13。截至2018年年底,全省秸秆规模化发电的企业为12家,每个企业的年秸秆储蓄量在12万t以上;此外,江苏的垃圾发电项目也已形成了一定规模,全省大型垃圾发电厂的装机量达到了120.75 MW,上网电量为41 674万kW·h,而国家制定的生物质电力上网电价为0.75元/(kW·h)。

表7-13 江苏省主要生物质发电项目数据一览表

项目名称	装机容量/MW	投资成本(元·W^{-1})	年平均上网电量/(kW·h)	二氧化碳减排量/(kg·W^{-1})
江苏国信淮安生物质发电厂	30	2.7	7.27	4.73
江苏国信泗阳生物质发电厂	30	3	6.00	4.60
江苏国信盐城生物质发电厂	30	2.8	5.40	7.20
江苏国信如东生物质发电厂	25	2.99	6.40	4.60
宝应协鑫生物质发电厂	30	2.4	6.57	5.00
连云港协鑫生物质发电厂	30	2.5	—	8.33
中电洪泽生物质发电厂	15	1.31	6.67	4.00
东海龙源生物质发电厂	24	2.5	5.42	3.93
国能射阳生物质发电厂	30	2.75	5.00	3.73
中国节能宿迁生物质发电厂	24	2.47	6.54	4.17
盐城丰基铝电秸秆环保热电厂	30	2.87	—	8.17
大丰生物质能发电项目	24	3	3.55	2.67
阜宁生物质能热电项目	30	2.5	4.37	7.83
沛县生物质发电项目	24	2.1	5.83	—
新港维尔生物质项目	37	3.5	—	—
华夏热电灌南生物质能项目	30	2.8	6.07	7.40
金州可再生能源有限公司	15	1.48	6.50	4.00
江苏东盛生物质发电项目	30	2.74	6.50	8.33
江苏正兆生物质发电项目	30	2.4	8.00	—

(续表)

项目名称	装机容量/MW	投资成本(元·W^{-1})	年平均上网电量/(kW·h)	二氧化碳减排量/(kg·W^{-1})
江苏利森生物质发电厂	20	2	—	4.50
海安华新热电有限项目	15	2.2	—	4.00
丰县鑫源生物质环保热电项目	30	2.5	7.00	8.33

资料来源：根据江苏省人民政府网站2018年12月数据整理而得。

这里分析的是江苏省生物质发电产业的规制状况，考虑到数据的可得性，数据截止到2018年年底。下面将分别分析规制的成本与收益，首先依然是选择四个变量。

(1) 选取变量

选取四个变量 C_g, C_c, C_f, R 进行分析。C_g, C_c, C_f 为成本，分别表示政府部门规制费用、社会福利损失、被规制企业增加成本，R 表示进入规制收益。考虑到数据的可得性问题，这里选取2015—2018年的数据进行分析。

本节分析中所涉及的数据来自《中国能源统计年鉴》(2015—2018)、《江苏省能源统计年鉴》(2015—2018)、《中国能源发展报告》(2015—2018)、江苏省发改委网站数据及江苏新能源利用及产业发展报告。

C_g 的估算：

同上文的研究方式，仍然依照学者于良春的方法[①]估值：计算出相关年份我国行政成本[②]与当年我国国内生产总值的比值，然后以此为系数，乘以当年江苏省生物质发电产业的收入作为当年 C_g 的估算值。

$$C_g = \frac{行政成本}{国内生产总值} \times 江苏省生物质发电产业收入$$

按照上述公式，可以得出2015—2018年对江苏省生物质发电产业的政府规制成本的估计值为1.86亿元(见表7-14)。

表7-14　2015—2018年江苏省生物质发电产业政府规制成本　　单位：亿元

年份	2015年	2016年	2017年	2018年	2015—2018年总和
国内生产总值	314 045.40	340 902.81	401 512.80	473 104.05	1 529 565.0
行政成本	9 795.92	9 164.21	9 337.16	10 987.78	39 285.07
江苏省生物质能产业收入	14.00	18.63	19.90	20.51	73.04
江苏省生物质能业规制费用	0.43	0.50	0.46	0.47	1.86

资料来源：由《中国统计年鉴》(2015—2018)、《江苏省统计年鉴》(2015—2018)、江苏省能源局网站数据、国家统计局网站数据、江苏新能源利用及产业发展报告数据整理得出。

---

① 于良春，丁启军.自然垄断产业进入管制的成本效益分析：以中国电信业为例的实证分析[J].中国工业经济，2007(1)：14-20.

② 此处的行政成本指的是国家统计局数据库中国家财政支出中的一般公共服务支出。

C_c 的估算:

利用 Harberger 的计算方法,① $C_c = r^2 P_m Q_m \varepsilon_{QP}$,$r$ 表示产业潜在的利润率,$r = \dfrac{P_m Q_m - P_1 Q_m}{P_m Q_m}$($P_m Q_m$ 表示实际销售收入),ε_{QP} 表示点 A 到点 F 的需求的价格弹性的绝对值,在这里将其表示为 $\varepsilon_{QP} = -\dfrac{Q_m - Q_1}{P_m - P_1} \times \dfrac{P_m}{Q_m}$。

考虑到生物质发电产业在全国发展的总体状况以及生物质发电产业数据的获得性问题,文中选择了全国生物质发电产业发展相对较为成熟的河北省的生物质发电产业的人均消费成本作为潜在的最小成本 P_1 的估计值,江苏省生物质发电产业的均价即为实际价格 P_m。通过计算求得江苏省 2015—2018 年间生物质发电产业的平均消费成本 P_m 约为 1.92 元/人次,河北省的均值约为 0.65 元/人次。需要说明的是,为了使价格更具有可比性,在计算价格弹性的时候,不适合采用 Harberger 模型中的绝对价格,而是应采取相对价格,从而剔除经济发展程度对其的影响。2015—2018 年江苏省和河北省的年人均 GDP 值分别为 49 849 元和 27 551 元,所以河北省相对的生物质发电产业的人均消费为 $P_1 = 0.65 \times (52\,643/27\,551) \approx 1.24$ 元/人次,这时可以求出产业的潜在利润率 $r = \dfrac{P_m - P_1}{P_m} \approx 0.35$。

遵循 Harberger 在应用其公式估计福利损失时直接将价格弹性假定为 1 的方法,把江苏省生物质发电产业的价格弹性假定为 1,在必需品和奢侈品之间,即 $\varepsilon_{QP} = 1$。从表 7-14 中可以得到 2015—2018 年江苏省生物质发电产业收入的总和为 73.04 亿元,以此作为销售收入 $P_m Q_m$ 的估计值。那么,就可以得到社会福利的损失估计值:$C_c = r^2 P_m Q_m \varepsilon_{QP} = 0.35^2 \times 73.04 \times 1 \approx 8.95$(亿元)。

C_f 的估算:

C_f 指的是被规制企业的成本的增量,根据对其的定义和表 7-14 的描述,我们可以对其进行估算:$C_f = Q_m \times (P_2 - P_1)$。根据前文的计算,用产业的收入减去成本可以推算出 2015—2018 年江苏省生物质发电产业的总利润约为 21.56 亿元,求出利润率大约为 $r_2 \approx 0.29$。又 $r_2 = \dfrac{P_m - P_2}{P_m}$,因而推得 $P_2 = 0.71 P_m$,前面求出了行业的潜在利润率 $r \approx 0.35$,根据公式 $r = \dfrac{P_m - P_1}{P_m}$,可求得 $P_1 = 0.65 P_m$,因为 $C_f = Q_m \times (P_2 - P_1)$,所以求得 $C_f = 0.06 P_m Q_m$,前面的表格中已经进行了计算,求得 2015—2018 年江苏省生物质发电产业的总产值也就是 $P_m Q_m$ 为 73.04 亿元,所以最终求得 $C_f = 0.06 \times 73.04 \approx 4.38$ 亿元。

规制收益 R 的估算:

模型不变,依然采用学者于良春计算政府规制收益的方法,②即用江苏省生物质发电产业的固定资产投资额作为规制收益的估算值,使用此种方法是因为:假设无政府规制,风电产业的固定资产投资额就会因重复投资而翻一番。这种思路参考了现有学术界对此的理解

---

① Harberger A C. Mmopoly and Resource Allocation[J]. American Economic Review, 1954(44).
② 于良春,丁启军. 自然垄断产业进入管制的成本效益分析:以中国电信业为例的实证分析[J]. 中国工业经济, 2007(1):14-20.

以及国外市场发达国家的行业现状,因而具有一定的合理性。根据江苏省统计年鉴及江苏省人民政府网站的相关数据可以计算出 2015—2018 年江苏省生物质发电产业的固定资产投资额约为 7.33 亿元。

(2) 江苏省生物质发电产业规制的成本收益分析结论

分别估算 2015—2018 年间江苏省生物质发电产业的成本和收益的数值,将计算数据进行汇总就可以得到江苏省生物质发电产业的政府规制的成本收益综合分析表(表 7 - 15)。

表 7 - 15　2015—2018 年江苏省生物质能产业政府规制成本收益综合分析表　单位:亿元

C_g	C_c	C_f	$\sum C$	R	$\sum C - R$	$\sum C/R$
1.86	8.95	4.38	15.19	7.33	7.86	2.07

由江苏省生物质能产业的规制政策的成本收益分析可见,规制的成本是收益的 2 倍多一些,因此该产业从规制的效益视角考察也处于规制失灵的状态,亟需重建合理的政府规制政策。

7.4　我国清洁能源产业政府规制实证分析的结论

通过数据的计算得出了江苏省目前生物质发电产业的规制成本约为收益 2 倍的现状。除了太阳能光伏发电产业外,目前生物质发电产业的规制收益与成本的比值是最高的,但是自 2012 年后,太阳能光伏发电产业发展在全国都遇到了重大的阻碍,所以,综合现状来看,生物质发电产业是规制最有效的一个产业。尽管是目前规制中最有效的,但仍然是一种失灵的现象,这种失灵的原因还是激励性规制不够,所以在今后的生物质发电产业中,江苏省要在做好加大技术研发力度的同时,完善江苏省目前的财政补贴、税收优惠政策,继续降低生物质发电上网电价,不断完善相关的激励性政策。

上文分别从风电产业、核电产业、太阳能光伏发电产业和生物质发电产业具体计算了江苏省的规制现状。虽然太阳能光伏发电产业的计算结果是最有优的,但是考虑到 2012 年太阳能光伏产业的巨大波折,目前该产业的实际情况已经与获得的数据计算结果截然不同。实际上,目前这四个产业都存着规制失灵的状况,这种失灵从数据上就表现为规制的成本高于收益。由于江苏省是全国经济较发达省份,其清洁能源规制的发展尚且如此,推及全国,这种规制失灵现象就更为严重,下文将分析失灵产生的原因及解决办法。

目前我国清洁能源产业发展中政府规制失灵的原因大体有以下几种:

一是清洁能源产业规制工具与规制目标的不匹配。目前的清洁能源市场采取的规制工具多为经济规制中的激励性规制工具,在政府的过度激励下,企业飞速发展。地方政府过度激励的清洁能源企业存在着很多隐含问题,将这些问题进行分类大体包含四大类:其一,使清洁能源企业在能源市场竞争中缺乏公平性;其二,规制机构而不是清洁能源企业自身进行产业战略决策,清洁能源企业运营容易偏离市场规律,难以形成自身应对金融危机的反应机制,一旦经济环境变化,政府无力扶持则无法应对;其三,规制机构组成的个体本身就是"经济人",在规制清洁能源产业的过程中容易被清洁能源产业中的利益集团所俘获,最终使得规制朝清洁能源的利益集团方向倾斜,而偏离最初代表公众利益的本意;其四,规制机构由于有限理性、信息不完全及契约不完备,加上其许诺能力有限,清洁能源产业规制的效果将会偏离清洁能源资源的最优配置前沿而产生非效率。除去规制机构的过度激励外,清洁能源产业中的规制工具使用与产业规制目标的不匹配有时也会阻碍清洁能源产业的发展进程,例如规制机构对清洁能源产业的激励性规制缺乏某些规制工具的组合使用。对清洁能源产业来说,企业的一些经营活动是需要规制机构采取必要的措施加以限制后才能彻底处理好,由信息不对称、外部性等引起的市场机制不能克服企业发展效率低下的问题。但是在实际的清洁能源产业发展中,规制机构对清洁能源产业的再次规制方面还有欠缺,或者是没有使用可靠的规制工具对这些现象进行规制。例如,企业的经营活动与消费者的生活安全密切相关,比如太阳能电池或热水器的使用安全,因此在产品的生产过程中必须在源头上确保所有太阳能光伏企业生产的质量安全。尤其是在产品质量安全事故频率很高的今天,规制机构在太阳能光伏企业的生产过程中进行严苛的质量规制十分重要,政府务必制定详细周密的太阳能光伏产品的生产标准,对生产经营的整个过程进行严密的指导和频繁的监督。规制机构需对太阳能光伏产品的要紧的技术环节层层把关,严苛督查企业的整个生产流程,保证所生产的太阳能光伏产品的质量合格,这不仅会促进整个企业茁壮成长,也有利于清洁能源产业的发展。

二是清洁能源产业中的规制机构与被规制的清洁能源企业间的信息不对称问题。尽管这个问题在一开始就已经提出并在阐述清洁能源产业的规制主体互动时已经重点说明,但是其对于整个清洁能源产业的规制依然产生着不可忽视的影响。当前,清洁能源行业中的各类企业经营规模一般都比较大或至少是中等规模,但是这类企业多为私营,经营主体是分散的。这给产业的管理和规制带来了一定的困难,而且不一定所有清洁能源企业的生产都符合政府规制的要求,一些企业的生产经营活动有或是突破合理的生产规模,或是生产出的清洁能源产品质量不达标,或是不利于清洁能源资源的生产利用,或是损害到清洁能源消费者健康等行为。在清洁能源企业的生产经营活动的过程中,政府规制部门也做不到对所有部的经营者逐个进行跟踪检查(人员不足以及效率低下),这势必影响到政府对清洁能源产业规制最终的实施效果。比如,在太阳能光伏发电产业产品定价中的价格确定环节,实际产品成本为多少,以及其中包含的跨国公司的转移成本等信息只有经营者自己最清楚。所以,清洁能源企业可以选取采用成本预算等形式向政府规制机构施予自身的影响力,加大规制机构对清洁能源企业的政策倾斜和激励性扶持,这样清洁能源企业不仅可以通过产品定价获利,还可以有效地把政府对其规制的些许成本转移给清洁能源的消费者,这也是清洁能源产业中政府规制失灵的一个重要原因。

三是清洁能源的产业规制者被清洁能源产业的利益集团俘获的问题。在清洁能源产业中,只要是涉及经营者自身利益的问题,就不能排除将会出现清洁能源企业或利益集团为了追求自身短期利益,盲目扩大生产规模,获取更大利益的状况。但是,清洁能源企业在扩大生产规模之前必须要经过规制机构的前置审核、批准和监督,而被规制的清洁能源企业为了使自己可以取得更多的利润,会竭尽全力地防止规制机构对其背离产业发展规定的惩处。

只要用于俘获规制者的成本小于其由超额生产而取得的利润,清洁能源产业的经营者就会继续进行对规制者的俘获行为。理想上,规制机构应是公众利益或整体清洁能源产业利益的代表者,把阻止和惩处个别清洁能源企业背离政府规制的生产经营行为当作其重要的使命。然而,现实是作为构成规制机构的个体都是理性的"经济人",本身也会受到利益的驱使,会接受产业经营者的经济贿赂,达到企业和自身利益的"双赢"。但是规制者的这些举动也可能因为被上级规制部门察觉,而在地位、信誉、财产等方面受到处罚,但是只要处罚的成本不超出其得到的各种好处,规制者被清洁能源产业中的利益集团俘获的现象就会出现反复,最终影响政府规制清洁能源产业的实际效果。接受贿赂是一种现象,还有一种可能是规制机构利用自身拥有的自由裁量权,通过寻租的方式向清洁能源企业寻求经济利益,这也会导致清洁能源产业资源配置的恶化,带来政府的产业规制失灵。

四是清洁能源产业规制机构的非独立性问题。规制机构的非独立性不仅存在于清洁能源产业中,这是我国规制机构设置的一致问题。这种非独立的规制机构是影响清洁能源产业的政府规制实施效果的一个重要因素,清洁能源产业不仅触及与环境保护相关的问题,还触及能源产品安全问题、能源产品价格问题、能源生产安全问题,有的企业则同时触及两个甚至更多的问题。比如,生物质产业的生产经营活动中,既触及生态环境问题,同时在能源资源的开发过程中还触及生物质能源开发范畴、生物质能源产品质量安全等方面的问题。这既触及环境规制,又触及生产安全规制,因而生物质产业的企业生产经营活动就会遭到多个部门的共同规制。如果不是同时涉及两个及以上部门的共同利益,规制处理的过程相对简单些。一旦牵涉到两个及以上部门的利益或若干部门的利益并不一致时,协调难度就复杂了,这在前文进行规制机构的互动分析时已经详细进行了描述,这里就不再赘述。有时,当清洁能源产业的规制成本很大时,每个规制部门都不情愿自动去担当,最终导致清洁能源产业的规制措施制定不及时,影响了产业规制的推行成效和清洁能源产业的发展,导致了政府规制的失灵。

鉴于我国清洁能源产业政府规制存在着失灵现象,这种规制失灵将影响清洁能源产业的健康合理高效发展,亟需解决。下文将运用激励性规制理论构建出清洁能源产业政府规制的激励性政策框架来解决该产业中存在的规制失灵现象并提出促进我国清洁能源产业发展的对策和建议。

7.5　本章小结

本章的实证研究延续使用政府规制的 STC 分析框架,从三个维度展开:分别是我国清洁能源产业政府规制的主体互动、清洁电力能源价格规制工具的选择以及对江苏省清洁能源中四个主要产业的成本收益分析进行实证研究。现将本章的研究结论总结如下:

通过中央和地方规制机构关于清洁能源产业规制目标制定的博弈、规制机构和被规制企业关于市场进入的博弈、规制机构和被规制企业关于产品质量安全的博弈这三组博弈模型的展示,细化我国清洁能源产业的规制中各主体的互动关系。这种互动关系是制定我国清洁能源产业发展的激励性规制政策的前提条件,同时也能够预防规制中经常出现的设租、寻租、抽租和护租行为,是解决企业和产业两难问题的重要前提保证。这部分博弈模型的构建与分析是进行我国清洁能源产业规制分析的基础和必备条件。通过博弈模型的分析可得:目前我国清洁能源产业的规制中存在着设租、寻租、抽租等不利于清洁能源资源优化配置的行为,需要政府运用激励性规制工具进行产业规制契约的设计与更新。

本章中对规制工具的演进路线遵循着第四章的工具演进方式进行。从传统价格规制的方式逐渐演进到制度设计,进而得出激励性规制中适用的产品定价方式。从价格上限定价到 V－F 动态定价再到按比例调整的线性定价方式,尝试对清洁电力能源产品进行价格诱导性设计和清洁能源产业规制的激励性机制设计。这种定价方式打破了传统定价方法中为了实现帕累托最优而采取的边际成本定价固态,转而通过对清洁电力能源产品同时征收价格变化税和成本变化税的方式达到一种资源配置的次优状态。虽是次优状态但却能解决清洁能源企业边际成本低、固定成本巨大造成的单纯使用边际成本定价,导致的企业亏损和完全以平均成本定价使价格过高的两难困境,是一种价格规制工具的全新尝试。本章尝试了这种新兴的清洁电力能源产品定价方式,但是这种方式也不是完美的,而是有局限性的,因为没有考虑到技术进步,是一种静态的产品定价方式。

本章中运用成本收益的分析方式对江苏省的清洁能源产业的规制政策进行了比较分析。根据斯蒂格勒和弗兰德的古典模型将规制的成本和收益分为四个简易变量,采用学者于良春的估值法,考量政府规制费用、社会福利损失、被规制企业增加成本和规制收益。由于江苏省清洁能源产业的规制可以作为全国该产业规制的先进代表,因而从江苏省清洁能源产业数据的定量分析中揭示我国清洁能源产业规制的较优状态。根据数据得出的结论是:除了 2012 年前太阳能光伏发电产业的规制收益大于成本外,风电产业、核电产业和生物质发电产业都处于规制失灵的状态。规制失灵的原因是多方面的,如规制机构制定政策时未考虑规制的信息结构不对称而导致信息获取不真实、规制机构在规制过程中工具使用组合不到位、规制机构被清洁能源产业中的利益集团俘获等。综合说来,最重要的原因就是规制契约不恰当。这种由规制契约制定不当导致的规制失灵需要政府进一步改善激励和扶持,优化政府规制的激励性契约。因此,如何更好地构建适合我国清洁能源产业发展的激励性规制契约是值得深思的问题。这也从另一个角度说明了激励性规制对我国清洁能源产业发展的重要性,也说明借鉴发达国家清洁能源产业的政府规制经验的重要性。

8 发达国家清洁能源产业政府规制的案例及经验借鉴

与发育成熟的传统能源产业相比较,清洁能源产业属于新型的能源领域,清洁能源产业的发展与利用尚处于起步阶段,且清洁能源产业是典型的弱势产业,需要政府的大力扶持与激励。目前我国正处于经济社会转型期,政府拥有支配公共资源的权力,是清洁能源产业发展的主要投资主体。政府的决策对清洁能源产业的发展具有很强的影响力和决定力,因此它成为推动我国清洁能源产业发展的绝对主导力量和中坚力量。世界各国政府为了促进本国清洁能源相关技术成熟和清洁能源能源产品的大规模商业化,在加快清洁能源产业发展进程中,以国家和政府立法以及相应的配套政策制定和实施的方式来满足本国清洁能源产业的发展,是当今世界各国发展清洁能源产业的通行做法和成功经验。各国的政府规制机构对清洁能源产业的规制政策的主要关注点,集中在清洁能源企业的市场进入与产品定价以及清洁能源市场的规制工具运用等经济性规制领域。但这些集中关注的领域正在发生着改变,清洁能源产品质量安全、清洁能源规制机构的寻租现象等问题日益成为各国政府规制机构关注的新焦点。与此同时,规制机构对清洁能源产业的规制工具也随之发生了改变,从依靠传统规制工具逐渐发展到演进使用激励性规制工具的方式。

8.1 发达国家清洁能源产业的政府规制政策的推进案例

下文将以美国、欧盟、日本、澳大利亚等发达国家及地区的新能源和可再生能源规制政策的推进为例,从激励性规制的工具选择及应用的角度阐述各国的经验,希望对我国清洁能源产业的规制政策的制定提供借鉴和参考。

8.1.1 美国清洁能源产业发展的规制政策推进案例

2009年美国《清洁能源与安全法》的出台,标志着美国政府初步实现了多年来对"能源独立"的追求。美国对能源供应的独立要求从40多年前开始提出,从那以后美国政府一直在努力追求能源供应的独立,从历任美国总统的能源战略规划可见一斑。1970年,美国尼克松总统推出了一项研发无污染汽车的5年计划,并许诺到1980年美国实现能源的自给自足,但是并未成功;其后的美国总统卡特于1979年推出了意为与战争一样重要的减少进口石油政策,希望在10年内使美国的石油进口量减半,并制定了机动车辆的"Cafe标准",即燃油经济性标准计划;随后的美国总统福特制定了名为"能源独立蓝图"的计划,希望通过计划的执行使美国到1985年实现能源全面自给自足的状态;克林顿和布什执政期间也制定了一系列的能源独立性战略标准,直至奥巴马成为美国总统,此能源战略路线都没有发生改变;奥巴马政府出台了以《清洁能源与安全法》为代表的一系列新能源政策,奥巴马表示政府将投资1500亿美元用于未来10年的清洁能源产业发展,并计划用3年的时间使可再生能源,如太阳能、风能和地热能的产量翻一番,在美国的电力消费中的比例增加到25%[1]。为了实现这一伟大的目标,政府推出一系列措施:增加联邦资金资助清洁能源项目的开发建设,加快发展洁净煤技术,联邦税收抵免(PTC)延迟5年,以鼓励可再生能源的生产。2009年奥巴马签署了《美国再投资和恢复法案》,强调了美国在新能源和可再生能源领域的投资不断扩大,这种投资包括开发下一代生物燃料和燃料基础设施,加快可外充电的油电混合动力汽车商业化进程,扩大可再生能源项目的商业规模。[2]奥巴马的一系列清洁能源规制政策如表8-1所示。

表8-1 奥巴马政府清洁能源规制政策

清洁能源规制政策	具体内容	政策特色
制定清洁能源发展计划和战略目标	未来20年,能源利用效益至少提高一倍;10年内结束从中东和委内瑞拉进口石油;至2050年,温室气体总量控制和排放减少80%;出台清洁能源技术路线图	典型美国计划进展模式:立法—规划—技术路线图—具体实施的推进路线
财税补贴	设立清洁技术风险基金,主要用于推广清洁煤技术。在5年内每年提供100亿美元,10年内共提供1500亿美元资金,用于建立清洁能源相关经济部门和新工作岗位	资金补贴和需求补贴方式结合,提高政策的高效性
技术研发与创新	研究新一代生物燃料和发展生物燃料的基础设施,强化混合动力汽车(plug-in)的生产技术商业分析,促进可再生能源市场,完善用煤发电的电站,有原则地建立新型电网	通过税收优惠及各种鼓励措施,促进清洁能源技术的使用及推广
清洁能源统一入网	智能化改造电网,升级换代统一电网,将太阳能、风能、地热能等清洁能源统一入网管理,创造世界最高能源使用效率	清洁能源发电统一入网工程,令清洁能源市场效益大大提高

资料来源:杨泽伟,《发达国家新能源法律与政策研究》,2011年版,第3-17页整理而得。

奥巴马的清洁能源规制政策是美国国内一场新的经济革命,不仅对美国意义重大,对世界经济的影响也十分显著。具体可从三个方面来阐述:首先,一旦本身就拥有世界顶尖的能源先进技术优势的美国摆脱了以石油进口和消费为主的能源供需结构,就摆脱了大量温室气体排放和环境污染的恶名,就能够在世界的能源和生态环境保护等问题上重新拥有话语

---

[1] 巴拉克·奥巴马.我们相信变革:重塑美国未来希望之路[M].孟宪波,译.北京:中信出版社,2009.
[2] Barack Obana. Jobs, Energy Independence, and Climate Change[EB/OL]. http://www.realelearpolitics con/articles/2009/01/jobs_independence_and_c.html, January26, 2009.

权。这种话语权关系到美国对全球石油市场格局影响力的大小,也势必引发全球能源格局的整体调整。其次,美国将改变以往主要依靠战争获取能源资源的国际形象。采用可再生能源配额制、低碳燃料标准、国家工程的能源保护标准、"碳排放股票"、使用纤维素生产乙醇等清洁能源规制措施,主导和引领世界进入一个全新的能源领域,即在新能源和环境领域展开新一轮的国际竞争。而在这样的竞争中,美国毫无疑问会因其掌握话语权而不可忽视,这对美国和世界而言都是巨大的改变。最后,奥巴马能源规制政策的核心涵盖了新能源、可再生能源、低碳经济、智能电网等一揽子规制政策,这个总规制政策是以最先进能源技术武装的一个全新能源安全供应系统,①这又会引发新一轮的以太阳能、风能、生物质能等无国界能源开发为代表的全球清洁能源技术革命和技术竞争。此一揽子规制政策将激发世界上其他国家发展清洁能源,紧接着引发世界能源产业的一场新变革。从上述三个方面的描述可见,美国的清洁能源规制政策是着眼于全球战略高度的,因而对我国和其他清洁能源发展较为落后的国家来说都需要认真学习并合理借鉴。

8.1.2 欧盟可再生能源产业发展的规制政策推进案例

欧盟从 20 世纪 90 年代中后期开始陆续经历了三次能源改革。2009 年的第三次能源改革方案将能源供应安全发展覆盖全核能、电力、可再生能源各方面,并且包含了能源供应链的各个环节。② 至此欧盟确立了完整的能源规制政策改革方案,改革方案重点强调节能与能源效率、可再生能源开发、核能安全、新能源技术发展与国际合作这几项。

欧盟的可再生能源规制始于 1997 年颁布的《可再生能源白皮书》。③ 此后,欧盟陆续颁布了一系列相关的指令和计划,通过颁布指令的规制方式来进行可再生能源的管理。欧盟的可再生能源指令可细分为可再生能源电力的指令、生物燃料指令和可再生能源指令等。

(1) 可再生能源电力指令:2011 年欧盟通过的《关于促进内部能源市场利用可再生能源发电》2001/77/EC 指令(RES-Electrcity,简称 RES-E)。④ 此指令中的电力是绿色电力,由非化石可再生能源提供。由指令可知,可再生电力能源的评估建立在欧盟总体和成员国两个层面上进行。成员国必须参照指令要求制定国家发展可再生电力能源的战略目标,并将目标即时提交至欧盟,详细说明为实现此目标已采取或将采取的措施,该指令在 2012 年更新为 2009/28/EC 可再生能源指令。

(2) 生物燃料指令:欧盟的生物燃料指令鼓励生物燃料与低成本的化石燃料展开竞争,通过竞争的方式使生物燃料和其他可再生燃料在燃料运输领域的市场占有一定份额,其指令规定各成员国生物燃料立法或采取相应的措施,确保生物燃料(用于运输来自生物质的液体或气体燃料,如生物降解废物、农业和林业废弃物等)占境内燃料的最低销售比

---

① 李果仁. 奥巴马政府新能源政策的启示与借鉴[J]. 国际观察,2012(6):55 - 57.

② See European Commission, the Internal Energy Market[J]. COM(88) 238 final, 1988.

③ REN. Renewables 2011: Global Status Report[J]. Enviromental Plicy Collection, 2011.

④ See Directive 2001/77/EC of the European Parliament and of the Council of 27 September 2001 on the promotion of electricity produced from renewable energy sources in the internal electricity market, OJ L 283, 2001:33 - 40.

例达到5.75%，指令还希望通过发展生物燃料刺激欧盟农村经济同步发展，该指令的规制性明确。

（3）可再生能源指令：该指令规定到2020年，可再生能源消费量要占欧盟能源总消费的20%以上，同时满足在欧盟的成员国间运输领域能源总消费量达10%的目标。指令要求欧盟成员国采取可再生能源行动计划，在交通、电力和供暖制冷单位设定2020年的可再生能源目标，且行动计划必须考虑其他能源效率措施的协同作用。成员国的优势是可以利用数据转换的无壁垒来彼此"交换"可再生能源项目或产业，设置无障碍、无壁垒的可再生能源电力和供暖项目，在满足特定条件的要求下成员国相互合作。此类规制政策利用了欧盟成员国众多的独特优势，因其特殊性在我国借鉴中可能出现屏障。

这里特别要提出的是欧盟的Altener计划，这是欧盟制定的一项专门规制可再生能源的专项政策。① 该政策制定的目的是为了扩大欧盟可再生能源的全球市场份额，通过政策增进欧盟内外的可再生能源产品及设备和可再生能源的服务贸易。不久之后，欧盟政府又制定了AltenerⅡ计划，② 此计划也是欧盟支持和监测可再生能源发展的主要规制工具。AltenerⅡ计划是通过吸引公共资金部门和私人部门向可再生能源领域投资的方式，为欧盟可再生能源的发展创设社会、经济和行政条件。

在欧盟经历第三次能源改革后，2010年欧盟能源政府规制机构提出了优先投资可再生电力能源的战略目标，要使得欧盟的可再生能源投资高于2009年新增电力设施投资超62%的水平。欧盟总投资的一大半，即超过5 000亿欧元被替换或者投资新的电力。③ 从欧盟可再生电力能源的发展轨迹可见，可再生电力能源需要政府规制机构财税资金方面的支持和激励，欧盟政府主要通过私营部门投资并由可再生电力能源消费者付费的方式来促进该产业的发展。由于政府的财政有限制，在有限的资金下实现政府对可再生电力能源的激励并使激励转化为企业的效益才是真正的有效规制，因此在成员国和欧盟层面上有效的财政规制工具选择和组合显得尤为重要。表8-2详细列举了欧盟可再生能源财政规制工具的使用和组合。

当欧盟成员国开始利用欧盟的资助时，支持可再生能源的发展就体现在国家层面上。表8-3反映了欧盟各成员国利用不同的财税规制工具来激励可再生能源产业的发展，在成员国的不同市场上需要不同使用的可再生能源工具和多种工具组合使用，且规制工具的组合必须契合规制的政策框架，这样才能避免摩擦以及给可再生能源投资者带来负面影响。

---

① See 93/500/EEC. Council Decision of 13 September 1993 concerning the promotion of renewable energy sources in the Community (Altener programme). OJL 235, 1993:41-44.

② See Decision No 646/2000/EC of the European Parliament and of the Council of 28 Feburary 2000 adopting a multiannual programme for the promotion of renewable energy sources in the Community(Altener) (1998 to 2002), OJL 79, 2000:1-5.

③ See Communication from the Commission to the European Parliament, the Council, the European Economic and Social Committee and the Committee of the Regions of 10 November 2010—Energy 2020 A Strategy for competitive, sustainable and secure energy, COM(2010) 639 final, 2010.

表 8-2 欧盟可再生能源财政规制工具具体形态

种类	内容	特点
税务减免	生物燃料优惠税收减免,能源产品征税分两部分:一是有利于可再生能诗的发展,向企业部分按照实际产生的能量征税;二是根据 CO_2 排放量征收	表明实现欧盟温室气体减排目标有利于可持续增长
投资补贴	用于可再生能源发电接入电网;瑞典每年补贴3 600万欧元支持生物质燃烧和转换技术研发;丹麦给予再生能源项目建设成本补贴15%~30%等	补贴支持企业研发、开展营销和公益活动,促进可再生能源发展
固定电价	付给可再生能源电力生产者与传统农业电力生产者相同的批发价,加上一个反映可再生能源社会和环境利益价值的加款(代表国家:德国、西班牙、法国)	购买和出售电力固定一个强制性的补贴来给长期投资者以信心;以价格为基础
配额和可交易的绿色证书	可再生能源电力像常规能源一样以市场价格出售,生产可再生能源电力所带来的超出常规能源的成本,非由鼓励证书市场上绿色证书的销售额来补偿(代表国家:英国、意大利、比利时、波兰和瑞典)	以市场为基础,在不引起价格扭曲的前提下,促进可再生能源发展,是市场的自由选择

资料来源:程荃,《欧盟新能源法律与政策研究》,2012年版,第91-94页整理而得。

表 8-3 欧盟成员国对电力、供热和运输(生物燃料)产业规制工具使用情况

		AT	BE	BG	CY	CZ	DE	DK	EE	ES	FI	FR	GR	HU	IE	IT	LT	LU	LV	MT	NL	PL	PT	RO	SE	SI	SK	UK
电力	固定电价	%	%	%	%	%	%		%	%		%	%	%	%	%	%	%	%	%	%		%		%	%	%	%
	津贴				%		%				%										%				%			
	配额		%												%							%	%		%			%
	投资补贴	%	%		%	%				%		%														%		
	税收减免		%					%			%																%	%
	财政刺激			%		%													%		%			%				
供热	投资补贴	%	%	%		%			%			%																
	税收减免	%					%				%																	%
	财政刺激				%			%													%							
运输	配额	%		%	%	%	%	%				%		%														
	税收减免	%	%	%		%						%																

资料来源:程荃,《欧盟新能源法律与政策研究》,2012年版,第95页。

通过对欧盟可再生能源政策的分析可以看出,其具有以下特征:第一,关注立法之前的调查研究和论证。前期的研究结果通常的发表形式是绿皮书或白皮书,在这些文件中分析可再生能源发展的问题以及背景和原因,并提出对策和建议来解决这些问题。文件中的产业发展目标和产品质量标准最后都被欧盟的指令和决定采纳,成为可再生能源产业发展中

具有法律约束力的文件。① 第二,逐步明确发展目标。正如生物燃料指令,在 2003 年,指令鼓励生物燃料与成本低的化石燃料展开竞争,制定"消费参考标准",到了 2005 年,生物燃料消费占能源消费总量的 2%,在 2010 年年底达到 5.75%。指令要求成员国参照"消费参考标准",调整自己的目标。② 第三,大力实施可再生能源的指令,根据需要转换为各成员国发展可再生能源的法律法规和标准,有些指令甚至被成员国分解为量化配额的任务,通过各国的政府规制执行机构来实现。③

8.1.3 日本新能源产业发展的规制政策推进案例

日本是一个常规能源十分匮乏的国家,其能源政策经过 30 多年的发展,新能源的开发利用出现了扭亏为盈的倍增趋势,使得日本对传统能源的依赖度大大降低,经济抗风险能力大大增强,其新能源政策十分值得我国学习和借鉴。

日本政府能源规制政策的主要目标简称 3Es 目标,即实现日本国内的能源安全、经济增长和环境保护的协同发展。④ 日本能源产业发展的次要目标在 3Es 的指导下也逐步形成,主要包括:① 完成《京都议定书》中规定的温室气体减排目标,即到 2012 年完成温室气体排放总量比 1990 年减少 6%。⑤ 日本政府分别从供应和需求等方面采取措施,减少温室气体的排放量,如众多企业在政府的规制下联合发布了《可持续发展报告书》,其目的是为了配合政府规制机构实现企业的社会责任。⑥ ② 大力提高能源使用效率。日本提高能源效率的规制举措追溯到 20 世纪 70 年代的日本经济产业省编制的《新国家能源战略》中明确提出了未来日本发展节能技术和新能源产业的目标及措施,在这个目标中最重要的是提出了 2030 年前将全国总体能源利用效率提升 30%以上。⑦ ③ 大力开发新能源,实施日本的能源多样化利用。日本政府早已认识到石油对国民经济的巨大制约作用,希望通过新的能源规制政策来减少石油对国民经济的控制作用,于是日本的新能源规制政策中增加了天然气的使用比例,大力发展水能和核能,同时增强了对风能、太阳能以及其他新能源的开发利用。⑧

在新能源产业的发展过程中,日本十分重视制定能源产业规制计划来促进新能源产业的发展。1974 年,日本实施了推进新能源的"阳光计划"规制措施,之后陆续推出了一系列新能源规制政策措施,日本政府在这些规制政策的执行过程中将新能源、节能和地球环境技术等规制目标和内容紧密结合,通过有效地开发利用能源环境技术来推进产业的进步。之后的 1993 年日本政府又推出了"能源与环境领域综合技术开发计划",也就是"新阳光计

---

① 黄速建,郭朝先. 欧盟发展可再生能源的主要做法及对我国的启示[J]. 经济管理·新管理,2005(10):4-11.
② See Directive 2009/28/EC of the European Parliament and of the Council of 23 April 2009 on the promotion of the use of energy from renewable sources and amending and subsequently repealing Directives 2001/77/EC and 2003/30/EC, OJL 140,05/06/2009:16-62.
③ 贝娅特·科勒-科赫. 欧盟治理模式[M]. 周弘,译. 北京:社会科学文献出版社,2008:180.
④ 高世宪. 日本能源领域新举措对我国的启示[J]. 中国能源,2003(4):48.
⑤ 王乐. 日本的能源政策为能源安全[J]. 国际石油经济,2005(2):18.
⑥ 日本环境省. 环境白皮书[M]. 日本:环境科学出版社,2004:21.
⑦ 马玉安. 从《新国家能源战略》看日本石油政策走向[J]. 金融时报,2006(12):4.
⑧ 单宝. 日本推进新能源开发利用的举措和启示[J]. 科学·经济·社会,2008(2):76.

划",希望通过此项规制措施促进日本国内新能源的开发利用以及商业化运转。[①] 表8-4将综合比较"阳光计划"和"新阳光计划",通过对这两个计划的研究充分了解日本目前的新能源发展现状。

表8-4 日本政府"阳光计划"和"新阳光计划"之比较

	阳光计划	新阳光计划
起止时间	1974—2000年	1993—2020年
政府投入金额	10 000亿日元	16 000亿日元
国家战略目标	发展太阳能和地热能、合成天然气以及氮气等新能源,建立国家新能源体系;寻求新的期待能源代替石油,解决日本的自身能源供给问题	在政府的领导下,采取政府、企业和大学三者结合的方式,以革新性的技术开发为重点,在实现经济持续增长的同时,解决能源开发中尤其是新能源开发中的问题
主要内容	对新能源项目的基本技术、输送、有效利用和储存进行研究;对风能技术和海洋能技术进行基础研究	由三部分构成:①"技术革新开发",以防止地球变暖计划为目标;②"国际大型合作研究",以推进地球再生计划为主;③"适用技术的合作研究",帮助日本近邻的发展中国家开展节能技术研究与节能工作

资料来源:杨泽伟,《发达国家新能源法律与政策研究》,2011年版,第145-148页整理而得。

"阳光计划"和"新阳光计划"的实施,使得日本政府对新能源的规制形成了一定的规模并取得了相应的成果。2001年日本的太阳能发电已达到45.2万kW,在当时的世界各国的太阳能发电量中位居第一,是本国5年前的8倍之多;且2001年时日本的风力发电总量也达到了31.2万kW,是5年前的22倍之多。日本政府对于新能源项目的财政投入巨大,从上述两个项目可见一斑。由"新阳光计划"可见,日本政府对新能源项目的规制工具大多属于财政税收和金融工具。

从日本政府规制机构实行的财政补贴政策来看,主要从两个方面进行补贴:一方面是针对新能源企业和新能源项目的补贴;另一方面是针对新能源消费者的补贴。第一类针对新能源企业和项目的补贴方式有:从日本政府的石油进口税税收收入中划拨一部分来补贴新能源项目或新能源企业;日本政府每年通过发放奖励性补助的方式对新能源企业进行补贴;对于规模较大的风电、太阳能发电或其他新能源企业,政府的补助最高可达政府事业费总额的50%,同时政府还发放新能源推广费;对于新能源推广项目,政府最高可划拨事业费的30%对项目进行补助,并且政府通过支持非营利组织和第三方部门的方式协助和推广新能源的使用。[②] 对于新能源消费者,日本政府则根据新能源能耗补贴9万日元/kW。日本政府通过税制改革来实现新能源的税收优惠政策。新能源的开发利用在日本政府的税制改革中以"能源供给结构改革投资税制改革"文件的形式进行表达,改革后的税收制度对新能源的

---

① 井志忠.日本新能源产业的发展模式[J].日本学论坛,2007(1):88.
② 唐瑞雪.日本政府对新能源产业的扶持政策[J].科学时报,2008(2).

发展提供了一个第一年获取利润30%的特别奖赏。① 通过奖赏的方式鼓励企业生产新能源相关产品。日本不仅在税收和补贴上对新能源相关行业和企业甚至消费者进行补助,还通过金融政策扶持新能源产业的发展:一是政府规制机构对新能源产业提供低息贷款和信贷担保,例如,提供低息贷款帮助住宅安装太阳能系统;二是政府规制机构提供出口信贷,比如运用信贷的方式激励国内太阳能光伏电力产品的出口;三是政府规制机构为了扩大新能源产业的投入额而广泛的吸收民间资本。

  这里要单独列举日本的核能发展战略。自发生福岛核泄漏后,日本国内对核电成本进行了重新核算,表明核电并非廉价能源,最终选择了放弃发展核电这种清洁能源。自1950年以来,推广核能发展一直是日本的基本国策之一。日本政府长期的巨额研发投入使得日本的核电生产位于世界第三,日本30%的电力需求由核电提供。但是2011年3月由日本福岛特大地震引起的海啸导致东京电力公司的多个核反应堆遭受巨大的损害,引发了核泄漏灾害。随后日本所有的,共54个核电站的核反应堆都接受了停机安全检查,导致大量企业停工,日本国内GDP下滑严重,经济损失严重。日本政府也于当年年底宣布了日本未来的能源发展方向,并将放弃促进核能的发展。从日本核能发展的长期路线中可以看出核能在日本的经济发展中起到了关键性的作用,同时也有较大的隐患。具体可从以下几个方面来综述日本国内新能源的政府规制状况。

  ① 日本政府规制机构过于强调核能的重要性和唯一性。日本的能源消费在全世界排名第四,但日本的能源资源禀赋不足,主要消费的原油、天然气和其他能源都依靠进口。因此日本政府为了摆脱对外部能源依赖过多的现状,提倡大力促进核能这种清洁能源的发展,将核电发展作为"特别重要的领域"。从能源分布来看,紧缺能源是煤、天然气和石油等传统能源,但其可再生能源资源丰沛。日本环境省报告中指出,日本的东部海岸线绵长,发展风能潜力巨大。不仅具有巨大的陆上风能潜力,海上风能潜力也十分惊人,而且每年风能可提供日本国内的发电量达5 000 TW·h。尽管日本的风能资源丰富,但却缺乏政府的激励性规制政策,因而日本的风电产业发展缓慢。② 日本的地质构造活跃,火山众多,地热资源也很丰富,且日本的海岸线绵长,潮汐流速快,因而具有潮汐能发电的良好地理条件。美国斯坦福大学的研究表明,如果依靠可再生能源,日本可能在20年以内就可以实现能源的自给自足。③

  ② 日本政府规制机构核电产业的成本计算不够准确。日本电力公司和日本自然资源与能源局的统计报告都显示了在所有能源发电成本中核电是最低廉和优质的,④但是这种核算方法存在计算失误。上述统计数字中并没有包括日本政府对核电的补贴、核废料处理以

---

 ① 唐瑞雪. 日本政府对新能源产业的扶持政策[J]. 科学时报,2008(2).
 ② 俞培果. 日本能源政策抉择及其对我国的启示[J]. 现代日本经济,2012(6):8.
 ③ Brendan Barrett. Can Japan go 100% renewable by 2050? [EB/OL]. http://ourworld.unu.edu/en/can—Japan—go—100—renewable—by—2050/,2011.
 ④ 日本电力公司官网数据为:水力发电为11.9日元/(kW·h),石油发电为10.7日元/(kW·h),液化天然气发电为6.2日元/(kW·h),煤炭发电为5.7日元/(kW·h),而核电仅为5.3日元/(kW·h);日本自然资源与能源局的统计报告显示:光伏发电49日元/(kW·h),风力发电为9~14日元/(kW·h),煤发电为5~6.5日元/(kW·h),核能发电为4.8~6.2日元/(kW·h)。

及核灾难清理的支出,若计入成本,核能发电的成本至少在 12 日元/(kW·h)以上,通过比较会发现核电其实并不便宜。

③ 日本政府规制机构对核电产业的安全监管不够严格。实际上除了福岛核泄漏危机之外,日本在核电产业发展过程中陆续有过多次核事故发生。这些事件也间接暴露了核安全政府规制部门的重视度不够,监管不严的问题。这些问题可具体从以下三方面进行描述:首先,核电企业为了经济利润经常瞒报自身的安全隐患;其次,日本当局的核事故应急反应系统存在较大的不足。日本地处环太平洋地震带上,是地震高发区域,但日本政府却没有意识到需要制定由地震引发核事故的应急预案;最后,日本国家核电安全监管机构的设置也存在问题,其核安全局设在经济产业局之下,由经济产业局统一指挥领导,但是经济产业与电力公司结合在一起会引发其运用自身的自由裁量权进行寻租,最后的结果就是使得下属的核安全局与核电企业合谋,一方监管不严,一方瞒报事故,导致了严重的后果。

综上所述,在福岛核泄漏事件后日本新兴的能源规制政策可概括为:① 对于核电产业,日本国内停止建造核反应堆,对现有的核反应堆进行跟踪检查,工作到有效期满便报废。② 提升可再生能源产业在全国所有能源产业中的位置,将开发以太阳能、地热能为主的新能源作为未来日本能源发展的重点。③ 关注核电技术,使日本的核电技术优势转化为经济优势输出。日本的能源规制政策不仅给中国提供经验还给予了中国关于发展核能的警示,下文还将具体描述中国对日本发展新能源规制政策的经验和教训的借鉴。

8.1.4　澳大利亚新能源产业发展的规制政策推进案例

澳大利亚由于其独特的地理位置,国内的能源资源十分丰富,是世界上主要的能源生产国和出口国,水能、风能、太阳能、核能和生物质能等新能源资源也都十分丰富,也属于较早提出"可再生能源目标"(Renewable Energy Target,简称 RET)的国家之一。① 在其出台的《强制性可再生能源目标》中详细表明了到 2010 年国内的可再生能源发电达到 9 500 GW·h。在目标和配套法律的共同驱动下,澳大利亚的可再生能源,特别是风能和太阳能得到了极快的发展。

成立于 2007 年的新政府批准了《京都议定书》,2008 年发表了酝酿已久的绿皮书《减少碳排放计划》政策,提出了长远的减排目标:减少温室气体排放,2050 年的排放量减少到 2000 年的 40%,并规定了 2010 年起正式实施。② 能源规制部门的具体目标是:整合资源,建立气候变化政策部门,推动政府和企业之间的相互作用,首要支持新能源开发和相关技术的发展,实施强制性的可再生能源目标,希望通过多年的努力在 2020 年时可再生能源发电量达到整个国家发电量的 20%以上,与此同时不断提高国内清洁能源的技术支持与开发。针对可再生能源,澳大利亚政府通过设立特别基金的方式来促进可再生能源的技术研究、开发和商业化。澳大利亚政府规制机构计划 7 年投资 5 亿澳元,主要用于热能技术升级和太阳能的开发和利用。为了实现家庭节能减排,给予现金奖励家庭购买太阳能设备。2008 年 9

---

① 杨泽伟. 发达国家新能源法律与政策研究[M]. 武汉:武汉大学出版社,2011:158-159.
② 任力. 国外发展低碳经济的政策及启示[J]. 发展研究,2009(2):23-27.

月实施"全球碳捕获和储存项目",建立全球碳捕获和存储中心,澳大利亚在洁净煤技术的投资方面位于世界前列。2012年11月8日,代表未来能源规制政策核心的能源白皮书正式发布,白皮书论述了澳大利亚所面临的能源困境,包括:能源价格上涨、液体燃料安全发展和清洁能源技术的引入市场等。澳大利亚的资源和能源部长Martin. Ferguson认为,澳大利亚的能源和资源领域正经历着巨大的变化,政府的能源产业规制与指引是必要的。只有健全的政策体系,才能建立有效的市场竞争机制,规避风险,吸引更多的能源和基础设施领域的投资。经过研究,可以发现澳大利亚的新能源政策具有以下四大特征:

(1) 澳大利亚政府高度重视能源安全制度。2008年,陆克文总理向国会发表《国家安全声明》,将能源安全提高到国家安全的战略高度。2009年,澳大利亚发布的《国家安全评估》则详细评估了未来5年、10年和15年的能源安全所面临的各项风险。[①] 2007年澳大利亚大选后,建立了一个资源、能源安全管理体制,其中最重要的一个环节就是设立专门负责监督"可再生能源目标"履行情况的可再生能源监管办公室。在上文中提到的2009年《国家安全评估》报告中也指出,转变能源资源的投资框架、能源多样化、价格透明化和灵活化以及有效分配资源的能源市场等因素将增强国家能源安全。[②] 不但如此,澳大利亚政府还通过能源市场化改革、能源创新和国际能源合作等法律和政策来促进能源的多样化,保障能源安全。[③]

(2) 澳大利亚制定了一系列新能源财政税收激励政策。澳大利亚新能源的财税政策补贴各个行业,特别是交通运输行业,该行业的能源消费占能源消费总量的41%,且需求量每年递增2.4%。预计到2020年,交通运输性能源需求增长约为50%。[④] 为了解决交通性能源需求,澳大利亚政府从两方面进行政策激励。一方面,增加财政补贴力度,为替代性燃料的基础设施建设、厂商和消费者提供财政补贴;为所有供应E10乙醇混合燃料的基础设施提供补贴,额度最高可达2万澳元;2006年10月起为购买或改造液化石油气的机动车辆各提供1 000澳元/辆和2 000澳元/辆的退税补贴;为乙醇生产商和扩大乙醇混合燃料产业的生产商分别补贴5 500万和3 700万澳元。另一方面,澳大利亚政府大力实施燃料税改革。减免乙醇和生物柴油0.381 43澳元/L的联邦消费税。2011年7月起对新燃料的实际消费税则按照5个平均年度步骤分阶段递增,直至2015年达到最终税率。[⑤] 澳大利亚政府通过补贴与改革左右开弓的方式有力地推动了新能源的发展与使用。

(3) 澳大利亚政府已经设立了很多能源支持创新政策。澳大利亚政府主要是通过金融手段来支持能源政策创新。如设立5亿澳元的"低排放技术基金",拉动超过10亿澳元的私人商业资本开发和验证低排放技术;投资7500万澳元用于"太阳能城市"的实验项目;投资1.34亿澳元用于解决可再生能源技术商业开发所面临的障碍等。[⑥] 国际合作制度是澳大利亚能源创新政策的重要组成部分之一,国际合作制度有助于获得新技术,促进新技术的开发

---

① See Commonwealth of Austrlia, Securing Austrlia's Energy Future[J]. issues, 2004:115.
② See Commonwealth of Austrlia, National Energy Security Assessment[J]. Science and Research, 2009:6.
③ 李化. 澳大利亚能源安全的法律政策保障极其借鉴[J]. 中国地质大学学报(社会科学版),2010(6):21-24.
④ See Commonwealth of Austrlia, Securing Australia's Energy Future,Canberra 2004:82.
⑤ 胡德胜. 财政手段在澳大利亚能源政策和法律中的运用[J]. 河南财政税务高等专科学校学报,2008(1):3.
⑥ See Commonwealth of Austrlia, Securing Australia's Energy Future,Canberra, 2004:3.

和利用,被澳大利亚政府看作是一种重要的能源创新支持制度。国际能源合作创新制度包括两个方面:第一,论坛和能源多边合作机制,如亚太经合组织(APEC)的能源工作组、国际能源机构(IEA)、亚太清洁发展和气候伙伴关系和东亚能源合作小组峰会等;第二,通过高层对话,创新能源双边合作机制,创造与诸如能源、矿产贸易和其他利益相关者的伙伴关系。

(4)澳大利亚当局为推进可再生能源的发展设立了可再生能源证书制度。该证书是一种可再生能源配额制的规制工具,是指通过认证的"绿色"或"可再生"能源生产商生产的电力环境属性的电子或纸质表现方式,用可再生能源证书,来跟踪和验证完成配额的情况,帮助配额义务主体完成额定的配额义务。① 截至2009年年底,澳大利亚总共创制了 53 328 081 份证书,已注册证书数量为 19 886 545 份,827 924 份等待注册,总共发生了 12 676 次证书转让交易行为,涉及 86 718 169 份证书。② 从证书的交易数目就可以看出,澳大利亚政府对可再生能源的重视。

从澳大利亚可再生能源政策走过的道路及其发展的内在规律可以判定,其成功经验都与可再生能源规制与激励政策的推动作用分不开,其具体措施及形态可通过表 8-5 反映出来。

表 8-5 澳大利亚对可再生能源规制与激励政策措施及具体形态

规制与激励政策措施	具体形态
能源部门规制	需求保证、价格控制及市场进入限制
配比规制	发电配比、发电销售配比、装置容配比
直接财务转移	生产者补贴、消费者补贴、低息贷款
贸易限制	技术限制及禁运
租税措施	租税抵减、能源设备加速折旧
降低成本	补备相关设备和投资、公共研发费用、差别定价
税收优惠	免增值税、免消费税、减免能源税
将能源效率标准纳入政府行为决策中	能源绿色证书

资料来源:曲云鹏,《澳大利亚能源政策:法律、政策及启示》,2011 年版,196-209 页整理而得。

8.2 各国清洁能源产业的政府规制工具的选择

各国政府规制和激励清洁能源产业发展的大体内容可判定为:明晰的清洁能源产业发展目标,包括近期、远期发展目标;拟定清洁能源产业发展的战略规划,为清洁能源产业的发展制造优越的激励处境,推行相应的产业发展的激励和规范化方法。目前已被世界

---

① 张勇.能源资源法律制度研究[M].北京:中国时代经济出版社,2008:111.
② See Commonwealth of Austrlia. Increasing Austrlia's Renewable Electricity Generation Annual Report 2009[R]. Canberra:Office of Renewable Energy Regulator,2009:11.

各国广泛应用于清洁能源产业的规制工具有:清洁能源的市场监管措施、清洁能源法律监督措施、清洁能源产业的财税措施以及清洁能源产业研发计划和对该产业的激励性规制创新措施。

8.2.1 各国政府规制机构对清洁能源产业的市场监管措施

清洁能源作为一种战略资源,其产业发展不仅涉及经济利益,而且关乎社会责任。在市场发展处于初期阶段,在所有条件都不完备的前提下,需要政府的统一规划和监督,并对这个特殊产业开展有效的规制。

自1998年京都会议召开以来,清洁能源的发展也越来越受到关注,越来越多的国家日益发现环境保护的重要性,并将发展清洁能源产业提升到国家战略规制的层面上。各国逐步产出了发展清洁能源的策略构思与行动规划,包括远期规划、近期实施等各方面、各层次完整的清洁能源发展政策法规体系,为清洁能源产业管理提供路径与依据。除此之外,各国政府还不断培育公众的绿色节能意识与清洁能源使用意识,通过公众拥护来指引清洁能源的市场需求,挖掘出清洁能源产业的投资商机。

自1990年以来,欧盟就逐步制定了能源改革规划,至今为止举行了三次能源改革。关于新能源与可再生能源,欧盟提出了促进各成员国之间的合作,以期达成欧盟新能源合作的战略目标。1997年,欧盟公布了《可再生能源发展白皮书》,制定了到2050年的宏伟目标。

各国清洁能源产业的市场监管措施显示,欧盟各成员国已经制定了自己的清洁能源产业监管目标,如英国和德国政府的监管规划是到2020年使可再生能源的消费比重占全国消费比重的20%以上;丹麦通过"21世纪能源"的行动计划表态,在2030年到来之前,其国内每年可再生能源的消费比例保持1%增长;一些北欧国家也提出充分利用风能和生物质能源逐步替代现有能源,实行新能源发展的监管计划。美国的能源监管策略是通过"绿色能源"发展计划,同步监管风电、太阳能发电、生物质能发电的现状和发展趋势;通过发展风力发电、太阳能发电、生物质能发电等提高清洁能源发电在发电总量所占的比重。巴西政府的新能源监管措施则体现在生物液体的发展过程中,巴西政府从1970年年初就开始实施促进生物液体发展的激励性规制政策,希望通过监管生物质液体燃料产业的发展实现产业在世界范围占据领先地位的目标。

从各个国家近年来清洁能源的发展道路可以清晰、明确地看出,清洁能源应该纳入法律法规、公共政策的范围内,为清洁能源产业发展提供强有力的保障是非常必要的。

8.2.2 各国政府规制清洁能源产业的财税相关政策

自英国能源白皮书于2003年公布至今,发达国家的财政和税收政策出现了低碳化偏向,深刻地影响着后危机时期世界经济的走向。积极地发展清洁能源,其实质就是发展低碳经济的一种表现,通过提高能源利用率,逐步削减对碳基能源的依赖,通过使用高效的能源清洁化应用体系,为全球生态系统平衡和全球社会经济的可持续发展做出贡献。目前财税政策是各国政府用来激励清洁能源企业加大清洁能源开发与投入最常使用的政策规制工具。政府在财政上通过国债、投资、预算经费、转移支付以及专项资金等规制方式来扶持清洁能源产业的发展，主要的执行措施包括价格激励、财政补贴、税收减免等。这里将各国政府规制机构用于清洁能源产业的财税政策大体概括为以下几条：

(1) 各国政府规制机构激励清洁能源产业发展的价格政策

将清洁能源与传统能源的成本进行比较可见，如果不考虑传统能源的环境成本，当下各国发展清洁能源产品的成本大多要高于发展传统能源产品的成本，于是很多国家政府都采用了各类价格政策激励清洁能源产业的发展。但是各国由于清洁能源技术商业化水平不同以及国内清洁能源资源禀赋差距巨大，再加上各国间不同的经济发展水平和政府的财政能力等原因，共同导致了各国政府采用激励性价格政策的表现形式和价格水平都不同。在对这些价格政策进行分类时考虑到各国清洁能源产业的规模效益、政府规制政策实施的难度和成本等，将清洁能源的政府激励性价格规制政策大致定义为对风电、水电、核电以及太阳能光伏发电等电力产品的价格规制政策，其他与之相关的清洁能源上游和下游的产品的价格政策暂时不予统计。针对这些清洁电力能源的激励性价格规制政策主要包含：

第一种是政府直接对清洁能源产品进行定价。直接定价采用的是固定不变的价格，采用此种激励性方式的典型国家是德国。德国政府按照清洁能源的技术类型和项目资源条件，通过法律条文将国内的清洁能源价格按照类型差别进行定价，如德国的风力发电、光伏发电和采用先进技术的生物质发电价格分别由政府直接定位为9~10欧分/(kW·h)、45.7~57.4欧分/(kW·h)和10.5~15欧分/(kW·h)等。① 目前世界上使用这种价格机制的国家多数是欧盟成员国，这种政府直接定价的规制方式优点是可以充分体现政府对清洁能源产业的意愿。通过政府定价帮助国内各种清洁能源技术均衡发展，同时在政府的主导力下优先发展国内的一些清洁能源技术；但其缺点也显而易见，即没有充分考虑到清洁能源企业和消费者的意愿，在政府不具有信息优势的前提下，对企业的产品定价可能不符合产业发展的真实状态。

第二种是政府制定清洁能源产品的价格浮动区间。这种方式类似于两步定价法，是从直接定价的基础上演变而来，具体方式是政府参照常规能源电力的销售价格确定清洁能源电力的价格区间，一旦常规电力的市场价格变化，清洁能源电力的价格也将随之上下浮动。采用此种激励性方式的典型国家是西班牙，该国政府规制清洁能源电价在常规电力销售电价的80%~90%范围内，由政府规制机构和清洁能源企业协商确定。美国的一些州政府制定了按清洁能源净用电量收费的办法，清洁能源电价的确定与常规能源电价类似；美国还有一些州采用一些可避免成本的方式来计算清洁能源电价，用规制清洁能源电价的方式给予类似价格区间。

第三种是政府要求清洁能源电力直接参与市场竞争定价。政府为了发展清洁能源电力，通过强制配额的方式，要求电力企业在生产和销售常规电力的同时，必须生产和销售一定比例的清洁能源电量和执行清洁能源电力的绿色交易证书制度，企业不但要销售清洁能源电力同时也可以交易绿色交易证书(政府对企业的清洁能源发电核发绿色交易证书，能源企业之间可以交易该证书，价格由能源市场价格来定)。此种激励性规制的方式与第一种方

---

① 陈凯，史红亮.清洁能源发展研究[M].上海：上海财经大学出版社，2009：15.

式截然不同,可以充分发挥能源市场机制调控清洁能源电力价格,达到优化清洁能源电力产品价格的目的。这种清洁能源电力产品的价格包含平均上网电价和绿色交易证书的价格。通过这种激励性规制方式来给清洁能源电力定价的国家(地区)有英国、澳大利亚和美国的部分州。这种方式不仅有正向激励,对未完成清洁能源电力配额的企业政府还会通过负激励的方式进行惩罚,惩罚的额度一般不超过清洁能源电力交易成本的上限。在市场机制下,不同的清洁能源电力面对同样的价格,只是价格水平随清洁能源市场的供应和需求情况上下浮动,产品的总价格变动又随整个电力市场的供需变化而浮动。该激励性规制的优点是商业化程度较高且成本相对低廉的清洁电力能源如风电、生物质能发电等会受到激励发展迅速,但缺点是成本相对比较高的如光伏发电则可能由于跟不上市场机制的调控而使得发展受挫。此外,还要注意的是这种价格机制在交易完成之前无法确定清洁能源电力的最终价格,中小型电力企业的融资可能会受到阻碍。

第四种是政府定价与消费者意愿相结合的清洁电力能源定价方式。这种定价方式的形成过程是先由政府提出清洁电力能源产品的价格,后由清洁电力能源消费者根据政府划定的价格自愿认购。在美国和欧洲大部分国家,一个彻底基于用户自愿选择而非政府强制的绿色电力竞争性市场已经形成。公众已充分意识到绿色电力给他们带来的益处,如清洁的空气,这进一步促进电力公司向用户提供风电、太阳能发电等各种绿色电力产品,用户则可以自由选择是否购买绿色电力和购买多少及何种绿色电力。电力公司也向这些购买绿色电力的用户提供更加优质的服务,如确保供电安全、提供节能咨询,并且绿色电力的价格能够不受燃料价格上浮的影响。同时在能源方面,节省的费用可以抵消部分为绿色电力多支出的费用。美国约 1/3 的电力用户选择了一定份额的绿色电力。这是一种绿色能源价格机制,这种机制的形成是基于消费者和企业对绿色能源认可的基础,因此在公众环保意识比较高的国家和经济较为发达的地区比较适合采用。

(2) 各国政府规制机构激励清洁能源产业发展的各种财政补贴政策

财政补贴和税收优惠是各国政府规制机构最常见的清洁能源产业发展的激励性规制措施,现将各国常用的补贴和税收激励工具总结如下:① 清洁能源产业的投资补贴政策,即政府通过直接补贴的方式将资金划拨给清洁能源项目开发的投资者,这种激励方式在没有明确制定价格激励政策的国家中较为常见,如希腊政府对所有清洁能源项目的补贴额占到清洁能源项目投资总额的 30%~50%,瑞典政府的补贴额为 10%~25%,印度政府则专门针对风电项目投资提供 10%~15% 的补贴额等。前文中研究的已经制定价格激励政策的国家,往往采取投资补贴与价格政策共同使用的方式,如比利时对可再生能源电力不但执行优惠电价政策,同时对除去可再生能源发电外的可再生能源项目投资提供 10%~20% 的政府补贴。荷兰政府也对企业或个人投资风电项目提供 20% 的补贴,英国政府对海上风电项目提供高达 40% 的补贴,大多数欧洲国家政府对个人投资或参股的清洁能源项目都有相应的补贴政策。② 对清洁能源产品的直接补贴,即依据清洁能源设备的产品产量,政府直接进行补贴,这项激励措施的实施国主要包括美国、丹麦、印度等国。如美国政府制定了三项措施鼓励风电产业的发展,最直接的一条就是风电产品可以得到政府的清洁能源产品补贴,当前的政策是为期 10 年的 1.7 美分/(kW·h) 的直接补贴政策。③ 对清洁能源消费者的补贴。这种类型的补贴政策在发达国家比较普遍,像大多数欧洲国家安装太阳能热水器的用户可以享受政府20%～60%的产品价格补贴,澳大利亚为统一安装热水器系统的用户提供每套500澳元的直接补贴等。这种针对清洁能源消费者的补贴额是动态的,随着清洁能源市场的发展和技术的进步补贴额度在不断降低。

(3) 各国政府规制机构激励清洁能源产业发展的各种税收优惠政策

各国政府对清洁能源企业及产品实行税收优惠政策。用于清洁能源企业和产品的税收优惠政策通常包括优惠清洁能源企业增值税或实行企业增值税返还政策,还包括对进口清洁能源产品实行征收高额关税,但是出口的国内清洁能源产品实行的是出口退税政策,通过这种方式激励和保护本国的清洁能源产业发展。税收优惠是各国促进清洁能源发展的重要激励政策,不同国家支持税收优惠的方式、技术领域也不同,如印度对风力发电机整机进口征收的关税税率为25%,但对散件进口则实行零关税;丹麦、葡萄牙、比利时、爱尔兰等国对私人投资清洁能源项目均免征所得税等。各国实行的税收政策方式多种多样,本书中不能一一列举,但是各国政府的目的是一致的,那就是运用税收杠杆来调节清洁能源产品的进口和出口数量及质量,达到保护本国清洁能源产业发展的目的。

(4) 各国政府规制机构激励清洁能源产业发展的投融资政策

各国政府希望通过资金的杠杆作用,革新清洁能源产业的投融资体制,这种创新的清洁能源产业的投融资渠道使民间资本的参与对产业的发展产生了很重要的影响力。清洁能源产业的特殊性体现在产品生命周期的早期成长阶段,并且清洁能源市场环境与清洁能源消费意识尚不成熟,因而需要政府建立与产业的风险管理相匹配的新型投融资理念。目前欧美等国家主要是通过在清洁能源项目前期引入适当投资资金、投资补贴、贷款贴息、折旧优惠、排污权交易、市场配额与自愿协议机制等帮助清洁能源企业控制成本、减少市场风险并满足清洁能源企业对中长期资金投入的稳定需求。在机制的创新方面,欧美等发达资本主义国家的做法已经日趋完善,但发展中国家在清洁能源产业中的机制创新还远远不够。

(5) 各国政府规制机构激励清洁能源产业发展的政府采购政策

各国政府十分重视在清洁能源项目领域充分发挥政府采购的政策功能。各国政府希望通过政府的大宗采购来鼓励清洁能源产品的发展,通过政府机关使用清洁能源设施及产品等方式向公众展示清洁能源产品的优点,这对提升本国清洁能源市场需求的作用不可低估,有利于推动清洁能源产品市场迅速发展。美国、日本、德国、澳大利亚等发达国家都在积极推行政府采购清洁能源政策,如制定政府机构的能耗指标、在国家采购法中明确政府采购的产品必须符合的认证标准与等级、定期发布政府的清洁能源采购目录、编制政府清洁能源的采购向导等。通过各国政府的清洁能源采购行为为公众认识清洁能源、熟悉清洁能源开阔视野。

(6) 各国政府规制机构激励清洁能源产业发展的信贷扶持政策

信贷扶持政策是各国政府使用低息或贴息贷款等扶持方式减轻清洁能源企业还本期利息的负担的一种激励性规制方式。政府的信贷扶持政策有利于降低清洁能源企业的生产成本,但政府需要通过筹集资金去给予清洁能源企业贷款,且支持的力度通过企业的贷款数量体现,政府需要筹集高额的资金来支付企业的贷款和自身的贴息和减息。所以在这种激励方式中政府资金的供应状况是影响政策续航的关键性因素。目前欧洲国家大多在实行清洁能源的信贷扶持政策。从2001年起,意大利对在屋顶安装小型光伏系统(5~50 kW)的民众提供免息贷款,金额相当于项目投资总额的85%;德国为风电项目和光伏项目提供低于平均商业贷款利率20%左右的低利率贷款;西班牙政府制定了针对清洁能源企业或个人投资的信贷扶持政策,通过2%~4%的低利率和最高达6 300万欧元的贷款总额来支持清洁能源产业的发展;法国政府对光伏产业制定了1 kW以上容量的光伏系统安装支持政策,法国的经济事务部为光伏项目提供低息长期贷款(初期年利率为1.9%),还贷期为10年且最初2年无须还款,并规定如果光伏系统正常运行10年后依然正常运行还可免去剩余贷款的强激励政策。

(7) 各国政府规制机构对清洁能源产业发展的负激励政策

前文的激励性政策都是正向激励,但对于政府规制机构来说,有时也需要通过一些负向激励来促进清洁能源产业的发展。负激励政策是指对非清洁能源项目制定的专门性制约政策,这些负激励政策大多用于下述产业和部门:① 传统能源产业,通过扩大消费税征收范围的方式,加强对汽油、柴油消费税征税,反向支持清洁能源产业的宽松政策。瑞典和英国对不可再生能源发电都征收电力税。② 开征燃油税,提高化石燃料的成本,对清洁能源项目提供补贴,鼓励使用清洁能源。③ 采取环境税、能源税和碳税等市场诱因工具。征收环境税不仅有可能保护环境,而且有可能提高经济效率。目前,环境税、能源产品税在OECD国家的种类繁多,有150多种,包括对排放到空气和水中的污染物征税等。④ 合并征收矿产资源税和资源补偿费,同时开展资源税综合改革,若能够在国际范围内实施则对全球的节能有重要意义。⑤ 政府取消部分高耗能产业的财政补贴,降低或取消对损害环境的能源价格补贴,采取强制性措施管制有害于环境的产业。

8.2.3 各国政府规制机构对清洁能源产业的研发计划

清洁能源的技术研发需要巨大的投入,而其研发计划作为各国科技产业政策的重要措施之一,共同促进了清洁能源的大力发展。各国在开发清洁能源资源的过程中,将清洁能源的基础研究、应用研究和设备设施研发与建设等与政府的相关产业发展、科技攻关和财政预算密切关联,以政府的力量为重要推手,从而驱动清洁能源关键技术研发,推动清洁能源技术整合,加速清洁能源技术转化。在此基础上,各国政府都制定了相关的开发研究计划,以解决清洁能源科技的发展问题,诸如印度的绿色能源工程、日本的阳光计划、美国的能源农场计划等。除此以外,通过施行清洁发展机制,促进了发达国家通过提供资金和技术的方式与发展中国家合作,帮助其有效实施清洁能源项目。清洁能源关键技术研发大多是政府部门对核心技术的先期投入指引项目,企业随后跟进,最终实现技术的商业化。其中,政府、企业界和学术界的合作是发展的关键。如美国由政府牵头为清洁能源技术寻求更多的资金支持,从21世纪初开始启动数项有关振兴核工业的计划,新建了核电厂,研究开发了"第四代"核反应堆计划,通过循环利用核废料的策略获取大量的能量从而延长相关产品的使用寿命。再如澳大利亚政府通过加强政府部门科研机构与清洁能源企业间的合作,实现"风险共担、成果共享",高效地带动了清洁能源企业界对技术研发投资的积极性,加快了核心技术科研成果转化与清洁能源产业化进程。

8.2.4 各国政府规制机构对清洁能源产业的激励性规制创新

与传统规制工具不同的是,清洁能源产业是政府大力扶持产业,其规制工具大多具有激励性特征。在此情况下,考虑到激励性规制理论框架建立在信息不对称的前提下,因此清洁能源企业比规制机构往往拥有更多的产业发展和产品价格的内部信息。企业为了追求经济利润与政府构建的产业发展目标不尽一致,在此种规制环境下,政府维持原有的规制结构不变,同时赋予清洁能源企业一定的竞争压力,提高企业生产经营的正面诱因就是对其进行激励性规制创新。通过最优激励性规制机制的设计使得清洁能源企业利用其信息优势和寻求自身利润最大化的动机,控制自身产品的成本,达成有效率的努力水平而取得产业租金。此种新型激励性规制与传统的规制相比,赋予了企业更多的自主选择权,且机制的设计更加简洁,彰显公平合理性。具有代表性的激励性规制制度包括配额制度、碳排放交易制度、绿色电力证书交易制度、自愿协商机制、清洁发展机制等。

(1) 配额制度

配额制度是随着电力市场的改革逐步发展起来的,前文已经简单提及。政府规制机构对电力生产商或电力供应商在电力生产或电力供应中的电量有强制性规定,规定这些电量中必须有一定比例是来自清洁能源发电。如果建立一个统一的管理系统可将配额分为以下三种形式:清洁能源的发电量比例、清洁能源发电销售比例和清洁能源装机容量的比例。这些发电量、销售量和装机容量通过电力企业实施"绿色电力证书"和"绿色电力交易系统证书"以及其他相关措施实现配额。如瑞典、丹麦和意大利都在推动可再生能源配额制度的实施,如 2000 年意大利规定发电企业或电力进口企业,可再生能源发电量至少占 2%。如果单从温室气体减排和能源独立的产业目标进行配额衡量,清洁能源在其中占的比例越高越好,但社会最合适清洁能源的比例配比还是要建立在科学性的学理分析基础上。

(2) 碳排放权交易机制

碳排放交易机制基于全球变暖的当前状态和两个重要的国际公约——《联合国气候变化框架公约》和《京都议定书》。以欧盟为代表的发达国家已建立起国内和跨区域的碳排放交易体系,允许企业与企业、国家与国家进行温室气体排放配额的自由贸易,可以像买卖股票那样,换取二氧化碳排放额(即温室气体排放权交易)。其基本操作方法是:合同赋予买卖双方通过交易的范式进行温室气体减排额度的买卖行为,买方可以将购买到的减排额用于减缓温室效应排放从而实现减排的目标。依据是否具有强制性碳交易可以分成两大类:一类为强制型(又称为履约型)碳排放交易。此类排放交易体系目前是国际上最普遍、影响力最大的体系,其中具有代表性的有欧盟排放交易体系((EU-ETS)、澳大利亚新南威尔斯温室气体减排体系(NEW GGAS)、美国区域温室气体减排行动(RGGI)、日本东京都总量控制与交易体系(TMG)等。[1] 另一类为自愿型碳排放交易体系。它有两种表现方式:第一种是"自愿加入,自愿减排",典型代表是日本经济团体联合会环境自愿行动计划(KVAP),日本自愿排放交易体系(J-VETS);第二种是"自愿加入,强制减排",自愿

---

[1] 邵诗洋.浅论碳排放交易制度[J].中国人口·资源与环境,2011(21):153.

加入后有法律规定的减排义务,典型代表是美国芝加哥气候交易所的自愿型总量限排与交易体系(CCX)。①

(3) 清洁发展机制

经发达国家和发展中国家谈判确定的清洁发展机制(简称 CDM),是《京都议定书》中促进发展中国家进行温室气体减排的重要工具。② 严格来讲,清洁发展机制属于碳排放交易机制中的一个部分,但是由于其是约束发展中国家温室气体排放的唯一机制,因此有重要地位,将其单独列开。CDM 机制通过资助东道国缺乏技术的减排项目,有助于技术转让,加速环境友好型技术转让的进程,加快发展中国家的技术进步和设备更新。截至 2011 年 3 月底,有 71 个国家作为东道国共注册了 2 937 个 CDM 项目,已经统计的项目带来预计减排量至 2012 年为 19.6 个亿以上的 CER(减排指标),年均为 4.53 亿个 CER。③ 目前 CDM 项目最多的三个国家是中国、印度和巴西。

(4) 绿色能源证书交易制度

绿色能源证书前文也已经简单提过,这种证书可以在电力企业间进行买卖。需要注明的是清洁能源发电公司经过销售绿色能源证书可以获得额外的收入,因而也是进行清洁能源产业激励性规制的重要措施之一。典型的国家主要集中在欧洲。瑞典从 2003 年开始实施绿色能源电力认证制度,该制度作为一个国家可再生能源发展目标的主要方法,已经取得了重要的进展,2011 年瑞典可再生能源在总能源消耗中所占的比例为 48.9%,在欧盟国家中跃居首位。挪威在 2012 年加入了瑞典绿色能源电力认证体系,两国合作建立了一个联合绿色能源电力市场证书。瑞典和挪威等国采用绿色能源电力认证体系的成功经验值得世界上所有国家参考。我国政府目前也正在研究制定《可再生能源电力配额管理办法》。

(5) 自愿协议机制

自愿协议(Voluntary Agreement)是一种新兴的清洁能源激励性机制,简称 VA 机制。自愿协议是指单独的清洁能源企业或整个清洁能源产业部门在自愿的基础上,为了提高清洁能源效率与政府签署的一项协议,此项协议可以有效地弥补政府行政手段的不足,作为一种非强制性的节能和促进清洁能源发展的措施,目前在国际上已被广泛使用。自愿协议的主要思路是清洁能源企业和产业在政府相关规制机构的指导下,利用清洁能源企业的热情促进达成能源的节约和高效使用,这是政府和产业部门在各自利益驱动下自愿签署的协议,因而也被视为是超越法律规定的协议,此协议的关键就是企业"自愿"意志的表达。世界上主要的发达国家,如美国、加拿大、英国、德国、法国、日本、澳大利亚、荷兰、挪威等均采用这项政策措施,激励企业有意识地自主节能。

---

① 王毅刚. 谈排放交易制度的中国道路[J]. 北京:经济管理出版社,2011:3-4.
② World Bank. World Development Report 2010: Development and Climate Change[EB/OL]. http://go.worldbank.Org/BKLQ9DSD, 2010.
③ CDM Statistics[EB/OL]. http//cdm.unfccc.int/Statistics/index.html.

8.3 各国清洁能源产业的政府规制对我国的经验借鉴

前文比较了美国、欧盟、日本及澳大利亚等发达国家发展促进新能源发展的案例,以及运用的主要规制工具,可对我国制定清洁能源产业发展规制政策提供很好的经验借鉴。下文将以主要的发达国家发展清洁能源的规制政策为主线,为我国发展清洁能源的规制提供借鉴和总结。

8.3.1 美国清洁能源产业的规制对中国的经验借鉴

整个全球能源资源市场未来的发展方向可以通过观察美国新能源政策的变化而得。美国今后对绿色能源和可再生能源研发的投资规模会较大,这将深刻改变地球上的能源分配及力量对比。中国作为全球碳排放总量位居前列的国家,面临的能源困境与美国有较多共性。因此,主动学习美国的新能源政策,对中国来说是一个极好的机遇和启示。

第一,对美国未来的能源结构分析可以为中国能源发展的方向提供借鉴。奥巴马政府宣称,美国未来的能源结构是以清洁能源为主,这其中的具体措施包括:采取措施让家庭建筑节能、帮助工厂改善节能设备、制定工业温室气体排放量限制措施、通过创新以清洁利用丰富的煤炭资源等。因此,可以得出结论,美国未来的能源结构:① 以绿色和清洁能源为主。奥巴马政府计划利用清洁能源研究与开发和企业投资,帮助美国在世界的可再生能源市场和欧盟的竞争中取得优势,使美国成为世界清洁能源中心。[①] ② 促进能源替代石油战略,大力发展生物燃料,积极推动能源效率的改革。美国正大力发展生物质能、风能和太阳能等清洁能源,并探索核电的安全使用途径。③ 家庭应对气候变化能力增强。美国政府主张大力帮助提高以家庭为单位的主体应对气候变化的能力。④ 创新清洁煤技术,政府大力研发清洁煤使用技术。中国和美国能源结构有共性,都是以煤炭作为主要发电能源的结构,并且未来很长一段时间,煤炭仍将在中国的能源结构占据大部分的比例。美国主张以可再生能源和洁净煤为主导,通过技术创新,平衡环境保护和煤炭行业之间的关系。在加强洁净煤技术的研究和开发以及碳排放交易的同时,大力在煤炭工业中推广洁净煤技术。鉴于美国煤炭工业改革的成功经验,中国煤炭业可以与美国加强在技术服务和金融服务方面的交流,密切关注其研究动向,从而提升中国煤炭业在全球的科技竞争力。

第二,美国清洁能源政策的创新对于中国政府财税激励机制创新以及清洁能源企业技术创新的启示。以美国芝加哥气候交易所的 SO_2 交易为例,其 SO_2 交易始于2003年,通过 SO_2 交易带来的 SO_2 削减排放力度完全达到且超过了美国政府的政策要求。这种通过建立气候交易所来取得温室气体排放份额的交易方式值得我国借鉴和学习。这是一个清洁能源发展的新型模式,这种新型模式通过市场机制实现了产业发展的目标和社会需求的目标。据世界银行提供的数据显示,中国是全球最重要的温室气体排放交易的卖家之一,但至今中

---

① 龚伟.奥巴马政府气候变化与能源政策评析[J].中共杭州市委党校学报,2009(2):13-15.

国还没有建立自己的碳排放交易所,对于在清洁发展机制(CDM)框架下出售的温室气体减排额占世界70%的中国来说,建立起自己的温室气体排放交易所显得尤为重要。建立气候交易所的优势还体现在可以发挥交易所的示范作用,在未来逐步构建出各种各样的自然资源交易所,完全运用市场机制来解决自然资源和环境保护的问题。美国走在了中国的前面,且这种领先优势不是短时间内可以超越的。对于中国来说,建立自己的气候交易所并加入全球网络,当前的时机是合适的。美国的清洁能源政策有一个突出优点:使用经济手段增加国内清洁能源生产产量和提倡节能,即通过经济方式激励美国能源政策目标的实现。对中国政府的启示是,可以利用税收、补贴等经济手段激励市场主体发展清洁能源产业,变外在强制手段为内心自愿遵守,变约束为激励,以更好地推广清洁能源。普通消费者和企业应设立若干经济奖励条款、提供税收补贴、鼓励购买和生产节能产品、鼓励家庭和民用建筑提高能源利用效率。在政府规制机构主导研发和推广清洁能源应用方面,美国值得中国借鉴的做法主要包含以下几个方面:美国政府对新的清洁能源技术进行投资,伴随技术的成熟,可以使相应的企业获取技术并将技术投入到商业化的运作中为清洁能源企业带来效益。如2007年美国对生物质液体燃料乙醇的酿制防护进行了技术更新,政府通过财政补贴、减税等方式对新技术进行推广和应用。这给予中国政府应加大研发的资金投入和财税减免、鼓励清洁能源技术革新的启示,加快清洁能源核心技术的开发和应用的产业一体化措施建设。

第三,加强中美两国在清洁能源项目上的充分合作。中美两国在能源和气候变化方面的合作始于1980年。迄今为止,中美签署了40多个关于清洁能源项目的双边合作协议,如"亚太清洁发展和气候伙伴计划"等,但合作的效果不明显。自从美国总统奥巴马上台后,在与中国的清洁能源合作方面上提出了一系列促进政策建议,所涉及的层面包括:在中美战略经济对话中单列能源和气候变化问题,开展两国大型的节能减排合作项目,加强两国地方政府之间的清洁能源双边合作,通过这些层面的深入合作希望改变目前双方合作不利的僵局。目前面对美国政府,中国迎来了几个很好的清洁能源项目和产业合作机遇:① 美国政府提出的清洁能源发展战略使得美国对清洁能源的需求不断扩大,这可以作为中国政府的一个重要经济增长点,使得中国在全球金融危机的大背景下,加速转移清洁能源设备制造的产能。通过大力投资节能减项目,加大清洁能源成品设备销售以及同美国的清洁能源项目合作,为中美在清洁能源产业的合作打下了良好基础。② 由于美国的清洁能源技术,尤其是含有高科技的清洁能源技术在全球都处于领先地位,中国目前清洁能源的发展虽然得到了政府的支持与激励,但中国的核心问题就是清洁能源技术的水平较低,清洁能源企业在国际市场的竞争中势单力薄,因而中国如果能够把握住与美国的清洁能源技术转让、技术服务和其他新的清洁能源经济合作,中国的清洁能源产业发展将日新月异。

8.3.2 欧盟清洁能源产业的规制对我国的经验借鉴

欧盟作为当今国际能源制度最先进的"实验室",其经验极为丰富,十分值得中国借鉴和学习。

首先,欧盟的经验提示中国要重视承担国际义务。当今全球气候恶化问题是人类面临的共同挑战,欧盟新能源立法与政策正体现了其勇于承担国际义务的精神。欧盟在签订了

《联合国气候变化框架公约》之后,又制定了一系列的相关政策。如1997年,发布《气候变化的能源维度》的通报,体现了欧盟着力于为温室气体减排找寻有效途径;[①]2000年推出了"欧洲气候变化计划"(ECCP),鼓励成员使用可再生能源发电,并在运输部门推广生物燃料、改善建筑能效。[②] 欧洲议会通过了气候行动和可再生能源法案,从法律框架上承担了应对气候恶化的国际义务,这十分值得中国学习。保护环境是全球各国共同的责任,发达国家和发展中国家都有责任共同应对环境问题。中国作为世界上最大的能源消费国以及一个负责任的大国,不能仅仅等待发达国家提供资金和技术上的支持,而需要自身制定应对全球气候问题的新型清洁能源发展的具体措施,承担起相应的国际义务。

其次,欧盟发展清洁能源的成功经验可以为中国构建清洁能源法律政策体系带来参考。欧盟新能源法律政策的框架体系十分清晰。2009年12月1日颁布的《里斯本条约》,规定了欧盟在新能源领域拥有的正式职责和法律地位。该条约规定了欧盟在可再生能源、节能与能源效率、核能、能源市场这四个层面进行能源规制。伴随着新能源的发展,其政策也在不断演化,新旧政策之间的衔接贯穿不断,相辅相成。对中国来说,自2006年《可再生能源法》颁布执行,到2009年的修订,已适应了当前新能源的发展形势,但是并未形成完整的法律与政策体系。中国需要加快《能源法》的立法工作,为新能源法律政策体系打下基础。《核能法》的制定也要提上日程,目前对核能这个清洁能源的特殊领域的部门规章和政策文件远远不够。由于新能源所涉及管理机构较多,因此需要全面清理现有的部门规章和政策,淘汰不适应新能源发展形势或与现行法律法规相悖的部门,并及时公布。

最后,欧盟的经验提示中国要综合运用新能源规制工具。欧盟各成员国根据自身能源结构特点、环境资源状况,灵活采用了各种规制工具。如税务减免,有利于新能源的发展,同时给企业和消费者释放了明确的信号,有利于减少能源消费中CO_2排放和能效的提高。投资补贴也是欧盟国家广泛应用于可再生能源发展的规制工具,此工具多用于新能源发电接入电网的基础设施中,用于支持新能源企业的研发、开展营销和公益性活动。固定电价是替代生产补贴的方式之一,也是诸多欧盟成员国采用的规制工具,通过购买和出售电力来固定一个强制性的补贴给长期投资者。可再生能源配额在不引起价格扭曲的情况下推动可再生能源发展,是市场的自由选择。欧盟对上述规制工具综合运用的经验值得中国加以借鉴。中国除了《可再生能源法》规定的并网发电审批、全额收购制度、可再生能源专项资金和税收、信贷等政府产业扶持政策外,还出台了针对清洁能源的税收优惠政策、政策贴息政策和研发自主政策等。但是中国的规制政策品种少,缺少规制工具创新,且在执行效果方面并不理想,无法满足各种清洁能源开发利用的需要,因此急需建立与清洁能源发展相协调与配合的、稳定的规制机制。

---

① See European Commission, the Energy Dimension of Climate Change[J]. COM (97) 196 final, 1997.
② See European Commission, Communication from the Commision to the Council and the European Parliament on EU policies and Measures to reduce greengas emissions: towards a European Climate Programme (ECCP)[J]. COM (2000) 88 final, 2000.

8.3.3 日本清洁能源产业的规制对我国的经验借鉴

日本政府对新能源产业的扶持对中国新能源的发展也有着重大的意义。日本是一个资源极度匮乏的国家,新能源为支撑国家的经济社会快速发展做出了极大贡献。对中国来说,人口基数十分庞大,资源利用效率低下,因此,让清洁能源成为国家发展的助推力,学习日本的经验非常重要。

首先,中国要尽快建立面向未来、战略明确的清洁能源政策体系。从上文对日本新能源政策的分析中可得出其制定的政策具有三大特征:① 着眼长远。由于能源政策的短期波动与长期发展趋势存在不协调的问题,如果只注重短期形势而忽略长期发展趋势极有可能会造成决策的偏差,然而核电、太阳能发电等新能源的发展以及推广节能所要创造的社会大环境都需要付出长久的努力,因此必须制定符合新能源发展的长期政策。日本制定的"阳光计划"和"新阳光计划"正是一个循序渐进符合本国能源发展的政策。② 目标明确。设定明确的目标,并为实现目标创设良好的条件,这对政府制定新能源政策具有重大意义。通过确立具备凝聚力的目标,引导地方政府、企业和民间投资者共同努力,才能够使得新能源政策的执行实施起到实效。③ 以国家为平台研究能源政策,而不是单一的为能源产业政策制定研究目标。在这种前提下制定出的新能源政策,才能有利于能源与经济、环境部门之间以及各能源部门之间的协调发展,才能防止出现各行业各自为政,能源与经济、环境的发展不协调的现象。因此对于中国来说,应该尽早建立起这种和日本相似的,着眼于长远、目标明确的清洁能源政策体系,并参考国际同期清洁能源发展水平标准来规划中国的清洁能源产业发展。

其次,日本的核能发展计划带给中国警示和启示。中国政府对核电发展是一如既往的支持,虽然日本的福岛核泄漏事件发生了,但是并没有改变中国的核电发展战略。尽管如此,这次日本的核泄漏事件还是为中国核电产业的继续发展敲响了警钟。目前中国建造的核电站购买的是来自美国西屋电气公司的 AP1000 双回路压水反应堆。被认为是最先进、最安全、更长的使用寿命、更低成本的第三代核反应堆,尽管西屋 AP1000 反应堆表示,其使用寿命可以达到 60 年甚至 120 年之久,但是 120 年间各类清洁能源发展的变化使得核电的不确定性也增加了很多,这种不确定性也需要引起中国政府的重视。同时核反应堆和核废料的安全处理问题不容小觑,任何一个环节处理不当都将造成无法挽救的恶果。因此,参考日本的核能发展计划的变更,中国在面对扑朔迷离、难以预见的未来的情况下,实行能源结构多元化战略才是正确的选择。

8.3.4 澳大利亚清洁能源产业的规制对我国的经验借鉴

在能源市场全球化的背景下,相同的能源法律与政策、同在亚太地区、类似的能源条件,为中国学习和借鉴澳大利亚可再生能源发展的成功经验奠定了坚实的现实基础。

首先,确定可再生能源利用强制性的发展目标。中国目前已经制定了可再生能源发展的中长期规划,就目前的状况来看,可再生能源的市场竞争力还无法与常规能源相比,单纯依靠教育、引导主要能源企业资源积极投资可再生能源产业,或是通过有限的经济激励措施,难以显著提升可再生能源的利用水平。因此,中国很有必要效仿澳大利亚,推行可再生能源强制性市场配额制度,直盯着可再生资源的强制性发展目标,同其他手段共同发挥作用,促进新能源和可再生能源的发展。

其次,制定切实可行的制度以保障上述强制性目标的实现。在这方面,澳大利亚采取的配套措施是:强制的可再生能源市场配额标准制度和可交易的可再生能源积分制度。按照上述规定,澳大利亚电力零售商每年必须购买一定比例的可再生能源电力,并获得相应数量的可再生能源积分,达不到者必须缴纳高额的罚金,否则不能继续经营。可再生能源发电企业在生产电力的同时也得到了相应数量的可再生能源积分,这些积分可以通过转让获得一定的收入,从而有助于平衡可再生能源电力较高的价格,提高市场竞争力。中国可以借鉴澳大利亚这方面的经验,考虑建立类似的制度,利用相关的法律和政策推进可再生能源发展目标的实现。

最后,加强激励性规制措施,培育新能源市场。澳大利亚政府采取积极财政补贴等方式支持可再生能源目标的实现。如澳大利亚联邦和州政府都规定,对安装太阳能光伏发电系统、节能灯等可再生能源设施的消费者发放较高的补助或是退税。州一级政府拨专款对私人投资可再生能源项目给予补贴,最高可达项目总额的20%。[①] 澳大利亚的电力市场在政府综合使用可再生能源证书、财税激励、可再生能源商业计划等政策的精心培育后,目前已成为世界上最为成熟的电力市场之一。它的成功表明市场机制在新能源开发利用过程中起到了关键性的作用。中国新能源市场呈现的是成熟度较低、市场竞争能力差、技术含量低等特点。因此,中国需要学习和借鉴澳大利亚的发展方式,通过政府的大力引导和政策的推动,促进市场机制的发挥。中国政府应当积极引导新能源市场发展,继续加大培育和发展新能源市场的扶持力度,促使垄断性市场转型为竞争性市场。

8.4 本章小结

本章以发达国家发展新能源和可再生能源的成功和失败经验为推进案例,从规制工具的比较入手,总结出适合我国清洁能源产业发展的规制工具,并对我国发展该产业的规制提供经验借鉴。

从本章的研究与论述可见,各国的政府规制机构对清洁能源产业的经济规制路线以市场功能、资源配置和经济激励为主,包括扩大清洁能源产业特许经营试点的范围,积极推动示范推广进程,改善清洁能源产业投资和融资环境;制定合理的清洁能源开发的成本补偿机制,提高清洁能源产业的投资激励性诱因;建立和完善清洁能源产业强制性的市场体系,增加清洁能源的商业化程度;增加在清洁能源技术研究上的投资,把清洁能源的基础研究、应用研究和开发等纳入规制机构的规划和预算中统一筹划;增加清洁能源供应链中的清洁能源原材料生产、运输、加工等配套产业的优惠和激励政策,完善政府支持服务清洁能源的体系。上述规制方式都是各国政府规制机构应用于清洁能源产业的主要行为和措施。通过总结与分析这些发达国家的清洁能源产业发展的规制工具,结合前文实证分析中总结出的我国清洁能源产业规制失灵的问题,才能够准确地制定出适合我国清洁能源产业的政府规制政策。

---

① 宋立芸.澳大利亚可再生能源利用与发展的启示[J].投资北京,2008(2):22-24.

9 完善我国清洁能源产业发展的政府规制的对策与建议

本章根据上文实证分析得出的结论,即我国清洁能源产业的政府规制存在着失灵的问题,运用激励性规制理论从机制创新和规制工具创新的视角对我国清洁能源产业的规制政策提出建议。本章试图构建出我国清洁能源产业的激励性规制政策框架,在该产业发展的不同阶段结合不同的规制工具进行合理的激励与规制,最终促进产业的合理高效发展,从而符合清洁能源经济、清洁、高效的定义。

9.1 机制创新:构建清洁能源产业的规制制度

从政府的产业规制来看,行业规制的首要目标是构建公平高效的市场竞争环境,实现资源的有效配置、社会福利的最大化增长。要实现此规制目标对规制机构来讲,不仅要独立于企业,更要求独立于政府。所以,长远来看,在市场竞争主体多元化的前提下,行业政策的制定者和市场秩序的维护者势必要分开,政监分离体制下专业独立的规制机构对市场的失灵状况进行监督和管理,才是最优的。如美国在长期经济发展中形成的一套独立规制机构体系对中国具有很强的借鉴意义,但还要注意中国市场经济转轨时期的特殊国情。在构建公平、透明和有序的市场环境的大前提下,充分发挥市场自身调节作用,运用规制机构专业性和独立性的特点,使得监督管理信号能够引导市场的正常有序竞争行为,这样的规制才是实现资源最有效配置和社会福利最大化的规制。

法律法规是政府能够顺利制定和实施政策的重要工具,建立完善的法律法规体系,不仅需要政府规制执行时广泛使用法律工具,同时要求将经济、社会等规制手段全都运用到法制的轨道中。中国目前处于市场经济的转轨时期,市场经济有效运作的前提条件是法制体系,而健全的法律法规体系对政府规制的实施有格外重大意义。目前我国清洁能源市场的法律法规体系尚不完善,要实现清洁能源产业的机制创新,建立健全相关法律体系是必备条件。

规制过程是一个动态的过程,从规制政策的拟定、修改、颁布到政策的执行、听证、公示和监督,每一个程序都需要公开、透明。因此,提高规制过程和规制机构、规制工具的透明度,实施规制透明机制,是减少规制失灵和规制俘获,公正规制机构自由裁量权的重要措施。

中国清洁能源产业的政府规制机构面临的状况是:既要促进清洁能源产业又快又好地发展,给予其足够的市场空间,又必须强调清洁能源产业的正外部性效应,促进人类社会的可持续发展和能源资源的转型,使其不受经济利益的驱使而违背公众利益,从而施予适度的规制和激励。面对这个复杂的情况,创新中国清洁能源产业的规制制度应包括:适合清洁能源产业发展的规制机构结构、完善的清洁能源规制法律体系、透明的清洁能源规制机制等。

9.1.1 创新清洁能源规制机构设置,加强监督

构建独立规制机构体系是规制改革的发展趋势,中国清洁能源产业也是如此。独立的规制机构模式可以抑制官僚主义和规制机构的腐败,提高行政效率,保障被规制企业和消费者权益,并防止产业规制中的被俘获现象。但各国产业规制的具体模式有所不同,如英国的规制是依据行业进行划分,在自然垄断领域内建立不同行业的独立规制机构,此类规制机构专业性突出;美国则是采取综合模式,如州际公用事业委员会等。不论是依据行业划分或综合规制机构,都具有独立的法律地位,职能也都包括:价格规则调整、进入资格审批、违规处罚、政策的执行和监督等。中国在改革开放以后,国务院经历了六次大规模的改革,其中最近的一次是2008年开始的大部制改革,其中重要的一条就是改革能源管理机构,国家高层次议事协调机构——国家能源委员会的建立,并设立了国家能源局,主管单位是国家发展和改革委员会;将国家发改委的能源行业管理有关职责及机构、国家能源领导小组办公室的职责,国防科学技术工业委员会的核电管理职责进行整合,一并划归国家能源局。国家能源委员会办公室的工作由国家能源局承担,同时撤销了国家能源领导小组及其办事机构。从国家对能源管理机构的改革不难发现,国家能源局的建立使得能源问题有了一个统一的管理部门,这对解决我国能源相关问题多年来分散管理、政出多门、重复建设的现象起到很好的抑制作用。

在国家进行能源管理机构的改革后,目前中国清洁能源产业的政府规制是以发改委及其下设的能源局为统一管理和主要规制的机构。中央规制机构是国家发改委及其下属的国家能源局,地方相应的设立地方发改委和地方能源局。在清洁能源产业中这些规制机构的主要职能是制定全国清洁能源开发利用的中长期总量目标,编制全国清洁能源开发利用规划,制定、公布清洁能源产业发展指导目录等。而清洁能源产业政策的执行和实施以及监督是由发展清洁能源的地方政府其他执行机构负责,存在着分部门规制的现象,这是因为清洁能源产业管理复杂,能源资源种类繁多。因此,清洁能源相关政策还要与国家的其他政策配合统一。这些共同的规制部门包括一些行业或专业行政部门:科学技术、农业、水利、土地资源、环境保护、森林、海洋等部门,课程教育的相关财政、税务、价格、金融、质检、教育等部门,同时也包括涉及清洁能源产业税收优惠、贷款优惠、产品技术与质量标准。于是,不可否认的是当前中国清洁能源产业的政府规制机构众多,依然存在政出多门、职能交叉、多头管理、资金分散等问题。

机制创新的第一步是规制机构的创新。可以参考西方独立规制机构模式,但是不能盲目追求形式而脱离清洁能源产业发展的现状。目前中国清洁能源产业的规制体系是一个相互依存的制度体系,所以重建规制机构也需要相应的制度与政策来保障与支持。如果一味崇尚独立的规制机构,而不关注实际效果,容易出现许多缺少能力和支持的规制机构,这将会增加产业规制的风险。所以,应该考虑我国清洁能源产业规制机构的现状和国情,借鉴先

9 完善我国清洁能源产业发展的政府规制的对策与建议

进国家新能源和可再生能源规制的实践和理论经验,探索我国清洁能源规制机构创新的形式,以提高规制效率。

当前我国可直接向国家发改委提交清洁发展机制项目申请的中央企业达 41 个之多,[①] 这些由中央政府监督和直接管理的大型国有企业代表的是规制机构的利益,因此规制机构在制定产业规制政策时很难做到利益不倾向于自身。从这个角度来讲,要求建立与企业分离、独立的规制机构对公平、公正、有序的市场经济意义重大。

不仅如此,在清洁能源产业规制机构的重建中,要强化对规制机构自身的监督和制约。如果建立了独立的规制机构,机构被俘获的可能性就会增强,规制的风险也将加大,所以加强对清洁能源规制机构进行信息披露和定期审查、完善责任负责制、对制定和执行产业规制的相关人员建立自身行为的负责制就显得格外重要。只要有责任负责制的存在就无法避免产业规制中可能存在的寻租行为,因此需要民主监督制配合,通过组建专家委员会和消费者组织共同对规制政策的制定和执行行为进行评价,减少规制中的寻租行为和降低规制被俘获的概率。

在加强清洁能源规制机构的监督和创新规制组织的过程中,明晰清洁能源规制机构与政府的关系,充分明确规制机构的职能范围和自由裁量权十分重要。目前中国清洁能源产业的规制机构与政府其他部门关系密切、职能交叉,不利于规制机构行使自由裁量权,但要求建立独立的规制机构并不意味着规制机构与政府是完全分离的,而是希望独立规制机构在原则上与政府其他部门保持一定距离。

将规制机构独立设置的目的是为了减少政府对经济活动的直接干预和影响,减少行政部门与自然垄断产业在利益上的联系。所以,仅仅建立清洁能源的独立规制机构并不能把所有问题都解决,要让这个独立规制机构起到作用,增大清洁能源产业经济效益,提高社会福利,最大程度减弱政治因素和利益集团对清洁能源产业的影响,还要依靠监督和制衡机制,如健全的清洁能源法律法规体系、公正透明的程序、充分的专业技能、监督制衡机制等。西方国家的法律法规对规制决策程序的规定具有相似之处,譬如在决策过程中,听证制度在规制决策过程中十分重要,利益相关者可以充分表明自己的态度;在向社会公布规制决策内容时要尽量详细,当市场主体利益遭到损害时,法院就会为其提供申诉的渠道;规制决策需要上报议会,接受议会的审查;且要接受外部审计机构的定期审查和监督。这些对于我国清洁能源产业的规制监督和制衡机制的设置都具有一定的借鉴意义。

9.1.2 完善清洁能源法律法规体系

中国目前处于市场经济的转轨时期,迫切要求建立现代市场经济体系,而现代市场经济能够与传统的计划经济区分并有效运作的条件就是法治。法治不但对政府的规制活动进行约束,同时对市场中的经济人行为进行约束。一方面对市场中个体的产权进行合理界定和保护;另一方面实行公平裁决,维护市场竞争。法治要求政府规制不应直接干预经济而是作

[①] 中国能源经济研究院. 中国新能源和可再生能源政策法规汇编[M]. 2版. 北京:经济管理出版社,2012:9.

为市场中交易的第三方角色存在,起到保障市场秩序和提高经济效益的作用。钱颖一[①]通过理论和实证分析指出法治的核心是确定政府和经济人之间保持距离型关系有利于市场经济的发展。他将法治下的政府概括为一个有限的、有效的政府,在这样的政府的带领下,才会营造出一个好的现代市场经济。以英国为例,在国有化运动中,英国首先成立了中央电力生产委员会用以维护英格兰和威尔士地区的供电网络和系统,随后又建立了国有产业选择委员会下议院来调查国有企业的绩效并监督审查其控制权问题。国有化运动后英国的公共事业行业又开展了私有化运动,在规制部门对这些自然垄断行业进行规制时始终遵循英国政府制定的全面而完善的法律法规,如《电力法》《电信法》《自来水法》《煤气法》等。美国也是法律制度完善的代表,完善的法律体系是实施政府规制的保障和前提条件。

目前,中国清洁能源产业的最高法是2006年1月1日开始实施的《可再生能源法》,自《可再生能源法》颁布,国家又相继发布了一系列的法规,仅在2011年这一年间国家层面出台的可再生能源和新能源综合性政策法规达18项,风电政策法规16项,太阳能政策法规9项,水电政策法规7项,核电政策法规8项,生物质能政策法规1项。[②] 可见国家对发展以清洁能源为代表的新能源和可再生能源产业的重视,虽然国家十分重视产业的发展,但是仅靠这些法规和政策的颁布是不够的,我国需要建立起一套完备的能源法律法规体系。这包括:

第一,加强能源法律法规的制定与修改工作,减少漏洞。如美国的《大气清洁法》,自1963年颁布后已经历了9次修订。我国清洁能源产业目前可依靠的最高法是《可再生能源法》,自2005年颁布后只在2009年全国人大常委会第十二次会议修订过一次,修订的频率严重落后于美国。修订的落后会使得法律与现实严重脱节、法律陈旧,跟不上能源发展的现状,容易导致新的状况无法可依的现象。不但如此,因为清洁能源规制机构众多,所以政策的制定除了要遵循《可再生能源法》,还涉及部门相关法律。如科技部门在规制政策的制定中需要根据《中华人民共和国科技进步法》和《可再生能源法》的共同规定,在全国范围内组织科技力量对有关清洁能源开发利用进行重大科技项目立项和示范研究以及推广;国土资源部门则要依据《中华人民共和国矿产资源法》和《可再生能源法》的共同规定,对地热资源的开发利用进行管理;林业部门根据《中华人民共和国森林法》和《可再生能源法》的共同约束,对林业生物质能的开发利用进行管理等。一旦部门遵循的法律法规之间存在着冲突,则会出现无法可依的局面。因此,需要对法律间的条款进行梳理,确保不存在矛盾和冲突的细则。

第二,加强清洁能源相关法规的可操作性。任何法规的贯彻都需要落实、执行,而落实和执行是以法律法规具体条款的可操作性为基础的,这就需要法律法规的条款对细节规定要尽可能条目清晰,在法规出台后要有配套的实施细则保障其有效落实。但是,中国目前对清洁能源的法规细则落实不到位。比如,国家在2011年制定的16项风电政策法规中,8个是国家能源局关于印发风电产业相关管理办法的通知,4个是国家能源局关于加强风电场安全要求的通知,2个是与风电项目核准相关的通知,剩下2个通知一个是分散接入风电开

---

① 钱颖一.市场与法治[J].经济社会体制比较,2000(2).
② 中国能源经济研究院.中国新能源和可再生能源政策法规汇编[M].2版.北京:经济管理出版社,2012.

发的通知,另一个是规范风电开发建设管理要求的通知。16项法规中真正落实风电产业管理和实施细则的只有两条,分别是《国家能源局、国家海洋局关于印发海风电开发建设管理实施细则的通知》和《国家能源局关于印发风电功率预报与电网协调运行实施细则(试行)的通知》。美国的法律对有可能产生争议的所有条款都做出明确的定义,相比之下,中国的清洁能源相关法规的可操作性不强。[①] 所以,要保证清洁能源法律法规实施有效,就应该根据清洁能源产业的特点,制定匹配的管理和实施细则,明确责任,便于清洁能源企业的操作和规制部门的监督管理。

第三,加强清洁能源相关法律和法规条款内容的合理配置和划分。以《可再生能源法》和《电力监管条例》为例,清洁能源的开发利用虽然不能等同于清洁能源发电,但是目前清洁能源规模化应用的领域主要是清洁能源发电。因此,电力监管委员会理应是清洁能源发电的监管部门,但在《可再生能源法》中并没有明确规定能源管理机构与电力监管机构在清洁能源开发利用中管理职责分配和权力划分问题,未对电力监管机构的法律责任做出规定,只在第13条、27条和29条中提及电力监管部门对电力企业具有现场检查和未全额收购可再生能源电量的处罚权;同样,在《电力监管条例》中也未补充说明电力监管部门对清洁能源产业的监督职责。法律和法规中实施条款的内容划分不清,不利于部门之间的协作,也会对整个清洁能源产业的发展产生阻碍作用,因此需要加强相关法律法规具体条款内容的合理分配并合理划分涉及的清洁能源规制部门责权。

9.1.3 实施清洁能源规制透明机制

清洁能源规制透明机制的建立包括:透明的清洁能源规制政策、透明的清洁能源规制机构和透明的清洁能源规制工具。实施清洁能源规制透明机制则需要对社会公布已经做出的清洁能源相关规制政策,对清洁能源法律法规体系进行重新组织和调整,控制清洁能源规制机构的自由裁量权和寻租腐败现象,对清洁能源规制的经济和社会效应进行分析总结利用等。要推进中国清洁能源产业的规制创新机制,实施透明机制意义重大。一方面可以增强社会公众对清洁能源规制政策以及制定过程的可及性和易解性,为公众参与规制制定和执行提供了可能性,也为被规制者表达意见提供了可能性;另一方面,规制透明可以预防规制机构任意行使自由裁量权,使得规制政策和规制机构受到各种利益相关者的监督和测评,从而间接保证规制政策的民主性和科学性。我国清洁能源产业规制透明机制实施的具体措施可概括为以下几点:

第一,公开清洁能源规制提案。公开规制提案可以公开征求公众意见,是规制透明机制中常用的咨询形式之一,规制机构信息公开有利于公众对清洁能源提案的了解和积极参与,清洁能源规制过程中各个阶段的具体提案都实行公开和咨询,规制机构陈述提案后由参与咨询的各利益集团进行评价和监督。公开规制提案的具体过程是:首先是发布通告,向社会公众报告将要进行的清洁能源规制政策的信息交流程序,提请利益相关集团做好准备工作;第二个程序是咨询,这是利益集团和规制机构的互动交流过程,规制机构就清洁能源规制政

---

① 中国能源经济研究院. 中国新能源和可再生能源政策法规汇编[M]. 2版. 北京:经济管理出版社,2012:2.

策中亟需解决的问题向利益相关者咨询意见,同时接受大众对清洁能源现行政策的评估,咨询的核心是大众的积极参与度。通过上述两个程序进行公开规制提案,改善清洁能源现行政策的执行效果并为即将实施的清洁能源规制政策寻求社会大众更多的认同和支持,提高政策的可信度和效力。

第二,建立清洁能源规制政策的公众通知和评论制度。建立公众通知和评论制度的目的是为了使公众参与清洁能源规制提案草稿的拟定、政策目标的讨论、正在解决的清洁能源规制问题和规制影响的评估中来,通过公众参与度的提高来构建清洁能源规制的透明机制。公众通知和评论制度在美国、日本等发达国家实施后都取得了良好的效果。日本将此方法应用于规制提案的制定和修订过程中。美国则在正式记录中对评论进行登记和备案,从法律地位上确定公众通知和评论制度的重要性。

第三,建立清洁能源规制政策公开听证会制度。通过听证会的召开可以使规制者和相关利益主体进行面对面的对话,各方均可以对规制提案公开进行评价和辩论。在加拿大,公开听证会制度已经成为规制法律制定过程中的正式组成部分,由议会各位委员会组织召开。目前,我国清洁能源规制中的听证会主要是相关产品的价格听证会,但是听证会举行的次数和涉及的清洁能源产品种类都远远不足,因而目前我国亟需建立起清洁能源相关产业的规制政策公开听证会制度,不仅要听证产业的价格,而且只要涉及清洁能源产业的重要规制提案时,都应该进行公开听证。

第四,对清洁能源规制文件进行管理。对清洁能源规制文件进行管理主要从两个方面开展:一是从公众可理解的角度出发,制定的规制文件语言要简单清晰,如果规制者只重视技术语言而忽略公众的理解和接受能力,那么规制提案即使公开也会出现公众无法理解的状况,这就要求管理文件时要在文件表达准确的同时,提高文件的可读性和易解性。二是实行清洁能源规制文件的电子化。现在是互联网时代,电子信息技术大大提高了信息交流的效率,同时网络也成为规制透明的有力工具,在专业网站中可以搜寻到清洁能源相关的项目、政策和产业现状,所以规制机构可以利用网络扩展规制咨询和信息沟通体系,提高自身工作的效率和质量,加强清洁能源规制的透明度。

9.2 规制工具创新:推进清洁能源激励性规制改革

清洁能源产业化的基本前提就是市场化,要实现清洁能源市场化有两个必备条件:一是清洁能源企业作为市场竞争的主体是客观存在的;二是清洁能源企业参与竞争的市场环境已经有效形成,两个条件缺一不可。因此,一个好的规制就是能够帮助清洁能源实现产业化发展的规制,具体来说就是既有利于清洁能源企业成长为合格的市场竞争主体,又有利于清洁能源企业充分施展抱负,构建最大效益的市场环境。

目前我国处于市场经济的转轨时期,解决一些明显带有计划经济特征的行业领域相关问题仍需时日,清洁能源产业领域内也依然存在着行业壁垒、行政壁垒、区域壁垒等问题。因此,清洁能源的规制改革应当以推进清洁能源产业的市场化进程为目标,相继打破层层壁垒,积极引入清洁能源的市场竞争机制,转变政府职能,将政府从行业的管制者转变为行业市场竞争的扶持者。

但是,考虑到清洁能源具有正外部性特征的特殊之处,发展清洁能源可以获得多种社会受益:一是减少传统化石能源使用引起的排放和污染带来环境收益;二是减少石油等化石能源使用而提高的能源独立性带来国家安全收益;三是减少对化石燃料需求使价格下降和多元电力供应带来的总体经济收益。这些正外部性可见却没有量化,这是清洁能源企业缺乏投资动力的根本原因。清洁能源投资成本高、开发技术要求高,在投入市场竞争后,在产品价格上与传统能源企业无法抗衡。将清洁能源产业的正外部性正确估价,建立清洁能源补偿机制,刺激清洁能源投资并创造清洁能源需求,就需要政府采取适当的激励性规制政策促进清洁能源产业的合理发展。

9.2.1 激励性规制工具选择:产业扶持政策

产业扶持政策主要体现在国家或相关部门为了支持清洁能源产业化发展,在税收或者投资领域内对清洁能源产业进行扶持。在目前的技术水平条件下,发电技术是清洁能源开发利用的重点,因此对清洁能源产业的激励性规制工具主要集中在清洁能源电力定价机制和政策需求上。目前对清洁能源产业的扶持和激励,大体可分为四大类:第一种是价格工具,其表现形式是以政府主导的多种定价方式并存;第二种是政策补贴,目前较常用的是通过费用分摊的方式差额补贴支付清洁能源电价高于常规能源上网电价;第三种是专项资金补助,国家对可再生能源技术研发和设备制造进行专项基金补助,此基金设立于 2009 年;第四种是清洁能源相关税收优惠政策。政府支持清洁能源发展的政策框架已经基本形成:国家制定清洁能源发展总量目标,并通过国家和省级清洁能源发展规划予以体现和具体实施。图 9-1 展示的是我国清洁能源发展战略性框架和政策需求。

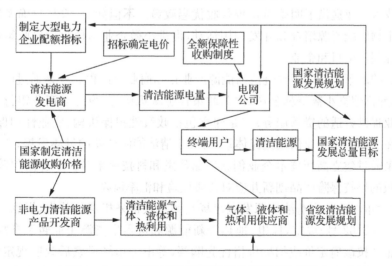

图 9-1 中国清洁能源发展战略性框架和政策需求

资料来源:根据《中国新能源战略研究》书中内容总结得出。

由该战略性框架可见，我国清洁能源产业的发展与政府的规制政策紧密相联，在清洁能源产业的上、中、下游的不同企业中政府政策都贯穿其中。这些政府政策大多数都是产业的扶持政策，国家意识到清洁能源产业的发展需要政府扶持与规制，只是激励的过程中还存在着许多需要解决的问题，政府的产业扶持政策确实是必不可少的。

9.2.2 完善清洁能源激励性规制的机遇

中国正在建设"资源节约型和环境友好型社会"，大力推进自主技术创新和加快财税金融体制改革，这对完善清洁能源产业的激励性规制是一个政策机遇。从2008年成品油价格和税费改革开始，中国陆续推进了资源产品价格改革、电力体制改革和环境税费改革。可以得出清洁能源发展的激励性规制政策的机遇，概括如下：

第一，资源性产品价格和环境税费改革为清洁能源提高市场相对竞争力、量化正外部性，实现公平竞争创造了机遇。2008年，国务院颁布了《关于实施成品油价格和税费改革的通知》（国发〔2008〕37号），财政部和国家税务局颁布了《关于提高成品油消费税税率的通知》（财税〔2008〕167号），规定无铅汽油、柴油和航空煤油（及燃料油）的消费税单位税额分别提到每升1.0元、0.8元和0.8元。提高煤电油气等传统能源的成本，将有效缩小清洁能源的成本差距，提高清洁能源的税收优惠空间，提高清洁能源的市场竞争力。

能源环境税和排污权交易制度将为清洁能源实现环保优势、创造公平竞争和有序发展建立长效机制。同时，目前部分清洁能源开发利用活动（如高纯多晶硅原料和生物燃料生产过程）存在着能耗高、污染严重等问题，征收环境税将迫使企业改进清洁高效的技术，使清洁能源产业真正成为清洁环保的绿色产业。

第二，财税和金融体制改革是清洁能源产业构建自主竞争力的机遇。新《企业所得税法》及实施条例为清洁能源提供了支持，对清洁能源的发电类基础设施项目、资源综合利用项目和高新技术企业提供了明确所得税税收优惠政策。不但如此，农林牧渔发展的税收优惠也将涵盖生物质能资源培育和开发利用活动，促进小微企业的税收优惠政策可有利于中小型清洁能源利用项目和企业。

金融体制的改革也有助于推进清洁能源产业化和商业化进程。一是通过改革建立多层次银行体系，允许建立小额贷款公司，改革政策性金融机构，使得许多商业银行日益重视为清洁能源企业提供合适的贷款服务；二是建立包括政策性担保机构、商业性担保机构、互助性担保机构在内的中小企业信用担保体系，有利于清洁能源产业的健康发展；三是改革后的保险服务政策通过建立高新技术企业创新产品研发和科技成果转让的保险保障机制，促进清洁能源领域的科技保险产品创新并应对科研风险和汇率风险。

第三，电力市场改革为清洁能源发电市场空间扩大带来机遇。首先，根据《电价改革方案》（国办发〔2003〕62号）规定，风电、地热等新能源和可再生能源企业暂不参加市场竞争，电量由电网企业按政府定价或招标价格优先购买，等电力市场成熟后政府规定供电企业售电量中新能源和可再生能源电量比例。上述政策将清洁能源电力市场竞争专门化，有利于推动清洁能源发电在不具备足够竞争力时扩大市场空间。其次，电力市场改革建立有利于促进电网健康发展的输、配电价格机制，改变目前中国电网网架薄弱的局面，从技术上缓解清洁能源发电对电网的冲击。最后,通过电力市场改革建立开放的跨区域电力市场体系,优先调度清洁能源发电,可在更大范围、更多途径接纳清洁能源电力。

第四,清洁发展机制(CDM)和国际碳市场为清洁能源项目带来了经济性机遇。CDM增加了清洁能源项目的收益,这是我国清洁能源发展的重要动力之一。中国目前已成为全球第一大CDM提供方。截至2009年年底,中国政府已经批准2 232个CDM项目,其中663个已在联合国清洁发展机制执行理事会成功注册。[①] 与此同时,在长期全球低碳经济发展道路下的国际碳市场也为清洁能源项目提供了重要的经济激励。

9.2.3 完善清洁能源激励性规制的挑战

尽管清洁能源激励性规制面临很多机遇,但在财力和体制上也存在着一些挑战。

第一,迅速增加的清洁能源产业资金需求和有限的公共财政资金存在冲突。清洁能源产业的发展规模在不断快速扩大,技术升级需求日益紧迫、技术研发和产业化任务更加繁重,因此对公共资金的需求也在快速增加。目前国内发展最迅速的风电产业和太阳能发电产业的费用分摊资金需求尤为突出,但是国内的公共财政资金仍相对紧张,清洁能源的稳定财政支持机制并不清晰,清洁能源电力附加额度上升空间有限,这就使得清洁能源产业资金需求有限的公共财政资金的冲突日益明显。

第二,清洁能源产业与传统能源体系间的经济利益存在冲突。伴随清洁能源的规模化发展,传统能源体系的市场格局和运行方式都受到了巨大的影响,这使得清洁能源产业和传统能源体系两者逐步产生了经济利益的冲突,最主要体现在清洁能源发电和常规电力体系间在电网建设和电力调度方面存在着成本风险分担和市场竞争的问题。目前发展较快的风电和太阳能发电产业使得这种利益冲突达到一个高峰期,冲突时时有、处处有。

第三,清洁能源市场存在不同市场主体、地区和产业链环节间的经济利益冲突问题。清洁能源产业既是资源密集型产业,又是技术和资金密集型产业。目前,我国的清洁能源产业存在着地区差异,西部地区资源丰富、东部地区工业(技术、装备和资金)和市场(消费者、资金)成熟的特点。在现行的清洁能源产业的投资、财税和费用分摊政策体制下,西部地区的财政、企业和居民收入有限,东部地区承担的分摊费用负担重,不同地区存在不同的困境。随着清洁能源产业规模的不断扩大,不同的市场主体、地区和产业链间的经济利益失衡问题日益明显。

9.2.4 清洁能源激励性规制政策框架的构建

清洁能源激励性规制政策框架构建的第一步是根据清洁能源产业的发展阶段,选择合适的规制工具。清洁能源技术所处的发展水平不同,规制工具也各不相同。清洁能源技术发展和商业化进程可细分为四个阶段:技术研发阶段、商业化应用示范阶段、沿学习曲线降低成本的成长阶段和大面积普及阶段。各阶段适用的规制工具可用表9-1概括。

---

① 甘激文,潘丽珠,吕旷.清洁能源发展机制(CDM)发展现状与对策研究[J].大众科技,2012(7).

表9-1 不同激励性规制工具对清洁能源各发展阶段的作用状况

激励性规制工具			清洁能源技术和商业化发展阶段			
			技术研发阶段	项目示范阶段	成长阶段	普及阶段
税收政策	企业所得税	正激励政策	●	●●	●●●	●●●
		加速折旧、投资抵免等事前优惠	●	●●	●●●	●●●
		减免所得税等事后优惠	●	●●	●●	●●●
	负激励政策		●	●	●●	●●
财政支出政策	财政投资		●	●●	●●	●●
	主要是支持研发的财政拨款		●●●	●●●	●●	●
	财政贴息		●	●●	●●●	●●●
	财政补贴	对生产者	●	●●●	●●●	●●●
		对消费者	●	●●	●●●	●●●
	政府采购政策		●●	●●	●●●	●●●
政策性金融	政策性贷款		●	●●	●●●	●●●
	政策性投资		●	●●	●●●	●●●
	政策性保险		●	●●	●●●	●●●
	优先发行债券或股市融资		●	●●	●●●	●●●
商业性金融	商业性贷款			●	●●	●●●
	发行债券			●	●●	●●●
	创业投资		●●	●●	●●	●
	股市融资		●		●●	●●

注：上表中●代表基本无作用，●●代表作用一般，●●●代表作用显著。

构建清洁能源激励性规制政策框架的第二步是根据清洁能源开发利用产业链条的不同环节，选择合适的规制工具。为了完善我国的清洁能源产业链条，同时利用有限的资源高效支持薄弱环节，应当有针对性地选择规制工具。清洁能源的开发利用环节可细分为：研发环节、设备制造环节、发电项目运营环节和非发电项目运营环节。不同的开发利用环节适用的激励性规制工具的效果也是不一样的，要在最合适的环节使用最恰当的规制工具。具体工具在不同环节的作用情况如表9-2所示：

构建清洁能源激励性规制政策框架的第三步是综合考虑各类清洁能源技术的技术特点、发展阶段和产业链构成，组建清洁能源的差异化激励性规制政策组合。根据清洁能源的技术特点、发展阶段和产业链条构成状况，可将清洁能源产业的相关活动分为四大类，这四大类实际上就是清洁能源激励性规制政策的支持对象：第一类是清洁能源发电，包括风电、水电、太阳能发电、核电、生物质能发电、地热/海洋能发电，不同种类的发电技术都包含了并网发电①和离网发电两种；第二类是热利用各类清洁能源，主要包括太阳能、生物质能、地热

---

① 并网发电：指发电时并入供电电网运行，因为在大部分地区供电和发电是分离的，发电站需要服从供电调度。如果不并网，即离网，会造成发电效率低，且发电质量下降。

9 完善我国清洁能源产业发展的政府规制的对策与建议

表9-2 不同激励性规制工具对清洁能源开发利用各环节的作用情况

激励性规制工具			清洁能源技术和商业化发展阶段				
			研发环节	设备制造环节	并网发电项目	离网发电项目	非发电项目运营环节
					发电项目运营环节		
税收政策	企业得税	正激励政策	●●●	●●●	●●●	●	●●●
		加速折旧、投资抵免等事前优惠	●●●	●●●	●●●	●●	●●
		减免所得税等事后优惠	●●	●●●	●●●	●●	●●
	负激励政策		●	●	●		●
财政支出政策	财政投资		●●●	●●●	●●●	●●●	●●●
	主要是支持研发的财政拨款		●●●	●●●	●●●	●●●	●●●
	财政贴息		●●	●●	●●●	●●●	●●●
	财政补贴	对生产者	●●	●●●	●●●	●●●	●●●
		对消费者	●	●	●●●	●●●	●●●
	政府采购政策		●●	●●●	●●●	●●	●●●
政策性金融	政策性贷款		●●	●●	●●●	●●●	●●●
	政策性投资		●	●●	●●●	●●●	●●●
	政策性保险		●	●●	●●	●●	●●
	优先发行债券或股市融资		●	●●	●●●	●●	●●●
商业性金融	商业性贷款		●	●●	●●	●●	●
	发行债券		●	●	●	●	●
	创业投资		●	●	●●	●	●
	股市融资		●	●●	●●	●	●

注：上表中●代表基本无作用，●●代表作用一般，●●●代表作用显著。

能等，热利用的途径可分为简单分散型和先进集中型；第三类是指生物质能的液体燃料生产使用，目前常用的是乙醇和生物柴油；第四类是清洁能源技术研发和装备研制，包含了各种先进的和未实现全面商业化的清洁能源利用技术研发及装备研制活动。针对不同的清洁能源应用活动类型，需要综合运用税收优惠政策、财政支持政策、金融扶持政策和保护价格政策等多种激励性规制工具，推进清洁能源的商业化进程和产业的良好发展。清洁能源的差异化激励性规制政策组合可如表9-3建立。

根据清洁能源激励性规制政策框架的构建，可以找到与对应的清洁能源应用活动相适应的激励性规制工具，根据双方的契合性，提出完善清洁能源激励性规制的政策建议。

表9-3 不同清洁能源开发利用技术的激励性规制政策组合

清洁能源开发利用活动			市场价格政策			财税政策				金融扶持政策		
			完全市场竞争	保护性市场	惩罚补偿	税收优惠	财政投资	财政补贴	政府采购	政策性贷款	政策性保险	政府引导基金
清洁能源发电	水电			☆	☆	☆				☆		
	风电	并网型		☆		☆	☆			☆	☆	
		离网型					☆	☆	☆	☆		☆
	太阳能发电	并网型		☆	☆		☆	☆		☆	☆	
		离网型					☆	☆	☆	☆		☆
	核电	并网型		☆		☆	☆			☆	☆	
		离网型					☆	☆	☆	☆		☆
	生物质能发电	并网型		☆		☆				☆	☆	
		离网型					☆	☆	☆	☆		☆
	地热/海洋能发电	并网型		☆			☆	☆		☆	☆	
		离网型					☆	☆	☆	☆		☆
清洁能源热利用	简单分散型		☆					☆			☆	
	先进集中型		☆			☆				☆	☆	
生物液体燃料使用	乙醇和生物柴油				☆	☆		☆	☆	☆		☆
清洁能源技术研发和设备研制			☆			☆	☆	☆		☆	☆	☆

注：☆表示激励性规制政策适用于该项活动。

9.3 清洁能源激励性规制政策建议

下文就清洁能源政府激励性规制提出若干条政策建议，这些政策建议与前文中的机制创新与规制工具创新相统一。

9.3.1 完善差异化的清洁能源发电项目管理和上网电价制度

目前，中国清洁能源发电项目的上网电价是由发改委根据不同类型清洁能源发电的特点和地区现状以及清洁能源开发利用技术的发展状况综合制定的，不参与电力市场的竞争。因此，要完善清洁能源的发电管理和上网电价制度需要根据前文对清洁能源发电的类别进行划分。针对"集中并网发电、分散并网发电、无电居民区离网发电和工商业离网发电"这四大类发电形式，分别提出适合的对策建议。

建议一：改进和规范大规模集中并网清洁能源发电的上网电价制度。目前中国的风能和太阳能资源丰富的地区普遍远离人口、工农业和负荷中心,核能主要在远离人口密集地区,生物质能资源集中在农业地区,这些地区具有建设大中型规模清洁能源发电项目、实现集中并网发电的客观条件。所以,中国清洁能源发电的主流形式应当是能源企业投资建设的集中并网清洁能源发电,包括大中型风电场发电、农林生物质发电项目发电、沙漠光伏电站发电等。对于风电,需要加快转向以固定电价为主的上网电价制度,不能依赖于风电特许权项目可行性研究预测对投标电价的竞猜,而应当转向以事前风资源区划或事后基准发电量为主要基础的大规模集中并网发电的固定上网电价机制。对于太阳能发电,中国没有并网太阳能光伏发电的充分经验和可靠的成本评估,无法立即制定颁布统一的固定电价。所以,对太阳能发电的建议是,制定大型地面并网太阳能发电示范项目的实施投资经营主体和上网电价的招标方法,在适当的时机建立"控制总量规模的固定电价机制"。目前核电实行的是新建核电机组标杆上网电价政策,全国核电标杆电价是 0.43 元/(kW·h),对其建议是应当根据核电技术进步、成本变化、电力市场供需状况等对核电标杆电价定期评估并适时调整,不能长期维持在同一价格。生物质能发电受生物质能资源条件制约明显,所以应当根据所在地区的资源类别、项目形式建立细分生物质能发电的固定电价制度,并对中西部地区和中小规模的各类废弃生物质能发电技术或项目予以适当的支持。

建议二:建立灵活的分散并网清洁能源发电上网电价制度。目前的清洁能源发电项目均由省级以上能源和价格主管部门核准电价、确定补贴。所以,结合电力体制改革工作,鼓励分散并网的风力发电、光伏风电、中小型生物质能发电项目,加快完善分散并网清洁能源发电项目的管理办法,将分散并网清洁能源发电项目的核准、备案管理权限逐步下放至地市级主管部门。可以参考已有国际成功经验的城乡建筑并网光伏系统的"净用电量计量法",允许光伏发电电力消费者在用户电表内接入小规模发电设备。同时向电网销售多余电力,形成"净用电量计量法"的电价机制,制定出针对工商业和居民的管理办法,并逐步将"净用电量计量法"扩展至小型生物质能和风能发电领域。

建议三:继续维持公共清洁能源独立于电力系统的发供电一体化和运行补贴政策。公共清洁能源独立电力系统指的是在电网不能覆盖的居民区建设的、主要用于满足居民生活基本用电的独立性清洁能源发电系统。现行的模式大多是村落风电、太阳能发电或者风光柴互补电站,包含的区域主要是电网通到的偏远地区。根据我国现行办法,国家投资或补贴建设的这部分公益性清洁能源独立电力系统的运行和维护费用均高于地处的省级电网平均售价,但是对此用户征收电价的附加费。对此种公共清洁能源独立电力系统的建议是补贴政策得以维系,最终建立公益性清洁能源独立电力系统,以满足落后地区的基本生活需求。

9.3.2 完善面向电网企业的配额制度、费用分摊及补偿制度

建议一:尽早实施以电网企业为主体的清洁能源电力配额制度。清洁能源发电的电网问题频出,尽早制定出清洁能源电力配额的实施细则,有助于解决目前清洁能源电网存在的问题。建立以电网企业为主体,以清洁能源电力消费量为衡量标准的清洁能源电力配额制度,培育出清洁能源电量交易市场。通过制定交易证书和与之相关的监督、奖惩制度,在确保电网安全的前提下实现清洁能源电力的全额上网。

建议二：完善清洁能源发电的电力调度补偿制度和电网建设费用分摊制度。在风电领域内，电力系统消纳风电的能力主要由系统的电网输送能力和系统的调峰能力决定。但是，我国的风能资源分布不均，用电峰谷差逐年增大，系统调峰能力又不强。尤其是东北地区和西北、新疆地区的风电在当地电网消纳困难，需要通过直流电系统输送到负荷中心。所以，要解决好电力系统的输电通道建设、相关电力调度的一系列问题，加强和改善电网建设，保证全额接受风电情况下的电网能够安全平稳运行。清洁能源发电具有不确定性、不可控性等弱势，因而国家明确规定在电力调度中优先保障清洁能源发电上网，这就使得电力系统调度出现了成本增加和经济利益需要再平衡的问题。为了解决此问题，需要制定落实面向大规模清洁能源电力的电网建设费用分摊和电力调度补偿制度：一方面分摊电网企业的超额电网建设和护租服务成本；另一方面合理补偿其他电源对清洁能源的配合调峰损失。

9.3.3 完善基于清洁能源发电质量的奖励和惩罚措施

电力系统运行的安全性、稳定性是发电中最重要的问题。在大量间歇性清洁能源发电并入清洁能源电网后，整个电力系统运行的安全稳定和供需平衡都受到了极大的挑战。除了要加强电网建设和调度外，提高清洁能源发电的电力质量也是重要的措施和长远之计。因此，逐步完善以清洁能源的电能质量和电价为核心的奖惩制度，意义重大。

建议一：建立以清洁能源发电功率预测、预报水平的奖惩制度。在风电领域，风电功率预测系统是保证电网平衡风电波动的重要技术保障。风电发展先进国家风电装机容量持续上升的一个原因就是采用了风电功率预测系统。为推进风电功率预测系统的发展，国家应在电网调度部门集中预测的同时，鼓励风电开发商参与其中。结合西班牙风电发展的经验，正常结算预测误差20%以内的电量，并加以电费加价的奖励，对预测超过20%的则减量收购，或是给予一定处罚。

建议二：建立并完善清洁能源发电项目电能质量的奖励和惩罚措施。随着风电技术进步，可以逐步采用数据采集和监控系统，利用储能和护租服务设备，与其他常规能源发电设备类似提供频率响应。同时参与电场的输出控制功率等，接近常规电场。以风电场为例，鼓励清洁能源发电企业提高自身管理水平，开发应用各类先进风机、储能技术及其他新技术，不断提高清洁能源发电项目的上网电力质量。逐步制定并完善基于清洁能源发电项目电力质量的差异化电价，同时给予不同程度的经济补偿或经济处罚。

9.3.4 逐步改进清洁能源产业的财税和金融扶持政策

建议一：逐步完善清洁能源增值税政策体系。清洁能源发电是清洁能源的最重要利用途径。在目前的商业化发展阶段，应当不断完善清洁能源增值税政策。在清洁能源发电领域全面落实消费型增值税，不断扩大进项税抵扣范围，将各类清洁能源项目建筑安装所形成的固定资产纳入抵扣范围内，可以减轻增值税负担。统一征收集中并网型水电、风电、太阳能发电或类似的无燃料清洁能源发电的增值税，借鉴目前的风电和三峡电力增值税退税政策，统一为即征即退50%或其他税额，促进公平的集中并网清洁能源电力发展。同时对于分散并网的小型清洁能源项目实行比集中并网的项目更加优惠的增值税政策。

建议二:完善清洁能源发电项目的金融扶持政策和激励性规制工具。清洁能源项目由于初始投资较大且回报期较长,需要金融支持,逐步降低融资成本。对清洁能源发电项目加大金融扶持力度,完善金融扶持工具,例如:优先提供政策性低息贷款和财政贴息政策,延长清洁能源还贷期限,提供政策性担保,制定收益权质押贷款政策等,使用政策工具完善清洁能源的金融扶持体系建设。

建议三:建立健全各类能源的资源税、环境税和碳税政策体系。为了促进公平竞争和各类能源的共同发展,体现出清洁能源的独特优势,应尽快建立健全各类能源的资源税、环境税和碳税政策,将与能源生产利用密切相关的环境成本和社会成本充分考虑进去,才能有利于各类能源和谐共同发展。

建议四:坚持并加强公共清洁能源电力系统的财政投资、补贴和政府采购政策。对西部及偏远无电居民区的公共基础设施领域应加强清洁能源电力系统的财政扶持政策,建议综合政策直接投资、补贴和政策采购等多种工具,为落后地区提供公共服务,共同实现社会效益。

9.3.5 建立并完善对清洁能源资源所在地的补偿和激励制度

建议一:逐步完善清洁能源资源开发权有偿转让制度。目前中国部分省份出台了水资源开发使用权出让的管理办法,引入水能资源开发权有偿转让制度,在市场公平竞争的前提下,通过公开拍卖的方式出让水能资源建设项目开发权,获得的收益大多用于当地社会和生态环境补偿。水能资源的开发权有偿转让制度对其他清洁能源具有一定的参考价值,通过清洁能源资源开发权有偿转让,既可以充分反映风能、太阳能等资源的价值,又可以补偿当地前期投资资金数额巨大的缺点,还可以支持当地社会发展和经济建设,更直接地给当地人民分享清洁能源资源的开发成果。

建议二:逐步完善清洁能源费用分摊制度。以风能为例,目前存在开发的风能资源总量不高、品质也不高,但是发电成本高的状况,中央政府核定的电价使得项目无法盈利。面对这种情况,加之目前的电力销售价格以省为基本单位,可以建议允许省级政府按照当地实际情况合理核定上网电价,与中央政府核定电价差别部分,按省内解决的方案执行清洁能源电价核定。这里要充分处理好"清洁能源附加"的征收和分配机制中的中央政府和地方政府(主要是省级政府)的关系。在权责对应的原则下,制定方案。方案一:"清洁能源附加"的收入实行中央和地方两级政府分成制度,中央战略性布局范围由中央政府审批的,所需的补助资金在全国范围内分摊;由地方政府规划且由地方政府审批的,就在省内分摊。这里要注意的是地方政府批准的清洁能源项目上网电价不能超过"标杆电价"。方案二:国家范围内的方案不变,地方政府审批的清洁能源项目采取由地方政府提出标准提高的意见,再提交发改委批准后,用"附加"标准提高的部分解决,在本地范围内分摊。两种方案各有利弊,第一种可以促进清洁能源资源丰沛的地方政府的开发积极性,然而对清洁能源资源不足的地区则会出现资金富足的局面;第二种方案虽然解决了上一种方案的缺陷,却会降低清洁能源资源丰富地区地方政府的积极性,需要综合考虑,慎重决定。

参考文献

[1] UNEP, EPO, ICTSD. UNEP report—Patents and clean energy: Bridging the gap between evidence and policy[J]. Management of Environmental Quality: an International Journal, 2011, 22(2): meq. 2011. 08322bab. 004.

[2] First Annual Report of the Council on Environment Quality[R]. Washington DC: Government Drinting office, 1970.

[3] Donald A. Content analysis in AV communication research[J]. Audio Visual Communication Review, 1956, 4(2): 102-108.

[4] Traber T, Kemfert C. Impacts of the German support for renewable energy on electricity prices, emissions, and firms[J]. The Energy Journal, 2009, 30(3): 121-126.

[5] Owen A D. Environmental externalities, market distortions and the economics of renewable energy technologies[J]. The Energy Journal, 2004, 25(3): 88-93.

[6] Bankes N. Energy law in Europe: National, EU and international regulation (2nd ed)[J]. Journal of Energy & Natural Resources Law, 2009, 27(1): 97-103.

[7] Blok K. Renewable energy policies in the European Union[J]. Energy Policy, 2006, 34(3): 251-255.

[8] Matlary J H. Energy Police in the EU[M]. London: Macmillan Press, 1997.

[9] Umbach F. Towards a European energy foreign policy? [J]. Foreign Policy in Dialogue, 2007(8): 20.

[10] Redgwell C, Zillman D, Omorogbe Y, et al. Beyond the Carbon Economy[M]. Oxford: Oxford University Press, 2008.

[11] Metcalf G. Tax Policies for Low-Carbon Technologies[R]. National Bureau of Economic Research, 2009.

[12] White G J. U. S. clean energy benefits and costs[J]. Resources and Environment in the Yangtze Basin, 2012(7): 891-896.

[13] Boeters S, Koornneef J. Supply of renewable energy sources and the cost of EU climate policy[J]. Energy Economics, 2011, 33(5): 1024-1034.

[14] Reiche D, Bechberger M. Policy differences in the promotion of renewable energies in the EU member states[J]. Energy Policy, 2004, 32(7): 843-849.

[15] Mitnick B M. The Political Economy of Regulation[M]. New York: Columbia

University Press, 1980.

[16] Kahn A E. The Economics of Regulation: Principles and Institutions[M]. New York: Wiley, 1970.

[17] Stigler G J. The theory of economic regulation[J]. The Bell Journal of Economics and Management Science, 1971, 2(1): 3.

[18] Stigler G J. Free riders and collective action: An appendix to theories of economic regulation[J]. The Bell Journal of Economics and Management Science, 1974, 5(2): 359.

[19] Gellhorn E, Pierce R J. Regulatted Industries[M]. St. Paul: West Publishing Co, 1982.

[20] Baumol W, Bradford D. Optimal departures from marginal cost pricing[J]. The American Economic Review, 1970, 60: 265-283.

[21] Lerner A P. Conflicting principles of public utility price regulation[J]. The Journal of Law and Economics, 1964, 7: 61-70.

[22] Kahn A E. Economic Issues in Regulating the Field Price of Nature Gas[J]. American Economic Review, 1960.

[23] Sam P. Toward a more general theory of regulation[J]. The Journal of Law and Economics, 1976, 19(2): 211-240.

[24] Perrakis S, Baumol W J, Panzar J C, et al. Contestable markets and the theory of industry structure[J]. The Canadian Journal of Economics, 1982, 15(4): 774.

[25] Demsetz H. Why regulate utilities?[J]. The Journal of Law and Economics, 1968, 11(1): 55-65.

[26] Ekelund R B, Hebert R F. Uncertainty, contract costs and franchise bidding[J]. Southern Economic Journal, 1980, 47(2): 517.

[27] Potters J, Rockenbach B, Sadrieh A, et al. Collusion under yardstick competition: An experimental study[J]. International Journal of Industrial Organization, 2004, 22(7): 1017-1038.

[28] Walter P J. Ecectricity Supply: An End to Natural Monopoly[J]. in Cento Veljanovski(eds), Privation & Competition: A Market Prospects, Billings & Sons Limited, 1989: 129134.

[29] Laffont J J, Tirole J. Using cost observation to regulate firms[J]. Journal of Political Economy, 1986, 94(3, Part 1): 614-641.

[30] Hotelling H. The general welfare in relation to problems of taxation and of railway andutility rates[J]. Ecomometreca, 1990.

[31] Prieger J E. Ramsey pricing and competition: The consequences of myopic regulation[J]. Journal of Regulatory Economics, 1996, 10(3): 307-321.

[32] Ramsey F P. A contribution to the theory of taxation[J]. The Economic Journal, 1927, 37(145): 47.

[33] Attari M. Discontinuous interest rate processes: An equilibrium model for bond option prices[J]. The Journal of Financial and Quantitative Analysis, 1999, 34(3): 293.

[34] Averch H, Johnson L L. Behavior of Firm Under Regulatory Constraint[J]. American Economic Review, 1962, 52(5): 10521069.

[35] Laffont J J, Tirole J. Using cost observation to regulate firms[J]. Journal of Political Economy, 1986, 94(3, Part 1): 614-641.

[36] Vogelsang I, Finsinger J. A regulatory adjustment process for optimal pricing by multiproduct monopoly firms[J]. The Bell Journal of Economics, 1979, 10(1): 157.

[37] Sappington D. Strategic firm behavior under a dynamic regulatory adjustment process[J]. The Bell Journal of Economics, 1980, 11(1): 360.

[38] Mark A. A theory of incentives in procurement and regulation[J]. The Economic Journal, 1995, 105(428): 193-194.

[39] Shapiro C, Willig R. Economic Rationales for the Scope of Privatization[D]. Princeton: Princeton University, 1990.

[40] Guasch J L, Hahn R W. The costs and benefits of regulation: Implications for developing countries[J]. The World Bank Research Observer, 1999, 14(1): 137-158.

[41] Florence A H. The Administrative Regulatory Process[M]. New York: Longman, 1983.

[42] Leibenstein H. Allocative efficiency vs. "X-efficiency"[J]. The American Economic Review, 1966, 56(3): 392-415.

[43] Laffont J J, Tirole J. Auctioning incentive contracts[J]. Journal of Political Economy, 1987, 95(5): 921-937.

[44] van B J M. Privatization—an economic analysis[J]. Comparative Economic Studies, 1997, 39(3/4): 90-94.

[45] Barack Obana. Jobs, Energy Independence, and Climate Change[EB/OL]. http//www. realelearpolitics con/articles/2009/01/jobs_independence_and_c. html, 2009.

[46] Directive 2001/77/EC of the European parliament and of the council of 27 September 2001 on the promotion of electricity produced from renewable energy sources in the internal electricity market[M]//Compendium of Sustainable Energy Laws. Cambridge: Cambridge University Press, 2005: 394-401.

[47] 93/500/EEC. Council Decision of 13 September 1993 concerning the promotion of renewable energy sources in the Community (Altener programme)[C]. OJL 235, 1993: 4144.

[48] Decision No 646/2000/EC. The European Parliament and of the Council of 28 Feburary 2000 adopting a multiannual programme[C]. the promotion of renewable energy sources in the Community(Altener) (1998 to 2002), 2000: 15.

[49] Committee and the Committee of the Regions of 10 November 2010. Energy 2020 A Strategy for competitive, sustainable and secure energy[J]. COM(2010) 639 final, 2010.

[50] Aronld C H. Mmopoly and Resource Allocation[J]. American Economic Review, 1954(44).

[51] Directive 2009/28/EC. the European Parliament and of the Council of 23 April 2009 on the promotion of the use of energy from renewable sources and amending and subsequently repealing Directives 2001/77/EC and 2003/30/EC[C]. OJL 140, 2009: 1662.

[52] Cox R, Clark J M. Toward a concept of workable competition[J]. Journal of Marketing, 1941, 5(3): 312.

[53] Priddle R. The energy dimension of climate change[R]. COM (97) 196 final, 1997.

[54] European Commission. Communication from the Commision to the Council and the European Parliament on EU policies and Measures to reduce greengas emissions: towards a European Climate Programme (ECCP)[R]. COM (2000) 88 final, 2000.

[55] 江泽民. 对中国能源问题的思考[J]. 上海交通大学学报, 2008, 42(3): 345-359.

[56] 丹尼斯·米都斯. 增长的极限: 罗马俱乐部关于人类困境的研究报告[M]. 长春: 吉林人民出版社, 1997.

[57] 理查德·A. 波斯纳. 法律的经济分析(上下)[M]. 北京: 中国大百科全书出版社, 1997.

[58] 让-雅克·拉丰, 让·梯若尔. 政府采购与规制中的激励理论[M]. 石磊, 王永钦, 译. 上海: 上海三联书店, 2004.

[59] 马建英. 浅析中美清洁能源合作[J]. 现代国际关系, 2009(12): 48-52.

[60] 陆燕, 付丽, 张久琴. 澳大利亚《2011清洁能源法案》及其影响[J]. 国际经济合作, 2011(12): 27-30.

[61] 陈小沁. 俄罗斯节能立法及参与国际新能源合作的趋势[J]. 俄罗斯中亚东欧研究, 2012(4): 50-55.

[62] 郑艳婷, 徐利刚. 发达国家推动绿色能源发展的历程及启示[J]. 资源科学, 2012, 34(10): 1855-1863.

[63] 徐冬青. 发达国家新能源发展的新态势与中国的政策取向[J]. 世界经济与政治论坛, 2011(6): 161-169.

[64] 杨莉, 余艳, 高琴. 国外发展风电产业的经验与启示[J]. 未来与发展, 2011, 34(6): 40-44.

[65] 曹玲, 张慧智. 韩国能源产业政策分析及启示[J]. 社会科学战线, 2013(2): 256-258.

[66] 曹晓蕾. 韩国新能源领域知识产权与产业发展研究[J]. 东北亚论坛, 2011, 20(3): 92-97.

[67] 门丹. 美国推进新能源发展的财政支出政策研究[J]. 生态经济, 2013, 29(4): 80-83.

[68] 林晶. 美国新能源"航母法"启示下的中国能源政策之路[J]. 山西财经大学学报, 2007, 29(S1): 7-8.

[69] 谢世清. 美国新能源安全规划及对我国的启示[J]. 宏观经济管理, 2011(10): 73-74.

[70] 高静.美国新能源政策分析及我国的应对策略[J].世界经济与政治论坛,2009(6):58-61.

[71] 邱立成,曹知修,王自锋.欧盟环境政策与新能源产业集聚:理论分析与实证检验[J].经济经纬,2013,30(5):65-71.

[72] 张玉臣,彭建平.欧盟新能源产业政策的基本特征及启示[J].科技进步与对策,2011,28(12):101-105.

[73] 吴志忠.日本能源安全的政策、法律及其对中国的启示[J].法学评论,2008,26(3):117-125.

[74] 单宝.日本推进新能源开发利用的举措及启示[J].科学经济社会,2008,26(2):79-82.

[75] 陈伟.日本新能源产业发展及其与中国的比较[J].中国人口·资源与环境,2010,20(6):103-110.

[76] 刘卿,刘蓉蓉.论中美清洁能源合作[J].国际问题研究,2011(2):29-32.

[77] 李扬.中美清洁能源合作:基础、机制与问题[J].现代国际关系,2011(1):14-21.

[78] 郑方能,封颖.确立清洁能源国际科技合作国家战略的思考与建议[J].中国软科学,2011(4):125-129.

[79] 王浩,郭晓立.中日韩新能源开发与技术合作机制设计[J].现代日本经济,2013(4):43-49.

[80] 刘丽娜.完善我国清洁能源发展机制的法律对策[J].甘肃社会科学,2012(2):117-120.

[81] 付丽苹.我国发展清洁能源的驱动机制研究[J].生态经济,2012,28(2):76-79.

[82] 刘雪凤.我国清洁能源技术专利强制许可制度研究:既有制度的不足及其完善[J].学海,2013(5):120-125.

[83] 刘纪显,郑尚.CDM对我国新能源产业的影响[J].华南师范大学学报(社会科学版),2010(5):135-141.

[84] 苏竣,张汉威.从R&D到R&3D:基于全生命周期视角的新能源技术创新分析框架及政策启示[J].中国软科学,2012(3):93-99.

[85] 周清.促进新能源产业发展的财税制度安排[J].税务研究,2011(5):25-29.

[86] 张国有.对中国新能源产业发展的战略思考[J].经济与管理研究,2009,30(11):5-9.

[87] 徐枫,陈昭豪.金融支持新能源产业发展的实证研究[J].宏观经济研究,2013(8):78-85.

[88] 冀梦晅,康平.青海省光伏产业发展研究[J].青海社会科学,2013(2):97-102.

[89] 苏江.生物质新能源产业发展的金融支持研究[J].统计与决策,2013(11):167-169.

[90] 宋晓晶.完善财税政策推动我国新能源产业发展[J].生态经济,2013,29(6):127-130.

[91] 赵欣,夏洪胜.我国新能源产业发展的困境及对策分析[J].未来与发展,2010,33(8):48-51.

[92] 俞萍萍,杨冬宁.低碳视角下的可再生能源政策:激励机制与模式选择[J].学术月刊,2012,44(3):83-89.

[93] 陈艳,朱雅丽.可再生能源产业发展路径:基于制度变迁的视角[J].资源科学,2012,34(1):50-57.

[94] 肖元真,马骥,吴泉国.大力发展清洁能源 全面实施节能减排[J].高等函授学报(自然科学版),2007(6):41-46.

[95] 丹尼尔·F.史普博.管制与市场[M].余晖,等译.上海:上海三联书店,上海人民出版社,1999.

[96] 植草益.微观规制经济学[M].朱绍文,等译.北京:中国发展出版社,1992.

[97] 陈富良.放松规制与强化规制:论转型经济中的政府规制改革[M].上海:上海三联书店,2001.

[98] 余晖.政府与企业:从宏观管理到微观管制[M].福州:福建人民出版社,1997.

[99] 杨建文.政府规制:21世纪理论研究潮流[M].上海:学林出版社,2007.

[100] 夏大慰,史东辉.政府规制:理论、经验与中国的改革[M].北京:经济科学出版社,2003.

[101] 王健,等.中国政府规制理论与政策[M].北京:经济科学出版社,2008.

[102] 李郁芳.体制转轨时期的政府微观规制行为[M].北京:经济科学出版社,2003.

[103] 弗朗茨.X效率:理论、论据和应用[M].费方域,等译.上海:上海译文出版社,1993.

[104] 马歇尔.经济学原理[M].朱志泰,陈良璧,译.北京:商务印书馆,1964.

[105] 王文举.经济博弈论基础[M].北京:高等教育出版社,2010.

[106] 奥尔森.集体行动的逻辑[M].上海:上海人民出版社,上海三联书店,1995.

[107] 施蒂格勒.产业组织和政府管制[M].上海:上海三联书店,1996.

[108] 让-雅克·拉丰.规制与发展[M].聂辉华,译.北京:中国人民大学出版社,2009.

[109] 张昕竹.中国规制与竞争:理论和政策[M].北京:社会科学文献出版社,2000.

[110] 王俊豪.中国政府管制体制改革研究[M].北京:经济科学出版社,1999.

[111] 陈维.制度的成本约束功能:对中国经济体制变迁的分析[M].上海:上海社会科学院出版社,2000.

[112] 查尔斯·沃尔夫.市场还是政府[M].谢旭,陆俊,译.重庆:重庆出版社,2009.

[113] 斯蒂格勒.人民与国家:管制经济学论文集[M].台北:台湾远流出版社,1994.

[114] 顾海兵,廖俊霞.国外学者对政府管制的研究综述[J].开放导报,2000(5):15-16.

[115] 杜涛,余谆.浅析政府管制的成本与收益[J].地方政府管理,1998(S1):40-41.

[116] 王俊豪.政府经济管制学导论:基本理论及其在政府管制实践中的应用[M].北京:商务印书馆,2001.

[117] 胡薇薇.戈登·塔洛克寻租理论述评[J].云南财贸学院学报,2002,8(18):4.

[118] 王廷惠.微观规制理论研究:基于对正统理论的批判和将市场作为一个过程的理解[M].北京:中国社会科学出版社,2005:45-46.

[119] 李郁芳.体制转轨时期的政府微观规制行为[M].北京:经济科学出版社,2003.

[120] 于良春,丁启军.自然垄断产业进入管制的成本收益分析:以中国电信业为例的实证研究[J].中国工业经济,2007(1):14-20.

[121] 巴拉克·奥巴马. 我们相信变革:重塑美国未来希望之路[M]. 孟宪波,译. 北京:中信出版社,2009.

[122] 李果仁. 奥巴马政府新能源政策的启示与借鉴[J]. 柴达木开发研究,2012(2):22-26.

[123] 黄速建,郭朝先. 欧盟发展可再生能源的主要做法及对我国的启示[J]. 经济管理,2005,27(10):4-11.

[124] 周弘,贝娅特·科勒. 欧盟治理模式[M]. 北京:社会科学文献出版社,2008.

[125] 高世宪. 日本能源领域新举措及对我国的启示[J]. 中国能源,2003,25(4):30-33.

[126] 王乐. 日本的能源政策与能源安全[J]. 国际石油经济,2005,13(2):42-44.

[127] 井志忠. 日本新能源产业的发展模式[J]. 日本学论坛,2007(1):74-79.

[128] 唐瑞雪. 日本政府对新能源产业的扶持政策[N]. 科学时报,2008-07-28(2).

[129] 俞培果. 日本能源政策抉择及其对我国的启示[J]. 现代日本经济,2012(6):8.

[130] 杨泽伟. 发达国家新能源法律与政策研究[M]. 武汉:武汉大学出版社,2011.

[131] 任力. 国外发展低碳经济的政策及启示[J]. 发展研究,2009(2):23-27.

[132] 李化. 澳大利亚能源安全的法律政策保障及其借鉴[J]. 中国地质大学学报(社会科学版),2010,10(6):20-26.

[133] 胡德胜. 财政手段在澳大利亚能源政策和法律中的运用[J]. 河南财政税务高等专科学校学报,2008,22(1):1-5.

[134] 张勇. 能源资源法律制度研究[M]. 北京:中国时代经济出版社,2008.

[135] 陈凯,史红亮. 清洁能源发展研究[M]. 上海:上海财经大学出版社,2009.

[136] 邵诗洋. 浅论碳排放交易制度[J]. 中国人口·资源与环境,2011(21):153.

[137] 王毅刚. 谈排放交易制度的中国道路[M]. 北京:经济管理出版社,2011.

[138] 龚伟. 奥巴马政府气候变化与能源政策评析:兼论其对中国的启示[J]. 中共杭州市委党校学报,2009(2):72-78.

[139] 杨泽伟. 美国《2009年清洁能源与安全法》及其对中国的启示:中国能源法研究报告2010[M]. 上海:立信会计出版社,2011.

[140] 宋立芸. 澳大利亚可再生能源利用与发展的启示[J]. 投资北京,2008(2):95-99.

[141] 钱颖一. 市场与法治[J]. 经济社会体制比较,2000(3):1-11.

[142] 甘激文,潘丽珠,吕旷. 清洁能源发展机制(CDM)发展现状与对策研究[J]. 大众科技,2012,14(7):128-130.